FORSCHUNGEN

NACH EINER VOLKSBIBEL

ZUR ZEIT JESU

UND DEREN ZUSAMMENHANG

MIT

DER SEPTUAGINTA-ÜBERSETZUNG

VON

EDUARD BÖHL

DOCTOR DER PHILOSOPHIE UND THEOLOGIE, O. Ö. PROFESSOR AN DER K. K. EVANGELISCH THEOLOGISCHEN FACULTÄT IN WIEN, MITGLIED DER DEUTSCHEN MORGENLÄNDISCHEN GESELLSCHAFT ZU LEIPZIG.

WIEN, 1873.
WILHELM BRAUMÜLLER
K. K. HOF- UND UNIVERSITÄTSBUCHHÄNDLER.

ISBN: 978 90 5719 386 6
Importantia Scan & Print
www.importantia.de

VORWORT.

Lessing sagt im Anti-Goeze *), es sei „erwiesen und ausgemacht, dass die ältesten und angesehnsten Kirchenväter einen Betrug, der in guter Absicht geschiehet, für keinen Betrug gehalten, und diese nehmliche Denkungsart den Aposteln beizulegen, sich kein Bedenken gemacht haben." Lessing beruft sich auf Ribov's Programm de Oeconomia patrum. „Was Hieronymus unter Anderm vom h. Paulus versichert **), ist so naif, dass es dem naifen Ribov selbst auffällt, darum aber nicht weniger die wahre Meinung des Hieronymus bleibt." Die Unaufrichtigkeit in der Auslegungskunst auf Seiten des Apostels, welche Hieronymus constatirt haben soll, wird nun Lessing zur Veranlassung, um die Frage zu stellen: ob sein „Ungenannter" so ganz im Unrecht sei, wenn er nun auch noch mit anderen Verdachtsgründen wider die Apostel in's Feld ziehe. Lessing sagt: „Wer fähig ist, eine Schriftstelle wider besser Wissen und Gewissen zu verdrehen, ist zu allem Andern fähig; kann falsch Zeugniss ablegen, kann Schriften unter-

---

*) Lachmann'sche Ausg. 10. Band S. 188.

**) Paulus in testimoniis, quae sumit de veteri testamento, quam artifex, quam prudens, quam dissimulator est ejus quod agit!

schieben, kann Thatsachen erdichten, kann zur Bestätigung derselben jedes Mittel für erlaubt halten."

Im weiteren Verlauf verwahrt Lessing sich zwar entschieden dagegen, dass er die Apostel zu diesem Allen für fähig halten sollte, weil die Kirchenväter sie zu Einem, zur wissentlich falschen Schriftbenutzung, für fähig gehalten. Aber er wirft dennoch das Problem in die Welt hinein, damit sich die theologische Waffenrüstung daran erprobe, und die Wahrheit durch die Angriffe gekräftigter aus dem Streite hervorgehe.

Wir können nun zwar Lessing, dem vor 100 Jahren Lebenden, keinen Dienst mehr leisten, indem wir ihn von der Grundlosigkeit jener Unterstellung, dass die Apostel Schriftstellen verdreht hätten, zu überführen trachten. Aber der Kirche *) und der theologischen Wissenschaft glauben wir zu dienen, wenn wir sie durch die nachfolgende Schrift von dem Verdachte reinigen: sie hielte es mit Aposteln, die als artifices und dissimulatores das Alte Testament zu citiren pflegten.

Der Zweck der nachfolgenden Schrift ist nun der: alle Eigenthümlichkeiten der alttestamentlichen Citate im Neuen Testament auf eine Volksbibel oder eine Uebersetzung des Grundtextes zurückzuführen, welche, abgesehen von ihrem aramäischen Sprachgewande, fast identisch war mit der griechischen Uebersetzung der LXX. Gelingt uns dieser Nachweis, so wird die Stellung zu den Citaten des Alten Testaments im Neuen eine andere und zwar

*) Wie man hie und da in der Kirche zu Hieronymus' Zeiten dachte, und wie dieser Kirchenvater selbst zu dieser Frage stand, darüber s. noch besonders Hieron. im Comm. zu Micha 5; Opp. ed. Vall. tom. 6, S. 789.

sehr erleichterte, es fällt insbesondere neues Licht auf das Problem, wie die Apostel die LXX überhaupt citiren konnten, und auch die Geschichte der LXX, wie nicht minder das Problem ihrer heutigen so verwirrten Textgestalt, empfängt, wenn auch mehr nebenbei, eine neue Beleuchtung.

Diese wichtigen Probleme stellt nun der Verfasser den Fachgenossen zur Erörterung anheim und überlässt es ihrem Urtheil, ob er zur Lösung dieses Problems den rechten Weg eingeschlagen. Meine vornehmste Hoffnung geht aber dahin, dass das Werk an seinem Theile Etwas dazu beitragen werde, die kostbarsten Schätze, die wir haben, wieder in einer Hinsicht mehr vor dem Forum der Sachkundigen zu rechtfertigen — ich meine die heiligen Schriften des Alten und Neuen Testaments.

Wien, im Juli 1873.

Dr. Böhl.

INHALT.

EINLEITUNG.

Bei der Erforschung der alttestamentlichen Citate im Neuen Testament sieht man sich vor folgendes Problem gestellt. Dem besten und grössten Theile nach sind die alttestamentlichen Citate entweder wörtlich aus der griechischen Uebersetzung der 70 Dolmetscher (Septuaginta, LXX) entlehnt, oder doch der genannten griechischen Uebersetzung accommodirt. In einer fast verschwindenden Minorität befinden sich die Stellen, welche aus dem hebräischen Urtexte des alten Testamentes entlehnt erscheinen. Das ist ein wirkliches Problem, und dasselbe hat die Gemüther der christlichen Gelehrten seit den Anfängen der Kirche schon beschäftigt. Die Frage nach der Gestalt des Textes, der den neutestamentlichen Autoren vorlag, ist eine alte. Jenes Problem ist um so auffallender, da doch die handelnden Personen, besonders also Jesus und seine Apostel, ihrer jüdischen Abkunft gemäss und als Solche, die aus den ärmeren schichten des Volkes herstammten, den damals gebräuchlichen Landesdialekt geredet haben werden. Wie können nun die alttestamentlichen Beweisstellen, diese cardines der Reden und Briefe des Neuen Testamentes, in einer Form vorgetragen werden, die aus Alexandrien, dem Vaterlande der Septuaginta, stammt? Will man sagen: Jesu habe überhaupt wenig Exegese getrieben, sondern durch allerlei Gleichnissreden und besonders durch sein vorbildliches Handeln an das Gewissen des Volkes appellirt*), so irrt man sich. Die Bergrede und Lucas 24, 44 sollten uns eines Besseren belehren. An letzterer Stelle weist Jesus darauf hin, dass die Jünger nun die Verwirklichung dessen sähen, was er ihnen oft aus Mose, den Propheten und den Psalmen als bevorstehend ausgelegt. Wir können die Auslegungen, die Jesus besonders seinen Jüngern gegeben, nicht hoch genug veranschlagen. Und als nun die Apostel und Evangelisten im Geiste das Gehörte recapitulirten, — da soll sich ihnen Alles wie von selbst in die Worte der alexandrinischen Uebersetzung umgesetzt haben? Die theuersten Reminiscenzen, die oft noch in den Falten des Herzens verborgen lagen und des Anlasses, hervorzutreten, harrten, — diese wichtigsten Erinnerungen aus dem lehrhaften Umgange mit dem Erlöser sollen flugs eine andere Form annehmen, sobald man sie zu Papier brachte, nämlich die Form der alexandrinischen Uebersetzung? Sehr verlegen geht man theils um dieses Factum herum, theils sucht man es auch zu erklären. Wir ersparen dem Leser die Erklärungen dieses Factums der Abhängigkeit von der Septuaginta, die sich alle mehr oder weniger im Kreise herumdrehen. Die Autorität der LXX war gross, weil die Apostel sie gebrauchten, und die Apostel gebrauchten sie, weil die Autorität der LXX (bei einem grossen Zweige der Juden, den Hellenisten), gross war. Warum aber die Apostel auf den Gedanken geriethen, den Hellenisten solche Concession zu machen, dass sie ihnen das Theuerste aufopferten, was sie als Schüler besassen: den Wortlaut der Reden ihres Meisters, — wird nicht ernstlich erwogen. Es ist nun einmal so: — mit dieser resignirten Erklärung geht man an dem *σκάνδαλον* vorsichtig vorüber, froh dessen, wenn es bei den Gegnern der heil. Schrift nicht allzu grosses Aufsehen erregt.

In früherer Zeit ist man dem von uns namhaft gemachten Problem ernsthaft zu Leibe gegangen.

Isaak Vossius**) behauptete, im Interesse der von ihm sehr hoch gehaltenen Septuaginta, es erscheine die Annahme absurd, dass die Juden

*) Vergl. z. B. Renan, Vie de Jesus S. 331.

**) De Orac. Sibyll. Cap. 16. S. 299 und in der responsio ad iteratas P. Simonis objectiones S. 375.

dem Geschick der übrigen Nationen, die durch Alexander's Generäle beherrscht wurden, entgangen sein sollten, dass sie allein nämlich nicht die Sprache des Siegers angenommen hätten. Er statuirte demgemäss, dass seit jenen Zeiten das Griechische ausschliesslich unter den Juden in Gebrauch gekommen. Im 18. Jahrhundert erschien eine grosses Aufsehen erregende Schrift von der Hand des neapolitanischen Rechtsgelehrten Dominicus Diodati: Exercitatio de Christo Graece loquente, Neapoli 8, 1767*), in der er meist sehr geschickt den Nachweis liefern will, dass sowohl die Juden als auch Jesus selber der griechischen Sprache ausschliesslich sich bedient hätten. Ihm trat bald darauf Bernhard de Rossi, Prof. der orient. Sprachen zu Parma, entgegen, der ein italienisch geschriebenes Buch herausgab: Della Lingua propria di Christo e degli Ebrei nazionali della Palestina da tempi de Maccabei, Parma 1772. In Deutschland fand de Rossi einen Nachfolger an Pfannkuche: „Ueber die palästinensische Landessprache im Zeitalter Christi", in Eichhorn's Bibliothek VIII. 365 ff. Er lehnte sich eng an seinen Vorgänger an und kannte nur aus ihm die Schrift Diodati's, dennoch gab er indirect eine theilweise zutreffende Widerlegung. Eine vermittelnde Haltung nahm in diesem höchst interessanten Streit Prof. Paulus in einem akademischen Programme ein: „Verosimilia de Judaeis Palaestinensibus, Jesu atque Apostolis, non Aramaea Dialecto sola, sed Graeca quoque Aramaeïzante locutis." Jenes Programm, sowie die ganze Frage besprach dann der berühmte Sylvestre de Sacy im Magazin encyclop. par M. Millin vom Monat Januar 1805.

Neuerdings hat Prof. Alexander Roberts zu St. Andrews in einem verdienstlichen Werke, „Discussions on the gospels", diese These, dass Jesus und seine Jünger griechisch sprachen, gründlich zu vertheidigen gesucht. Seine Behauptung ist: that our Lord and His disciples did, for the most part, make use of the Greek language d. h. dass unser Herr und seine Jünger meistentheils von der griechischen Sprache Gebrauch machten.

---

*) Von Neuem publicirt durch Dr. Dobbin, Prof. des Trinity College in Dublin.

In der That die Lösung, das Griechische als die Sprache des Herrn und seiner Apostel hinzustellen, ist geeignet, ihre Abhängigkeit von den LXX zu erklären.

Bevor wir also einen selbständigen Weg uns suchen, um die Citationsweise der neutestamentlichen Schriftsteller zu enträthseln, müssen wir eingehen auf diesen schon gebahnten Weg und dessen Brauchbarkeit untersuchen.

Die Frage ist also diese: Kann man annehmen, dass unser Herr und seine Apostel griechisch redeten und dass daher ihre erstaunliche Abhängigkeit von der Septuaginta begreiflich würde? Dieser Lösungsversuch der gegenwärtigen Frage ist zwar sehr verlockend, — aber unhistorisch.

CAPITEL I.

VON DER SPRACHE JESU UND SEINER APOSTEL.

Wir haben zwei verschiedene Quellen zur Beantwortung der Frage, welches diese Sprache gewesen: 1. Das Neue Testament, und 2. die specifisch jüdischen Quellen (Apokryphen, Josephus, Talmud und Rabbinen.)

Das Neue Testament lässt uns blicken in ein Land und in die Häuser eines Landes, welches nicht im Nebel gelegen, sondern vom Lichte der Geschichte umflossen ist. Wir wissen genau aus der Geschichte, dass dieses Land von Juden bewohnt wurde, die unter einer fremden Herrscherfamilie der Ankunft eines Messias und Befreiers entgegenseufzten. Kaum von Herodes befreit, geriethen sie unter das Joch der Römer. Es war die vierte Weltmonarchie, welche jetzt das Land sich unterwarf. Vor ihr waren die Griechen die Machthaber gewesen, bis in den Zeiten der Makkabäer sich eine volksmässige Reaction gegen diese Weltmacht und ihren ganzen verführerischen Einfluss erhoben hatte. Hatte Judäa mehrere Jahrhunderte lang noch so sehr dem griechischen Wesen offen gestanden*)

*) S. Ewald, Gesch. Israël's IV. S. 282 ff. u. weiter unten in dem Capitel über die Septuaginta, als das älteste Targum der Palästinenser.

genossen, wenn auch nicht Staatsgenossen, d. h. Bürger desselben politischen Gemeinwesens. Dabei bezeichnete man nun mit dem Namen „Hellenist“ (Joh. 7, 35) einen weitverbreiteten Zweig der nach Kleinasien, Syrien und Aegypten verpflanzten Juden. Dieser Zweig hatte in Alexandrien eine Metropole und an dem Tempel des Onias zeitweilig seinen Mittelpunkt gefunden (s. Ewald, G. Israël's IV, S. 405 ff.). Ausserdem war eine sehr zahlreiche Colonie in Antiochia seit Seleucus Nikator ansässig (s. Renan, Les Apôtres S. 223). Dieser Zweig hatte sich derartig consolidirt, dass die palästinensischen Juden ihm grosse Deferenz zollten und die Eigenthümlichkeit dieses mit dem Griechenthum *) so innig verwachsenen Zweiges respectirten, weil die meisten Früchte desselben in der That dem jüdisch-palästinensischen Geiste alle Ehre machten. Diesen hellenistischen Juden stellte man die übrigen Alle als Hebräer gegenüber, nach dem Grundsatz: a potiore fit denominatio. Das charakteristische Zeichen der Hebräer bestand im Gebrauch der semitischen Sprache, während die Hellenisten durch den Gebrauch der griechischen Sprache kenntlich waren. Zu den Hebräern gehörten die palästinensischen Juden. Einen dritten Hauptbestandtheil der Juden bildeten die babylonischen Juden, welchen Philo eine Sonderstellung zuerkennt **). Es war nun wahrscheinlich Sache der Erziehung und der Wahl, oder dem Geschmack der Eltern überlassen, ob die Kinder die hebräische oder hellenistische Richtung einschlugen. Es war ferner Sache des Geschmacks der Einzelnen ***), ob ein hebräisch Erzogener später die griechische Art und Weise annahm, oder ob ein Hellenist sich zum Hebräerthum wandte.

Paulus, geboren in Tarsus, römischer Bürger und mit griechischer Bildung ausgestattet, war doch überwiegend hebräisch er-

*) Ἑλληνίζειν bedeutet: sich in Sprache und Sitten nach den Griechen richten, bei den Classikern aber geradezu: griechisch reden (Xenophon Anab. VII. 3, 12; Thuk. II, 48).

**) S. Philo, Legatio ad Cajum S. 1023.

***) Der Jude Apollos, obschon ein Alexandriner der Geburt nach, war nur der Johannestaufe theilhaftig geworden, und also in geistiger Abhängigkeit von Jüngern des Johannes, deren hebräischer Charakter zweifellos ist (s. Act. 18, 24—28).

zogen; er sass zu den Füssen Gamaliel's; — seine in Tarsus begonnenen Studien absolvirte er zu Jerusalem, wohin er jung kam (Act. 22, 3.) Er hob die Gegensätze, die zwischen hebräisch und hellenistisch bestanden, in sich auf und stellte sie in den Dienst Christi. Gleichwohl rühmt er sich, ein Hebräer aus den Hebräern zu sein, er, von dem man mehr noch als von jedem Andern glauben möchte, er sei ein Hellenist (Phil. 3, 5). Seiner Wahl nach war er Hebräer, ja ein Anhänger der strengsten Sekte, derjenigen der Pharisäer.

Wenn also in Act. 6, 1, ein Streit zwischen den Hebräern und Hellenisten im Schoosse der christlichen Urgemeinde uns berichtet wird, so ruht derselbe nicht auf nationalen oder principiellen Antipathien. Diese konnten wenigstens im Schoosse dieser Urgemeinde keinen Platz finden, weil sie ohne Veranlassung im Vorleben dieser Christen gewesen wären. Der Anlass des Streites war vielmehr nach Lightfoot's richtiger Vermuthung (zu Act. 6, 1) ein sehr äusserlicher. Die Hebräer, als im Lande Ansässige, hatten schon ihre liegenden Güter verkauft, und Geld für den Dienst der Urgemeinde flüssig gemacht. Die Hellenisten dagegen, die ja immerhin Zugereiste waren in Jerusalem, hatten keine Gelegenheit oder Zeit gefunden, ihr Geld disponibel zu machen, und so kam es, dass ganz naturgemäss die hebräischen Witwen bevorzugt wurden *).

Ueberblicken wir das Gesagte, so ist es von vornherein begreiflich, dass Petrus die am Pfingstfest Versammelten in der Landessprache anredete, und nicht mit Rücksicht auf den Bruchtheil der Hellenisten etwa griechisch redete. In Sachen der Religion verstand das Volk des Landes nur Eine Sprache; und wer sich in ihrem Lande aufhielt, der musste zusehen, wie er fortkam ohne aramäisch zu verstehen. Uebrigens hatten es alle östlich, in Parthien, Medien, Elam und Mesopotamien wohnenden Juden, sowie auch die aus Arabien, leicht, diesen Dialekt zu verstehen, weil er dem ihrigen sehr verwandt war. Und wer sich aus dem westlichen Asien in Jerusalem einfand, brachte

*) Man könnte etwa, um den Unterschied zwischen Hebräern und Hellenisten zu präcisiren, die ersteren die Juden des Mutterlandes, die letzteren Juden der Provinz nennen; die Hellenisten standen dem Centrum ferner, und diese Entfernung machte sich besonders durch den vorzugsweisen Gebrauch der griechischen Sprache bemerklich.

gewiss den guten Willen mit, schnell mit der Landessprache sich vertraut zu machen. Es ist also ein Streich in die Luft, zu behaupten, um der fremdsprachigen Minorität willen hätten Petrus oder Stephanus der griechischen Sprache sich bedient.

Dass Stephanus der Landessprache sich bediente, sollte niemals geleugnet worden sein. Schon dass er ein Hellenist gewesen, erscheint als eine leere Hypothese. Der griechische Name thut nichts zur Sache, denn es war noch immer Mode, den Kindern griechische Namen zu geben. Diese Nachwirkung griechischen Wesens und griechischer Sitte, die sich einst so breit gemacht hatten auch in Palästina, war bis auf Christus hinab übriggeblieben. Andreas und Philippus waren Apostel des Herrn. Das von Aristeas erdichtete Namensverzeichniss der 72 Dollmetscher enthält mehrere griechische Namen, die Stockjuden beigelegt werden. Es wäre auch wunderlich, dass die erste Christengemeinde lauter Hellenisten zu Diakonen gewählt haben sollte, gleich als ob sonst keine Gerechtigkeit zu beschaffen gewesen wäre, wofern man nicht der klagenden Partei alles in die Hände gäbe, und die Hebräer den Hellenisten auf Gnade und Ungnade ausliefere. Unseres Erachtens wurden in Act. 6 Leute gewählt, die griechisch verstanden, und somit den Hellenisten an die Hand gehen konnten, aber aus der Siebenzahl ist nachweislich nur Einer nicht zu den Hebräern zu rechnen, nämlich der Proselyt Nikolaos (s. Lightfoot zu Act. 5, 5). Wäre die Wahl anders ausgefallen, so hätten die Hebräer, also die Majorität, sich selbst ein Misstrauensvotum ausgestellt, unter dem sogar die Apostel gelitten haben würden.

Dass nun die Apostel selber national und der Erziehung nach Hebräer waren, ist gewiss. Freilich sprachen Mehrere von ihnen, Petrus, Johannes, Jacobus, Matthäus griechisch — aber warum sollten denn Hebräer, die dazu in einem Mischlande, wie Galiläa und die Dekapolis, geboren waren, nicht griechisch verstehen, oder ein griechisches Jargon selbst gesprochen haben, welches freilich der Ausbildung noch sehr bedurfte? Denn weiter als zu einem Jargon brachten es alle diese asiatischen Länder in den Regionen des Volkes nicht (s. Bernhardy, Grundriss der griechischen Literatur

S. 492). *). Freilich folgt nun daraus noch nicht, dass man überall in Galiläa und der Dekapolis so gut griechisch verstand, wie dies bei den oben genannten Aposteln der Fall war, oder dass man das Aramäische gar nicht sprach. Es liegt doch Alles an der Vorsehung Gottes, der sich seine geeigneten Media mit wunderbarer Weisheit schafft, um sie in seinem Weinberg zu verwenden. Eine natürliche Gabe möchten wir es nämlich jedenfalls nennen, wenn die Apostel das Griechische in Schrift und Wort nachmals so leicht zu verwenden verstanden. Die Sprachengabe des Pfingstfestes diente bloss als ein epideiktisches Wunder und kam wie ein vorübergehender Regen auf das dürre Erdreich, ohne dass man anzunehmen braucht, die Apostel seien auf die Dauer befähigt worden, in solch' übernatürlicher Weise über die Sprachen der Welt zu verfügen.

Wir nehmen demnach bei den Aposteln eine natürliche Grundlage an; sie verstanden und redeten etwa auch ein wenig Griechisch, und dieses ihr aus der Heimath mitgebrachtes Verständniss ward durch den Befehl Christi, in aller Welt das Evangelium zu predigen, gesteigert und erweitert. Sie legten sich auf das Griechische und hatten bei ihren ohnehin bedeutenden Geistesgaben schnell eine Leichtigkeit, sich zu äussern und das Griechische dem Ideengange und Sprachgeist des einheimischen aramäischen Idiomes anzupassen, erlangt. Johannes scheint sogar besserer Herkunft gewesen zu sein, da er als dem Hohenpriester bekannt in Joh. 18, 15 bezeichnet wird; aber gelehrt war auch er nicht (Act. 4, 13). Matthäus, der sein Evangelium griechisch verfasste**), war ein Zollbeamter und als solcher jedenfalls schon ein homo bilinguis, der griechisch und aramäisch gleicherweise sprach.

Gehen wir nun näher auf Galiläa ein, diesen Hauptschauplatz der Thaten und Reden Jesu, so steht schon seit Jesaia 8, 23 der Name für dieses Land fest; es heisst Galiläa (Bezirk) der Heiden. Dieser Name findet seine weitere Bestätigung durch 1. Makk. 5, 15 (*Γαλιλαία*

---

*) Josephus, Antiq. XVII. 11. 4 nennt wenigstens zwei Städte der Dekapolis, Gadara, und Hippos Ἑλληνίδες πόλεις, denen aber natürlich eine jüdische Bevölkerung sich zugesellt hatte.

**) Vergl. Anger, Ratio, qua loci V. T. in ev. Matth. laudantur.

ἀλλοφύλων) und durch Matth. 4, 15 (Γαλιλαία τῶν ἐθνῶν*). Galiläa besass eine Mischbevölkerung schon seit der ersten Deportation Seitens der Assyrier. Welche Sprache diese Bevölkerung redete, das ist nicht a priori oder durch einen Machtspruch zu entscheiden, sondern aus dem nationalen Gehalte der umwohnenden Völker. Ein Conglomerat von Nationalitäten richtet sich nach den compacten Massen, die rund umher wohnen. Nördlich von Galiläa lag Syrien, dessen Landbevölkerung jedenfalls syrisch redete, so sehr auch in den grossen Städten, besonders in Antiochia, das Griechische überwiegen mochte**). Westlich lag Phönizien. Welche Sprache redete man hier? Wir besitzen Münzen, die bis in die Zeiten der Antonine herabgehen, und mit phönizischer Sprache und Schrift beschrieben sind. Diese Wahrnehmung, welche Gesenius (in „Scripturae Linguaeque Phoenicia Monumenta p. 339) macht, ist entscheidend. Mochte also auch Tyrus und Sidon zweisprachig sein, wie wir denn wirklich verschiedene Dekrete aus der römischen Zeit in griechischer und römischer Fassung besitzen: — so blieb dennoch das Volk des Landes bei seinem syro-phönizischen Dialekt.

Aehnlich wie in Belgien die oberen Schichten in den Städten französisirt sind, während die dienende Classe und das platte Land meist an der vlämischen Sprache festhalten, also bedienten sich auch die phönizischen Städte des Griechischen, während die Bevölkerung des Landes den alten Dialekt aufrecht erhielt. Und eben aus der Landbevölkerung rekrutirte Jesus seine Zuhörer, z. B. Luc. 6, 17. Ihr Dialekt mochte von dem palästinensischen sich etwa unterscheiden, wie das Vlämische vom Holländischen oder Friesischen. Verständlich konnten sie sich allesammt unter einander machen; es galt nur, dass der rechte Hunger und die Lust zu hören da war. — Auf

---

*) Vgl. Strabo Geogr. L. XVI, 34.

**) Vgl. Renan, Les Apôtres S. 228 über die Sprachverhältnisse in Antiochia. Natürlich behielten aber auch die Vornehmeren ihren Landesdialekt bei. Der syrische Centurio Gallus, der im Heere Vespasian's diente, verstand die jüdischen Einwohner Gamala's, die sich bei der Nacht unterredeten, weil er ein Syrer war, wie Josephus (Bellum Jud. IV, 1. 5) sagt; er verstand also den jüdischen Dialekt, eben weil er ein geborner Syrer war. Beide Dialekte waren mithin nahe verwandt.

der Ostseite Galiläa's waren nun freilich Städte mit griechischer Einwohnerschaft, nämlich in der Dekapolis, wo Josephus Gadara und Hippos griechisch nennt. Dies griechische Element hatte auf den Charakter Galiläa's ebenfalls Einfluss. Aber wir möchten behaupten, dass die griechisch redenden Bewohner von Gadara und Hippos dem Drucke, den die semitische Atmosphäre auf sie ausübte, Concessionen machten und doch auch wenigstens die aramäische Mundart verstanden. Aehnlich hören wir in einer so französisirten Stadt wie Brüssel, die gewiss jedem Reisenden einen ganz französischen Eindruck macht, die Hausfrauen mit den Dienstboten und wohl auch noch im gemüthlich geselligen Verkehr vlämisch reden. Wenn also unser Herr die Gadarener anredet und von ihnen gebeten wird aus ihren Grenzen fortzugehen, so ist das gewiss ein Zusammentreffen, wo beide Theile der aramäischen Mundart sich bedienten. — Endlich lag Samaria im Süden, wo man den samaritanischen Pentateuch in einer Volksübersetzung *) las und stolz war auf seine aramäische Mundart, nachdem das Buhlen mit der griechischen Art und Sprache, in getreuer Nachahmung Palästina's, aus der Mode gekommen war. Die Samaritaner waren immer die Affen der Juden. Bei zwei Sprachen, die so polarisch auseinanderliegen, wie das Griechische und Hebräische, darf man sich überdies den Uebergang von der einen zur andern nicht leicht vorstellen. Der Volksmund ist zu ungelenk ; wohl schnappt der gemeine Mann so etliche Phrasen auf, um die allernöthigsten Antworten dem in fremder Sprache ihn anredenden Bewohner der Städte geben zu können, — aber dass er leicht dazu übergehen sollte, statt aramäisch auch griechisch zu beten, oder einen Mann, der die Physiognomie seines Volkes trägt, in fremder Sprache anzureden, davon kann ich mich nicht überzeugen. Wer einige Zeit im vlämischen Theile Belgien's zugebracht hat, der wird schnell gewahr, wie sich die so grundverschiedenen Sprachen, das Französische und Vlämische, gegenüberstehen und zumal, wo der Familienverkehr und die Religion in Frage kommen, von einander scheiden. Dem Französischen in den vlämischen Landestheilen Belgien's möchten wir aber das Griechische in Sidon, Tyrus und der Dekapolis vergleichen.

---

*) Der weiter unten näher zu erwähnenden Versio Chaldaeo-Samaritana.

Kommen wir nun zu der Hauptperson Galiläa's, zu Jesus Christus selber. Er war geboren von einer jüdischen Mutter in Bethlehem, aber erzogen in Galiläa. Wie jüdisch man in Galiläa war und dachte, davon weiss uns noch Josephus aus der letzten Kriegszeit zu berichten (Bellum Jud. l. II. Cap. 10. 3—5). Aber ist nicht das Elternhaus Jesu selbst uns ein Beleg für die tiefgehende hebräische Art und Lebensweise der heiligen Familie? Wer in aller Welt könnte sich vorstellen, Maria und Joseph seien griechisch von dem ihnen erschienenen Engel angeredet worden? Wer hört nicht im Geiste die Jungfrau Maria mit der Elisabeth in der trauten Volksmundart reden? Und nun das Magnificat Maria's? Liess etwa die Mutter des Herrn ihre ganze Seele ausströmen in Worten, die einer fremden Sprache entlehnt waren? Man möchte sich versucht fühlen, dies anzunehmen, wenn anders dies ein schlagendes Argument für den Brauch der griechischen Sprache ist, dass der Maria Magnificat (Luc. 1, 46—55) ganz aus dem Stoff der LXX gearbeitet ist. Aber heisst das noch ein Problem lösen, wenn man es also zerhaut? Soll man das Unglaublichste statuiren, um eine Erscheinung zu erklären, die doch glücklicher Weise auf ganz natürlichem Wege ihre Erklärung findet, wie wir im Verlauf des Werkes sehen werden? Auf der Flucht nach Aegypten mochten Joseph und Maria jedenfalls so viel Griechisch verstehen, um nicht verhungern zu müssen; aber dass sie in Aegypten selbst nicht auch jüdisch redende Glaubensgenossen, wo nicht gar eine Herberge für dieselben fanden, rede mir doch Niemand ein. Und was redete Jesus im Tempel, als er mit den Lehrern seines Volkes ein Gespräch führte, wie es nie über die Lippen eines Zwölfjährigen gekommen? Offenbar in der Landessprache. Und so that auch sein Herold Johannes, dessen Vorleben womöglich noch stärker hebräisch tingirt erscheint, als dasjenige Jesu.

Die Evangelien freilich geben uns nur hie und da einen Wink, dass Jesus in der Volksmundart redete. Was aber so selbstverständlich ist und selbst dem griechischen Sprachleibe gleichsam aus allen Poren hervordringt, die Thatsache nämlich, dass aramäisch in Palästina geredet ward — brauchte nicht disertis verbis erklärt zu werden. Dennoch haben wir etliche Stellen, wo die Macht des aramäischen Wortes so unabweislich sich geltend macht, dass der griechische Concipient nicht anders kann, als das wirklich gesprochene Wort wiederzugeben. Bei der ersten Todtenerweckung, deren Marcus Erwähnung thut (Cap. 5, 22—43), drängt sich das vom Tod erlösende Wort mit solcher Allgewalt hervor, dass der Evangelist in ehrfurchtsvoller Scheu ihm einen Platz einräumt — Talitha kumi (Vers 41). Wenn man von jeher das Wort: Es werde Licht! also bewundert, dass selbst ein Longinus es als das Erhabenste anpreist, was je gesprochen wurde, — wie sollte es nicht aller Andacht werth sein, zu lauschen den eigensten Worten, die da bewirkten, dass der Tod dem Leben wich und Auferstehung erfolgte durch die Kraft dessen, der die Auferstehung ist? Talitha kumi ist mehr werth, als jenes: Es werde Licht! Die Macht der zweiten Schöpfung erweist sich hier! Wenn dann weiter Jesus bei demselben feinen Zeichner, bei Marcus (7, 34), sich abmüht, einem Stummen die Sprache wiederzugeben, und, wo Alles auf die Spitze kam, ausgerufen hat: Ephphata — wer wird daran Anstoss nehmen? Das Kind will zur Welt, die Mutter ringt, — ein Schrei noch aus der Tiefe — das Kind ist da. Solch ein Schrei war es, als Jesus rief: Ephphata! In dieses Eine, unnachahmliche Wort legte er die ganze letzte Kraft seines ringenden Gebets nieder; — ein Schrei noch — und der Kranke war geheilt. Noch von einer anderen Seite lässt sich dies Phänomen beleuchten. Es war die Dekapolis der Schauplatz; was Jesus umgab, war Unglaube und wieder Unglaube, oder — Neugier. Er nimmt den Kranken beiseits, gleich als wollte er mit ihm und seinem Gott allein sein; und nun (den ganzen Strom des Sichtbaren gegen sich) taucht er unter, nach dem Verlornen, der seinerseits nicht mithilft, zu greifen; endlich, mit dem Worte Ephphata, taucht er wieder auf, statt mit dem Kranken unterzusinken. Der Kranke war gerettet.

Das letzte Wort, dessen Marcus am Kreuze gedenkt, ist: Eloi Eloi, lima sabachtani (Cap. 15, 34). Es ist um einen Stein erweichen zu machen, schon bloss diese Worte zu hören. Malerischeres, Majestätischeres ist nie über die Erde hingerufen worden. Auch Matthäus (27, 46) gibt den verbis ipsis Jesu Ausdruck. Vor diesem Gebrüll des Löwen aus Juda erzittert die Welt — und keine andere Sprache kann Solches in sich fassen, als eben die auf solche erschütternde Wirkungen allein angelegte hebräische Sprache.

Eine Sprache, in der so viel gerungen und die so vielen Leidenden sich anbequemt — ist allein weit genug, um die Grösse des Schmerzes Jesu in sich aufzunehmen. Endlich redet auch Maria Magdalena (Joh. 20, 16) den Auferstandenen mit dem altgewohnten Namen Rabbuni (Meister) an, was uns auf die hebräisch-artige Sprache, deren sich Beide im Verkehr mit einander bedient, hinführt. Das *Ἑβραϊστί* versteht sich zwar von selbst, aber in der Umständlichkeit liegt eine gewisse Feierlichkeit (s. Meyer z. d. St.).

Dass nun auch anderweitig das Neue Testament infiltrirt ist von Hebraismen, das war schon seit dem Werk des Vorstius (De Hebraismis Novi Testamenti) eine ausgemachte Sache. Das Aramäische gibt in den Reden Jesu den Knochenbau ab, über den das griechische Sprachgut der Evangelisten nur locker und fast durchsichtig sich hinbreitet.

Wo wir fest zutasten, stossen wir auf das knochige aramäische Gerüste — dem das üppige Griechische nur zur Noth ansteht. Nicht in künstlichen Worten menschlicher Weisheit, sondern in der Kraft bestand der hohe Vorzug der Diktion Jesu Christi, wie seiner Apostel.

Wir geben zum Schluss die wichtigeren Wörter des Neuen Testamentes an, welche auf die aramäisch-palästinensische Landessprache, das *Ἑβραϊστί* der neutestamentlichen Autoren, zurückzuführen sind.

Aus den Evangelien nennen wir: 1, *ῥακά* = רֵיקָא Chald.; raka Syrisch (Matth. 5, 22). 2. *Γέεννα* ein palästinensischer oder auch chaldäischer status emphaticus (ibid.) 3. *Ὡσαννά* — imperat. fut. Aphel; es kann, obgleich in den Targumen nicht gebräuchlich, dennoch palästinensisch sein, Hebräisch würde es הוֹשִׁיעָה נָּא (Hosianna) lauten müssen (Matth. 21, 9). 4. *Κορβανᾶς* = Chald. קוּרְבָּנָא bei Josephus Bell. Jud. II, 9, 4 im Nominativ. 5. *Ἰωσῆς* = יוֹסֵי verkürzt aus Joseph, eine jerusalemische Sprechweise nach Frankel, Hodegetica in Mischnam S. 31, Anmerk. (Matth. 13, 55; 27, 56; Luc. 3, 29). 6. *Γολγοθᾶ* = Chald. גֻּלְגַּלְתָּא, ein palästinensisches Wort, das aber seine Verwandtschaft mit dem Chald. nicht verleugnet, (Matth. 27, 33; Marc. 15, 22; Joh. 19, 17 — unter Beifügung des Wortes Ἑβραϊστί —). 7. Λαμὰ (λιμὰ) σαβαχθανί — לְמָא שְׁבַקְתַּנִי im Chald. (Matth. 27, 46); Marcus (15, 34) hat überdies das palästinensische Ἐλωΐ. Gesenius*) sieht diesen Ausruf Jesu für einen Beweis an, dass es damals in Palästina kirchliche Uebersetzungen gab. Natürlich: denn Jesus redete zumal in solchen Augenblicken in der ihm geläufigsten Gebetsform. 8. Μαμωνᾶς = מָמוֹנָא Chald. („lucrum punice Mammon dicitur," Augustinus) (Matth. 6, 24; Luc. 16, 9 etc). 9. Σατανᾶς mit dem Stat. emph. ist palästinensisch. 10. Σάτον = dem Chald. סָאתָא (Matth. 13, 33). 11. Βὰρ Ἰωνᾶ, das βὰρ ist aramäisch-palästinensisch (Matth. 16, 17.). 12. Σίκαρα mit dem stat. emph. ist palästinensisch. 13. Ἀββᾶ = אַבָּא ein status emphaticus. Bei Marcus allein finden wir: 14. ἐφφαθά; dasselbe ist nach syrischer Analogie für rein palästinensisch zu erklären; es ist ein imperat. Ethpaal. 15. Ταλιθὰ κοῦμι; im Targum Hieros. findet sich טְלוּתָא**); das ταλιθὰ des Evangelisten ist eine Nebenform; κοῦμι ist sowohl hebräisch als chald. — Bei Johannes finden wir 16. μεσσίας = dem Chald. מְשִׁיחָא der Targume (Joh. 1, 42). 17. Κηφᾶς s. v. a. כֵּיפָא im Chald. dann auch im Syr. wohlbekannt. (Joh. 1, 43). 18. Γαββαθᾶ = גַּבְּתָא, eine palästinensische Form, von der eine Nebenform im Chald. sich findet Evangelium Joh. 19, 13.) 19. Βηθεσδά = בֵּית חֶסְדָא, nur aus dem Chald. zu erklären. 20. Ῥαββουνί ganz vulgär-palästinensisch, sonst רַבִּן (Joh. 20, 16, Marc. 10, 51). Aus der Apostelgeschichte nennen wir 21. Ἀκελδαμά = חֲקַל דְּמָא Chald. (Apostg. 2, 19). 22. Ταβιθά = טְבִיתָא im palästin. Dialekt, ähnlich im Chald. 23. Σαπφείρη vielleicht auch palästinensisch, die Schöne***), (Apostg. 5, 1.). In der Apokalypse finden wir 24. Ἀρμαγεδδών nach Cappellus aus חֶרְמָא excidium und מְגִדּוֹן; (Apoc. 16, 16). Sehr bekannt ist 25. μαρὰν ἀθὰ (1. Cor. 16, 22 s. dazu die Comm.).

---

*) Geschichte der Hebr. Sprache und Schrift S. 73.

**) S. Buxtorf Lex. Chald. S. 875.

***) S. Wilkii Clavis ed. Grimm S. 389.

Blicken wir zweitens hin auf die andern einheimischen Quellen der Juden, auf die Apokryphen, Josephus, den Talmud und die Rabbiner. Auch hier wird uns das gleiche Resultat, wie beim N. T. entgegentreten, dass nämlich nicht griechisch, sondern ein hebräisirender Dialekt zur Zeit Jesu herrschte.

Von den Apokryphen fesseln zunächst die Bücher der Makkabäer unsere Aufmerksamkeit. Wir stehen hier vor einer Katastrophe und werden gewahr, wohin das Buhlen mit dem griechischen Wesen das Gottesvolk gebracht hatte. Es gab eine grosse Partei heidnisch Gesinnter im heiligen Lande, welche, abgestossen zunächst durch das steiffromme Wesen der einheimischen Altgläubigen, bei den Griechen geistige Nahrung und Schutz suchten*). Palästina wurde der Spielball der inneren und äusseren Feinde; die Syrer**) und Aegypter von Aussen, die heidnisch Gesinnten von Innen, sorgten dafür, dass das heil. Volk an den Rand des Abgrundes gebracht wurde. Unter Antiochus Epiphanes stand der Gräuel der Verwüstung an heiliger Stätte; der Tempel war entheiligt und in ein Heiligthum des Zeus Olympios verwandelt***). Um diese Zeit sprachen gewiss alle Gebildeten griechisch im heiligen Lande, und auch die strenger Gesinnten mussten behufs Vertheidigung ihrer heiligsten Güter die Sprache der Feinde adoptiren. Die heidnisch Gesinnten erscheinen vor Antiochus, um seine Hülfe anzurufen, natürlich in griechischer Sprache (I. Makk. 6, 21 ff; 7, 5. 6). Demetrius, König von Syrien, schickt, als er sich bedroht sieht in seiner Herrschaft, Briefe an Jonathan, um seiner Freundschaft sich zu versichern (Cap 10, 1 ff). Diese Briefe wurden in Jerusalem öffentlich vor dem versammelten Volk und der heidnischen Besatzung der Burg verlesen. Wenn im 2. Buche der Makk. Cap. 7 jene Heldenmutter zu ihren Söhnen spricht, so geschieht dies in der πατρία φωνή, also im Landesdialekt (Vs. 21); redet dagegen der jüngste Sohn den König Antiochus an, der (nach Vs. 24) nur die Klänge, nicht aber den Inhalt der mütter-

*) Vergl. Frankel's hebräisch verfasstes Werk: Hodegetica in Mischnam, S. 9. 29.

**) Die Syrien beherrschende Dynastie der Seleuciden heisst eine βασιλεία τῶν Ἑλλήνων I. Makkab. 8, 18.

***) S. die trefflichen Schilderungen Ewald's l. c. IV. S. 338 ff.

lichen Mahnreden verstand, so bediente er sich zweifellos des Griechischen (s. Vs. 31—38). Aber auch der König redet zur Mutter (nach Vs. 26), und zwar auf griechisch. Es war also der Landesdialekt und das Griechische der Mutter wie den Söhnen gleicherweise geläufig. Nach dem ganzen Tenor des Capitels war diese heldenhafte Familie eine den höheren Schichten der Gesellschaft angehörige; die Reden tragen nicht das Gepräge des gemeinen Mannes, sondern sind im höheren Styl gehalten.

Wir begreifen demnach, wie der Verfasser dieses Buches (Cap. 4, 13) von einer *ἀκμή τοῦ Ἑλληνισμοῦ* (höchsten Blüthe des griechischen Wesens) und einer *πρόβασις ἀλλοφυλισμοῦ* (einem Fortschritt des fremdländischen Wesens) reden kann, die durch die übergrosse Gottlosigkeit des Hohenpriesters Jason verursacht war. Somit tadelt der Verfasser diese Gräkomanie und sieht darin den Ruin von Vaterland und Religion.

Jedenfalls waren für dieses griechische Wesen oder besser Unwesen die gemeinen Leute weniger zugänglich, als die Vornehmen. Es ist eine petitio principii, dass auch das Volk an jener Gräkomanie Theil genommen; dasselbe bewahrte jedenfalls seinen toto coelo vom Griechischen verschiedenen Dialekt. Als nun durch die Makkabäer eine Restauration im nationalen Sinne vollzogen worden, strömte das zeitweilig zurückgestaute Volksbewusstsein um so stärker wieder in das alte Bett zurück. Die Pharisäersecte *) erntete die Früchte der grossen Erhebung des Volkes; und zwar besonders dadurch, dass sie auf ihre Fahne schrieb: Umkehr zum Alten, zu den heiligen Gesetzen, wenn selbige auch durch die pharisäische Brille gelesen wurden, und zwar mit besonderer Hervorhebung der Gesetze von rein und unrein **). Die Pharisäer, im engeren Sinne als Secte genommen, wurden die Gelehrten oder Gesetzesausleger *κατ' ἐξοχήν* und stifteten eine neue Schule, zogen die Jugend an sich und suchten sich bei Jung und Alt, bei den Hohen und Niedrigen unentbehrlich zu machen, ähnlich wie etwa seit 20 Jahren

---

*) Die Pharisäer waren die älteste Secte bei den Juden (s. Josephus, Bellum Jud. l. II, Cap. 9, §. 14), vgl. auch Frankel a. a. O. S. 14.

**) S. Ewald, Gesch. Isr. IV. S. 415—419.

die Jesuiten in der Rheinprovinz. Dass nun ihr Steckenpferd die Landessprache war, ja dass sie dieselbe mit Meisterschaft zu behandeln wussten, ist begreiflich. Aber höher stand ihnen in jeder Hinsicht die hebräische Sprache, nur dass die Wege, welche zu ihr führten, für den gemeinen Mann schon gänzlich verlegt und auch für sie selber nur mit Hülfe gelehrter Interpretationsmittel zugänglich waren. Im 1. Jahrhundert unserer Zeitrechnung war sogar der Volksdialekt schon in der Achtung vieler Lehrer wieder gesunken, und die Bahn des Hochmuths rasch durchschreitend, redete man von dem Volk des Landes, das das Gesetz nicht verstehe und deshalb verflucht sei (Joh. 7, 49). Man faselte davon, dass die Engel kein Syrisch (d. h. die palästinensische Volksmundart) verständen *). Das in Babylonien gesprochene Chaldäisch galt für vornehmer und reiner. Deshalb (sagte man) seien auch die berühmten Targumim (des Onkelos und Jonathan ben Usiel) in dem chaldäischen Dialekt verfasst. Wir verdanken der enormen Belesenheit Lightfoot's auch eine weitere instructive Mittheilung aus dem Talmud **). Noch vor der Zerstörung des zweiten Tempels prophezeite ein Mann, der kleine Samuel genannt, kurz vor seinem Tode den gänzlichen Untergang des jüdischen Volkes und seiner Oberen. Es wurden aber seine prophetischen Worte von den dabeistehenden Gelehrten nicht verstanden, weil er sie in der aramäischen Sprache zum Ausdruck brachte, während doch sonst die Prophezeiungen im puren Hebräisch verfasst wurden. Wir lernen hieraus einerseits den Purismus der Gelehrten, andererseits aber auch die grosse Verbreitung der Vulgärsprache, die dem in den letzten Zügen befindlichen Samuel zunächst in den Mund kam. Aus demselben Excurse Lightfoot's entnehmen wir, dass die hebräische Sprache dem Volke unbekannt war***). In einer Glosse zum Talmud

*) Daneben finden sich freilich andere Stellen, wo die Volksmundart gepriesen wird: Talm. Hieros. Sotah fol. 21. 3 und Bereschith Rabba fol. 85. 4: Ne vilescat lingua Syriaca in oculis tuis, nam ecce tribuit ei Deus honorem in Lege, et Prophetis et Hagiographis (nämlich es wird syrisch geredet in Gen. 31, 47; Jerem. 10, 11; Dan. 2, 4).

**) S. die Belegstellen bei Lightfoot Horae Hebr. Excurs zu Matth. 1, 28.

***) Bei Einrichtungen, wo Verständniss des gemeinen Mannes erforderlich war, bedienten sich auch die Priester der Vulgärsprache Palästina's; s. M. Schekal. 5, 3 und Bartenora z. d. Stelle.

Berachoth Fol. 3, 1 heisst es: In more fuit orationem istam קדיש recitare post concionem *); adfuit autem ibi vulgus, qui linguam Hebraeam non intellexit omnino, ideoque in lingua Targumistica eam instituerunt, ut intelligeretur ab omnibus: nam haec eorum lingua. Die lingua Targumistica ist hier im weiteren Sinne des Wortes als die dem Volke verständliche Sprache überhaupt, im Gegensatz zum Althebräischen der Bibel zu fassen. Wenn wir also bald nach den Makkabäerkämpfen die Pharisäer als Hüter des Heiligthums und der archaistischen **) Traditionen finden, so können wir gewiss sein, dass das Hauptvehikel dieser neuen Schule die hebräische und westaramäische oder palästinensische Sprache war, keineswegs aber die griechische. Ja, bis zur Beschimpfung des Griechischen liessen sich etliche jüdische Lehrer in ihrem Eifer fortreissen***). Maledictus sit, qui docet filium suum sapientiam Graecam, heisst es im Talmud zu einer Zeit, wo die hasmonäischen Brüder Hyrkanus und Aristobulus sich feindlich gegenüberstanden. Dieses Dekret verdankte seine Entstehung dem Eifer der Uebergangszeit, wo ein Zeitalter sich schroff vom andern ablöste; es ward aber in dieser Strenge nicht aufrecht erhalten. Die Mehrzahl der älteren Rabbiner befasste sich mit der griechischen Weisheit und Sprache †). Sodann aber wurde, wie Lightfoot a. a. O. sagt, dieses Dekret während des letzten Krieges unter Titus wieder erneuert und streng durchgeführt††). Und diese Verwerfung der griechischen Weisheit wird hier noch deutlicher auf die griechische Sprache bezogen. שלא ילמד אדם את בנו יונית: dass keiner seinen Sohn griechisch lehren sollte, heisst es nun.

---

*) nämlich auf hebräisch.

**) Vergl. die Formel: ἠκούσατε ὅτι ἐρρήθη τοῖς ἀρχαίοις in der Bergrede (Matth. 5, 21).

***) S. Lightfoot, Horae Hebr. zu Act. 6, 1.

†) Das Lob der griechischen Sprache im Munde der Rabbiner kann man entnehmen aus den Stellen bei Menschen, Nov. Test. ex Talmude illustratum S. 9 u. 10. u. Zunz, gottesdienstliche Vorträge, S. 10. Die Sprache von Hellas stand bei den jüdischen Weisen Palästina's in hohem Ansehen.

††) Vgl. auch die Stelle Mischna Gittim C. IX, 8 und Surenhusius, Βίβλος καταλλαγῆς III, 304.

Aber deutlicher noch, als diese talmudischen Stellen, äussert sich Josephus. Von besonderem Werth sind hier die beiläufigen Notizen, die er über die damals herrschende Sprache einstreut. Wo er sich selber mit der Kenntniss der griechischen Sprache brüstet, da malt er sicher die Unkenntniss seiner Landsleute im Griechischen mit zu grellen Farben. Seine indirecten Aussagen aber machen allem Streit darüber, ob das Aramäische oder Griechische in Palästina prävalirte, ein Ende.

Es ist über allen Zweifel erhaben, dass der westaramäische Dialekt im jüdischen Volke zu den Zeiten des Josephus der herrschende war, besonders in den Angelegenheiten des Cultus und der Religion überhaupt. Einen deutlichen Beweis liefert Josephus im dritten Buche seiner Alterthümer *), wo er von den Priestern und deren Bekleidung redet. Um gross zu thun mit seiner Akribie, nennt er daselbst nicht bloss die hebräischen termini des Grundtextes, sondern auch die aramäischen, wie „wir, von den Babyloniern gelernt habend, (die Sache) nennen" **). Er unterscheidet in dem unten angeführten Citat deutlich, wie Mose ein Ding nennt, und wie er und seine Zeitgenossen, die von den Babyloniern (die Sprache) erlernt, es nennen; m. a. W. er scheidet zwischen dem Althebräischen und dem Westaramäischen seines Zeitalters.

Und nun folgt eine Reihe solcher termini, die er in griechischen Lettern und zum Theil griechisch modificirt niederschreibt, aber ohne das aramäische Gepräge zu verwischen. Es sind folgende: 1. *Χαναια* d. h. כָּהֲנָא Priester, wobei das ה in der Aussprache als elidirt zu denken ist; 2. *Ἀναραβαχής* d. h. כָּהֲנָא רַבָּא Hoherpriester (das *χής* ist griechische Endung); 3. *μαναχασήν* d. h. מִכְנְסִין Hüllen für die Hüften (für das griech. Ohr erleichtert, aber mit dem aram. Plur.) 4. *Χεθομένη* ***), d. h. כִּתּוּנָא Leibrock. 5. *Χέθον* d. h. כִּתָּן oder כִּתַּן Leinen. 6. „Was Mose *ἀβανήθ* nennt, das heissen wir, die

*) Antiquitates l. III, Cap. 7.

**) A. a. O. §. 2: *Μωϋσῆς μὲν οὖν ἀβανὴθ αὐτὴν ἐκάλεσεν· ἡμεῖς δὲ, παρὰ Βαβυλωνίων μεμαθηκότες, ἑμίαν αὐτὴν καλοῦμεν.*

***) Gesenius im Thes. conjicirt *χεθονέθη, χεθόνη.*

wir von den Babyloniern gelernt, הֶמְיָן (Gürtel)“. 7. Vielleicht folgt hier nachträglich ein hebräischer Name, während unter Nr. 4 die Wiedergabe des Aramäischen versucht wird. Den Bericht über den Leibrock abschliessend, sagt Josephus: *μασσαβαζάνης δὲ καλεῖται*, wahrscheinlich s. v. a. מִשְׁבָּץ, wie denn Exod. 28, 4 der Leibrock des Hohenpriesters כְּתֹנֶת תַּשְׁבֵּץ gewirkter Leibrock heisst. 8. *Μασναεμφθης* bed. in der aramäischen Sprache מַצְנֶפְתָּא Kopfbinde.

Aus diesen Beispielen ersehen wir, dass die Zeitgenossen des Josephus sich in ihren höchsten Angelegenheiten eines westaramäischen Dialektes bedienten, desselben, von dem uns auch oben etliche Spuren im N. T. entgegentraten.

Wir fahren fort mit der wichtigen Stelle aus dem Schlusse der Antiquitates XX, 11, 2. Wie gewöhnlich, so streicht Josephus auch hier sein Wissen und Können gehörig heraus und sagt wörtlich folgendes: *Λέγω δὲ θαῤῥήσας διὰ τὴν τῶν προτεθέντων συντέλειαν ὅτι μηδεὶς ἂν ἕτερος ἠδυνήθη θελήσας, μήτε Ἰουδαῖος μήτε ἀλλόφυλος, τὴν πραγματείαν ταύτην οὕτως ἀκριβῶς εἰς Ἕλληνας ἐξενεγκεῖν· ἐγὼ γὰρ ὡμολογούμην παρὰ τῶν ὁμοεθνῶν πλεῖστον αὐτῶν κατὰ τὴν ἐπιχώριον παιδείαν διαφέρειν· καὶ τῶν Ἑλληνικῶν δὲ γραμμάτων ἐσπούδασα μετασχεῖν, τὴν γραμματικὴν ἐμπειρίαν ἀνιλαβών, τὴν δὲ περὶ τὴν προφορὰν ἀκρίβειαν πάτριος ἐκώλυσε συνήθεια.* Der Sinn ist kurz folgender: Er, Josephus sage es kühn heraus, dass Keiner seiner Zeitgenossen diese Dinge (welche in den Antiquitates enthalten sind) so accurat den Griechen würde haben mittheilen können. Denn 1. habe er nach dem Geständniss seiner Landsleute schon ein Bedeutendes im Punkte der einheimischen Bildung vor allen Anderen voraus; 2. aber habe er sich auch Mühe gegeben, der griechischen Literatur Meister zu werden, indem er den grammatischen Weg eingeschlagen — (nicht bloss mit der durch's Sprechen zu erlangenden Geläufigkeit sich begnügt) —, wobei ihn freilich die (angeborene) vaterländische Art gehindert habe, zur exacten (mündlichen) Aeusserung (seiner Meinung) in der griechischen Sprache hindurchzudringen.

Um aber seinen besondern Vorzug vor den jüdischen Landsleuten seinen Lesern gegenüber zu rechtfertigen, fügt er unmittelbar hinzu: „Bei uns (den Juden) stehen Diejenigen keineswegs in Gunst, die vieler Völker Sprachen zu reden wissen, und den Styl durch Glätte der Worte zu schmücken lieben. Indem sie (die Juden) dafürhalten, dass ein solches Bemühen nicht mehr bloss Sache der Freigeborenen, sondern auch den Sklaven, wenn sie nur wollen, anheimgegeben sei (und also nichts Ausserordentliches mehr zu nennen sei,) — so preisen sie (die Juden) nur Die als Weise, welche das Gesetz genau kennen und die eigentliche Bedeutung der heiligen Schriften auszulegen vermögen. Wenn also auch Viele um diese Kunst sich bemüht hätten, so gäbe es doch höchstens Zwei oder Drei, die es zu Etwas gebracht, und die Frucht ihrer Mühen ohne weiteres eingeerntet hätten."

Diese Stelle des Josephus mag uns warnen vor jeder Ueberschätzung der Kenntniss des Griechischen zu seiner Zeit. Wir machen aber zugleich die Bemerkung, dass Josephus seiner Ruhmsucht halber nicht immer zu trauen ist. Und somit ist, was er von der griechischen Sprache hier sagt, cum grano salis zu verstehen; so wenig geachtet war denn das Griechische doch nicht. Die Kenntniss des Griechischen war nach dieser Stelle wohl da, Viele gaben sich mit griechischer Schriftstellerei zwar ab, — aber mit geringem Erfolg. Was selbst dem Josephus immer noch ein Hinderniss blieb — die väterliche Art zu denken und zu sprechen — hinderte die Uebrigen noch mehr. Und dazu kam, dass von Seiten der Juden selbst solcher Schriftstellerei keinerlei Aufmunterung zu Theil ward, so dass sie sich über das Dilletantenhafte erhoben hätte. Die Juden liebten keine vielsprachige Afterweisheit und somit begünstigten sie nicht einmal das Erlernen fremder Sprachen, das Griechische nicht ausgenommen. Es konnte ja ein jeder Sklave damals griechische Sprache und Eleganz sich aneignen, um diese Kenntniss dann in Rom für theueres Geld zu verwerthen. Für allein weise galt, wer das Gesetz kannte und in der rechten Deutung der heil. Schriften sich hervorthat. Alles Andere wurde als Nebensache betrachtet; wenigstens wurde kein Werth mehr darauf gelegt, wie etwa 200 Jahre früher, bevor die Makkabäerkämpfe die Luft reinigten.

Dies ist die Meinung des Schlusses der Antiquitates. Josephus selber freilich stellt in seiner Grossmannssucht sich hier über die

Parteien und will für sich die Originalität und Unbefangenheit des Philosophen in Anspruch nehmen. Er bleibt sich von Anfang bis zu Ende seines Buches gleich. Schon im Prooemium will er den Römern, für die er schreibt, einreden, dass er als der Erste Alles, was ausserhalb des Pentateuches zur Geschichte Israëls gehöre, in griechischer Sprache zur Kenntniss des Auslandes gebracht habe. Das ist eine Lüge, denn schon der erste Prolog zum Jesus Sirach*) notificirt uns die Uebersetzung auch der historischen Bücher des A. T. in's Griechische. Aber er liebt es, sich auf Kosten seines Volkes zu erheben. Er konnte dies um so leichter, da nach der Zerstörung Jerusalem's die Rectificirung seiner Aussagen für Römer schwieriger als jemals geworden war. So rechnet er sogar, indem er den römischen Lesern schmeicheln will, sein eigenes Volk zu den Barbaren. Mit rücksichtsloser Klugheit stellt er sich auf die Seite der siegreichen Partei; und um ihr zu schmeicheln, lässt er seine Landsleute fallen**). In der Vorrede zu dem Werke über den jüdischen Krieg sagt er, indem er seinen Standpunkt in Rom einnimmt: *Προὐθέμην ἐγὼ τοῖς κατὰ τὴν Ῥωμαίων ἡγεμονίαν, Ἑλλάδι γλώσσῃ μεταβαλών, ἃ τοῖς ἄνω βαρβάροις τῇ πατρίῳ συντάξας ἀνέπεμψα πρότερον, ἀφηγήσασθαι Ἰώσηπος Ματθίου παῖς* etc. d. h. „Ich Josephus, Sohn des Matthias, habe mir vorgenommen (den Krieg der Juden mit den Römern) den unter römischer Oberherrschaft Befindlichen zu erzählen, wobei ich das in die griechische Sprache übersetze, was ich zuvor in der vaterländischen geschrieben und den in den oberen Gegenden wohnenden Barbaren zugesandt habe.“ Die in den oberen Gegenden wohnenden Barbaren***) sind nach richtiger Ueber-

*) Im Cod. Vatic. der LXX. enthalten.

**) In ähnlichem Sinne misst er dem Vespasian bei einem Gefechte mit den Juden einen afflatus divinus bei, der ihn kräftigte, um in der Gefahr auszuhalten (Bellum J. IV. 1, 5.)

***) Barbaren ist einfach s. v. a. Nichtrömer oder nichtrömische Unterthanen, s. das Citat aus Aristides bei L. Friedländer, Darstellungen aus der Sittengeschichte Rom's II. Theil S. 5; vgl. ferner Cic. Verr. II, 5. 65. 166 als Beleg für das völlig Harmlose des Namens „Barbar“. Die Deutschen heissen auf böhmisch Nemecky d. h. die Stummen, deren Sprache man nicht versteht.

setzung (bei Oberthür) die mediterranei barbari, die am mittelländischen Meere wohnenden Barbaren, also in Kleinasien und Palästina. So redet Act. 19, 1 von einer Reise Pauli in Kleinasien und nennt dieselbe ein διελθεῖν τὰ ἀνωτερικὰ μέρη; auf dieser Reise sei er unter Anderem nach Ephesus gekommen. Man war also gewohnt, von den Anwohnern des Mare internum als Bewohnern der oberen Gegenden des Orbis zu reden. Kleinasien bot sich als ein stufenmässig aufsteigendes Gebirgsland dar; und das Gleiche war mit Palästina der Fall. Wem sollte Josephus auch sonst sein im vaterländischen Dialekt geschriebenes Werk über den jüdischen Krieg zugesandt haben, wenn nicht der kleinasiatischen Diaspora und den palästinensischen Juden? Diese Stelle, wo von einer πάτριος γλώσση die Rede ist, zeigt uns noch deutlicher, was Josephus in den Antiq. XX, 11, 2 unter πάτριος συνήθεια versteht. Hier meint er doch gewiss nicht die vulgäre griechische Sprache, wie der neueste Vertheidiger der griechischen Sprache im Munde Jesu und seiner Apostel will*), sondern die hebräische Sprache in ihrer syro-chaldäischen oder westaramäischen Form.

So redet denn auch Josephus wiederholt im Auftrage des Titus die belagerten Juden an: τῇ πατρίῳ γλώσσῃ und ἑβραΐζων **) (s. Bellum Jud. V, 9, 2; VI, 2, 1). Er bezeichnet sich selbst in der Schrift contra Apionem I, 9 als den Einzigen, der die Berichte der aus der Stadt Desertirenden verstand. Jene sprachen im Landesdialekt, und im ganzen Lager war er die einzige Vertrauensperson, welcher Titus die Uebersetzung jener Berichte überlassen konnte. In der Stadt selber sprach man den Landesdialekt (Bellum Jud. V, 6, 3; V, 13. 7 etc.***). Wollte man uns einwenden, alle diese Stellen gälten von der Periode des letzten aufflackernden Fanatismus, so sagen wir dagegen, dass solche Ausschliesslichkeit in der Ver-

---

*) S. D. Roberts l. c. S. 288 not.

**) Diodati in seinem oben genannten Werke will auch bei diesen Gelegenheiten dem Josephus die griechische Sprache in den Mund legen, indem er deutlich die Gefahr, die seiner These droht, fühlt.

***) M. vergl. auch die aramäische Sprache der Juden in Gamala (B. J. IV, 1. 5).

wendung des aramäischen Landesdialekts nur unter der Voraussetzung seiner immer schon vorherrschenden Geltung zu erklären sei. Wir haben übrigens auch aus der früheren Zeit Anzeichen, dass z. B. selbst einem Herodes Agrippa das Hebräische geläufig war*). Als Marsyas, ein Freigelassener des Agrippa, von dem Tode des Tiberius (37 nach Chr.) hörte, sagte er, um von dem, Agrippa bewachenden Centurio nicht verstanden zu werden, nur die Worte auf Hebräisch: „Der Löwe ist gestorben.“ Agrippa verstand sofort auch das Aenigmatische dieser Redewendung (s. Josephus Antiqu. XVIII, 6. 10). Von Izates, König von Adiabene, welcher nebst seiner Mutter zum Judenthum übergetreten war**), berichtet Josephus, dass er seine 5 jungen Söhne nach Judäa geschickt, um sie die *γλῶτταν τὴν παρ᾽ ἡμῖν πάτριον καὶ παιδείαν ἀκριβῶς* lernen zu lassen. So hoch stand jüdische Sprache und religiöse Sitte selbst bei Königen. Dass dieses syrische Königshaus sich auch noch des Syrochaldäischen Dialekts bediente, scheint zu folgen aus einer von de Saulcy entdeckten Grabesinschrift einer der Prinzessinen dieses Hauses, die zweisprachig ist, syrisch nämlich und syrochaldäisch (s. Renan, Les Apôtres S. 255, Note 5). Wir sehen also, die aramäische Landessprache war nach des Josephus Darstellung der herrschende Dialekt in Palästina, wenn wir auch zugeben wollen, dass eine so geringe Beschäftigung mit dem Griechischen, wie er es im eigenen Interesse uns glauben machen will, nicht glaublich ist.

Das Resultat aus dem Zeugenverhör, bei dem das neue Testament selber und die specifisch jüdischen Quellen vernommen wurden, ist also folgendes.

Obgleich zur Seleucidenzeit ein Eindringen griechischer Sitte und Sprache in Judäa mehr zu beklagen, als zu bewundern ist, so hatte dasselbe doch keine so radicale Wirkungen wie in anderen Gegenden, deren staatliche und religiöse Constitution minder widerstandsfähig

*) Den Idumäern, aus denen Herodes und seine Familie stammte, war der Landesdialekt Palästina's keinesfalls fremdklingend.

**) Ant. XX, 3, 4. In Cap. 2, 3 erzählt er das Gleiche von den Frauen des Königs Abennerig; in C. 7, 1. 3, von dem König der Emeser Aziz und von dem König von Cilicien; vgl. XVI. 7. 6.

war. Der Nachweis kann nicht geliefert werden, dass die griechische Sitte und Sprache wirklich den aramäischen Volksdialekt so überwältigte, dass derselbe, wie etwa in Antiochia nur noch in den entlegenen Vorstädten sein kümmerliches Dasein fristete. Der Volksdialekt hatte in Palästina nicht einmal die Stellung des Vlämischen in Belgien angenommen. Denn die religiöse Frage war die erste und höchste für den Juden; er kannte keinen Compromiss mit einer fremden Nationalität auf Kosten der Religion. Nun aber drängte ihn die Religion stets zu den Urkunden in der hebräischen Sprache hin, oder führte ihn immer wenigstens auf die aramäische Uebersetzung der heiligen Schriften. Mochte die Liebe und Condescendenz zu den Hellenisten auch noch so weit gehen, soweit ging sie nie und nimmer, dass man ihnen zu Liebe auch nur die Sprache des öffentlichen Verkehrs und der öffentlichen Verhandlungen alterirt hätte.

Wer nach Rom kommt, muss italienisch oder eine verwandte romanische Sprache kennen; wer nach Jerusalem kam, musste den dortigen oder einen verwandten Dialekt entweder kennen oder sich doch schnell aneignen. Die Israeliten haben wie die Orientalen überhaupt eine grosse Leichtigkeit, Sprachen zu lernen; in den Städten des Morgenlandes spricht gewöhnlich Jedermann 2 oder 3 Idiome *).

Wir stehen also auf dem alten Standpunkte, den übrigens die deutschen Gelehrten nie ernstlich verlassen haben, dass nämlich Jesus und seine Jünger wie Jedermann in Judäa den Landesdialekt sprachen.

Wie ist also das schwierige Problem der Abhängigkeit des N. T. von der alexandrinischen Uebersetzung (LXX wie wir meist der Kürze halber sagen werden) zu erklären?

Wir können das Problem nur durch eine Revision der Geschichte der LXX, ferner durch die Darlegung ihrer Verbreitung über die Welt (besonders den Orient) und endlich ihres Verhältnisses zu den jüdischen Targumen zu lösen unternehmen. Vielleicht gelingt es uns, ihr dadurch einen Platz in Palästina zu erobern, der die angegebene Abhängigkeit der neutestamentlichen Personen und Autoren als selbstverständlich erscheinen lässt. Unsere These lautet

---

*) Vgl. Renan, Les Apôtres S. 110.

nämlich: Die Septuaginta ist die palästinensische Bibel oder die Bibel im Vulgärdialekt geworden, und daher schreibt sich die Benutzung der LXX im Neuen Testament. Der Weg ist mühsam; die Beweisführung kann oft nur andeutungsweise die Gründe anführen, auf denen sie ruht — also erbitten wir uns Nachsicht vom Leser. Es gilt, ein Hochgebirge zu überschreiten, voll von Gletschern und Abgründen. Endlich aber kommen wir dann wieder in die Ebene und können uns der Resultate daselbst im ruhigen Genuss erfreuen.

CAPITEL II.

VON DER BESCHAFFENHEIT DER SEPTUAGINTA.

I.

Ueber das Zeitalter der Ptolemäer im Allgemeinen *).

Wenn wir von den Ptolemäern reden und von dem Glanze ihres Zeitalters, so müssen wir vorwiegend bei den ersten drei Königen dieses Stammes mit unseren Gedanken verweilen. Der Stifter dieser hochberühmten Dynastie hatte eine dunkle Herkunft; vielleicht war er ein unehelicher Sohn Philipp's II., und um den Makel der Geburt zu tilgen, oder zu bedecken, scheute er keine Anstrengungen. Ihm fiel Aegypten als Beutetheil zu und damit ein Schauplatz, wo er vollenden konnte, wozu er bei Alexander's Lebzeiten den Grund gelegt, nämlich sich selbst eine Welt zu bauen, in der er die Hauptperson sei.

Alexandrien dankt ihm seinen Ruhm. Er wurde der Magnet, der Alles nach dieser Stadt hinzog, was begehrlich war für der Menschen äussern Sinn, und besonders auch für ihren Geist. Mit asiatischen Reichthümern fesselte er griechische Kunst und Wissenschaft an jenen natürlichen Kreuzungspunkt des Handels und Verkehrs, der mit seinem beispiellos hohen Wachtthurm Pharus auf

*) Vergl. Bernardy, Grundriss der griech. Literatur, Theil I. S. 518 — 527 und Heyne, Opuscula academica, Volumen I, De genio saeculi Ptolemaeorum.

Meilen hinaus schon den Schiffern zu winken schien, hier ihre Schätze abzuladen, und Geld dafür zu empfangen. Ptolemäus war ein echter Gründer; kühn und berechnend, aber zugleich masshaltender, als alle seine Nachfolger, die nur weiter ausführten und vollendeten, was er begonnen. Mit richtigem Blicke leitete er sofort eine Mischung zwischen Einheimischem und Fremdem ein; der Orient und Occident hatten sich gefunden, nun sollten sie auch bei einander bleiben und zu einer glücklichen Ehe sich zusammenschliessen. Er schonte den Volksglauben seines Reiches, er gestattete allen Religionen freie Uebung, besonders auch den Juden, die schon wiederholt (seit Jeremia und Jesaia) in Aegypten mehr oder weniger zahlreich sich anzusiedeln unternommen hatten. Vor allem aber liebte er die Wissenschaft. Auf seinen Ruf eilten insbesondere Gelehrte herbei, unter denen uns die Geschichte Stilpo von Megara, Strato den Peripatetiker, Theodorus, Euklides und Diodorus nennt. Theophrast und Menander lud er an seinen Hof. Welche kühne, weitgehende Pläne in ihm lagen, zeigt die Anlegung oder doch die Projektirung des Museums, dieser ganz für gelehrte Zwecke bestimmten Anstalt*). Es war ein Alumneum der Wissenschaften; denn von einer Akademie (wie Matter will) unterschied sich jenes Museum schon dadurch, dass die Glieder desselben durch öffentliche Fundationen ganz erhalten wurden. Diese Schöpfung der Ptolemäer dauerte bis in die Zeiten der Römer; erst nach der durch Kaiser Aurelian befohlenen Niederlegung der Mauern dieses ganzen Stadttheils vernehmen wir nichts Gewisses mehr über die Existenz dieses Museums. Die Gelehrten bedurften nun aber einer Bibliothek. Den Entwurf dazu fasste der erste Ptolemäus und er war es auch wohl, der ihr im Stadttheile Bruchium einen Platz in dem von ihm erbauten Museum anwies und mit der Herbeischaffung der Bücher einen ersten Anfang machte (s. Bernardy l. c. 529). Sein Beirath war Demetrius Phalereus. Dieser grosse Staatsmann und Gesetzgeber war nach einem

*) Bernardy, Grundriss der griech. Literatur, Theil I. S. 524 nimmt Ptolemäus II. für den Gründer des Museums. Vielleicht aber geschah die Gründung zur Zeit der gemeinsamen Regierung der beiden Ptolemäer.

wechselvollen Leben*) endlich am Hof des Ptolemäus I. zur Ruhe gekommen. Nach Plutarch (Apopthegmata regum, s. Opp. tom. II. p. 189 d) rieth dieser Mann dem ihm befreundeten Ptolemäus, er solle sich Bücher, die von dem königlichen Regiment handelten, verschaffen, weil er daraus lernen werde, was seine Freunde ihm verschwiegen. Aristobul, dessen Ehrenrettung Lud. Valckenaer so meisterlich unternommen, erzählt uns, dass derselbe Demetrius zur Zeit des Ptolemäus Philadelphus es in die Hand genommen habe, auch die Bücher der Juden dieser Bibliothek einzuverleiben **). Aus diesen zwei Zeugnissen ergibt sich, dass Demetrius als sachkundiger Beirath von den zwei ersten Ptolemäern benützt wurde, und wenn er auch keineswegs Bibliothekar war, so war er doch etwa oberster Rathgeber in Sachen der Bibliothek. Wenn sein König, der ihm Schutz gewährte, unter die Schriftsteller gegangen war, so konnte er doch wohl die erste Sammlung einer Bibliothek sich angelegen sein lassen. Was Hody im Uebereifer und im Zorn wider den Aristeas gegen diese Möglichkeit vorbringt, ist ganz verfehlt ***). Aristeas hat die ganze Erinnerung in's Abenteuerliche ausgemalt, aber eine gute Erinnerung leitete ihn doch bei der im Uebrigen groben Fiction von der Entstehung der Septuaginta. Auch Josephus versetzt die Uebersetzung der Bücher Mose's in's Griechische in die Anfangszeit des Philadelphus †) und betrachtet den Demetrius Phalereus als den Rathgeber.

---

*) S. über Demetrius den interessanten Aufsatz von K. G. Helbig in der Dove'schen Zeitschrift: Im neuen Reich 1872 Nr. 33.

**) Für die Echtheit der Fragmente, welche Eusebius unter Aristobul's Namen einführt, tritt auch P. Wesselingius, Lectio de Aristobulo (s. die Gaisford'sche Ausgabe der Werke des Eusebius tom. IV, S. 454) und neuerdings E. Zeller, Die Philosophie der Griechen 3. Theil 1. Ausgabe S. 573 ein.

***) S. auch Bernardy a. a. O. S. 520: Demetrius habe den ersten Ptolemäer auf solches Sammeln gebracht.

†) Und zwar setzt er das Jahr 286 v. Chr., mithin das erste Jahr des mit seinem Vater getheilten Regiments, als den terminus a quo des ἑρμηνεύειν an (Ant. XII. Cap. 2).

Des Vaters Erbe, besonders was die Liebe zur Wissenschaft angeht, war Ptolemäus II., der zunächst schon zwei Jahre mit dem Vater zusammenregierte (286—284). Er ist vornehmlich als der Begründer der Bibliothek genannt worden*); dies ist aber ein Titel, der ihm a potiore zukommt, und nicht etwa mit Ausschluss des Vaters Lagi und des Sohnes Euergetes. Er betrieb das Sammelgeschäft im grossartigen Styl und wandte einen nicht kleinen Theil seiner ungeheuren Reichthümer auf die Beförderung der Unternehmungen seines Vaters. Bald liess er Bücher kommen von fremden Städten und sie abschreiben, bald liess er den auf der Durchreise Begriffenen ihre Bücherrollen abnehmen, abschreiben und sie wieder zurückstellen. Er kaufte nach Athenäus (I. S. 3 B.) von Neleus, einem Schüler des Aristoteles, Bücher dieses Philosophen und liess sie nach Alexandrien übertragen.

Dies waren Abschriften, wie Heyne**) ganz richtig bemerkt, denn die Originale wurden von Neleus versteckt gehalten aus Furcht vor den gierigen Händen der Pergamenischen Sammler. Dieser Eifer des Königs Ptolemäus, Bücher aufzustapeln, führte die Vermittler solches Geschäftes und die ausländischen Bücherbesitzer in nicht geringe Versuchung. Man fing an, Bücher unterzuschieben und den König hinter's Licht zu führen. Dies mag wohl besonders in den letzten Lebensjahren des Philadelphus der Fall gewesen sein. Durch sein ausschweifendes Leben hatte er sich das Podagra zugezogen und ***) um sich in diesem seinem Leiden einige Ableitung zu verschaffen, griff er mit erneuerter Gier nach den Büchern.

Es bemächtigte sich seiner eine wahre Bibliomanie, und Ammonius †) berichtet, dass es in der Bibliothek 40 Bände Analytika, 2 Bände der Kategorien gab, also im letzteren Fall zweimal, im ersteren Falle etwa zehnmal so viel als Aristoteles wirklich geschrieben.

Seinen Eifer erbte zunächst Ptolemäus Euergetes, der dritte der relativ besseren Fürsten dieses Namens. Nach ihm benennt Galenus

*) So von Athenaeus l. V.

**) Opuscula acad. vol. I. S. 126 Note.

***) Strabo, Geogr. I, 17.

†) S. Heyne l. c. S. 126.

sogar die Bibliothek. Von ihm erzählt Galenus, dass er den Athenern eine Schuld von 15 Talenten schenkte, um die Originale des Sophokles, Euripides und Aeschylus behalten zu dürfen, die ihm zur Anfertigung von Abschriften überlassen worden waren. Der gleiche Schriftsteller theilt uns mit, dass durch den Wetteifer der ägyptischen und pergamenischen Könige es immer gewöhnlicher ward, Bücher unter einem falschen Namen in Curs zu bringen*). In der That, in die Regierungszeit dieses Ptolemäus reicht offenbar jener Wetteifer zwischen Pergamum und Alexandrien zurück, der sich im weiteren Verlaufe bis zu einem Wettstreit in der Papierproduction erweiterte. Wenigstens erzählt uns Strabo, dass Neleus, ein Hörer des Aristoteles, als er durch das Testament des Theophrast zum Erben der Werke des Aristoteles eingesetzt worden, dieselben von Athen in das Gebiet von Pergamum, nach Skepsis, gebracht habe. Nach seinem Tode hätten die Erben jene Bücher vergraben aus Furcht vor den attalischen Königen. Diese Angabe beweist, dass die attalischen Könige schon unter Euergetes I. mit Alexandrien wetteiferten, denn Neleus kann Theophrast nicht so lange überlebt haben. Attalus I. (241—197), der erste König von Pergamum, strebte also den Beherrschern von Aegypten nach — und wünschte in seinem Lande eine echt griechische Blüthe hervorzurufen. Eumenes II. stiftete dann die berühmte pergamenische Bibliothek. Als Einer der späteren Ptolemäer diesen Rivalen tödtlich treffen wollte und die Ausfuhr der Papyrusstaude untersagte, so erfand man in Pergamum ein Ersatzmittel. Man half sich mit Thierhäuten, die dann später den Namen Pergament erhielten. Von dieser Erfindung spricht Hieronymus in der epistola ad Chromatium, indem er von Attalus redet, der membranas a Pergamo miserat, und somit den bösen Plan des Ptolemäus vereitelte**).

Doch kehren wir zurück zu Ptolemäus III. Euergetes. Von ihm berichtet uns Vitruvius (Praef. lib. VII.), dass er Wettkämpfe zwischen

*) S. Heyne S. 127.

**) Plinius H. nat. XIII, C. 11 berichtet dies von Eumenes, aber das ist kein Widerspruch. Attalus sein Nachfolger war es erst, der eine grosse Masse dieses Pergaments exportirte und so Anlass gab, dass man mit seinem Namen diese Erfindung in Verbindung brachte.

Schriftstellern angestellt, und zwar Preise dem Sieger ausgesetzt habe, ähnlich wie man früher den Athleten Preise aussetzte. Einer der Kampfrichter war Aristophanes von Byzanz. Derselbe lebte um 240 v. Chr. und war zeitweilig auch Vorsteher der Bibliothek; ferner war er der Lehrer des Aristarch, der auch Custos der Bibliothek ward. Vorsteher der Bibliothek unter Euergetes war ferner ein Mann wie Eratosthenes. Ein Kranz gelehrter Männer zierte das Zeitalter dieses dritten Ptolemäers. Man war berauscht von dem süssen Weine der Philologie *). Es ist dies ein eigener Rausch, den man selbst gehabt haben muss, um ihn zu verstehen. Ein Lykophron gewinnt den Philadelphus durch ein Epigramm; mit den Schriftstellern wetteifert schon der Lagide, und sein später Nachkomme Ptolemäus Physkon **) verbessert einen Vers des Homer und schreibt auch ein Werk voll naturhistorischer Notizen. Philologen wie Zenodot von Ephesus, der erste Verbesserer des Homer, sind Prinzenerzieher. Mittelst der Zauberruthe der Grammatik werden die alten Dichter aus ihrer Verborgenheit hervorgeholt, nicht zwar so sehr um ihrer geistigen Schönheit willen, als wegen des eleganten, feinen Wortes, in dem das Genie sich ausdrückt. Von den zwei Momenten eines Dichterwerkes, Form und Inhalt, zieht die Form in diesem Zeitalter alles Interesse an sich.

Man schwelgt in dem gelehrten Beiwerk der Exegese; Noten, Worterklärungen, Parallelen, Analogien machen Lehrer und Zuhörer in gleicher Weise vor innerem Entzücken beben. Die Könige gehen mit dem Beispiele voran; an ihrem Mund hängen die Gelehrten; ihr Ruhm begeistert selbst einen Theokrit zu dem Idyll auf Ptolemäus II., aber ihre Munificenz öffnet noch mehr den Schmeichlern und Parasiten den Mund. Was die starke Seite des Zeitalters war, gab zugleich Anlass zur Entartung.

Was für anmuthige Symposien in den besten Zeiten der Ptolemäer stattfanden, davon haben wir eine Reminiscenz im Aristeasbriefe. Wahres und Falsches webt dieser Mann zusammen in dem

*) Treffend sagt Vitruvius in dieser Hinsicht: Reges Attalici magnis philologiae dulcedinibus inducti etc.

**) Ueber seine Bücherwuth schreibt Galen (s. bei Heyne a. a. O. S. 127.) Er konnte über Glossen in die Nacht hinein disputiren.

Rahmen seines Buches. Eine echte Erinnerung wird aber der Unterhaltung des Königs Ptolemäus II. mit den 72 aus Jerusalem gekommenen Dolmetschern zum Grunde liegen, wenn auch die Personen alle erdichtet oder doch bunt zusammengewürfelt sind. Unter den beim Gastmahl gegenwärtigen Männern wird Menedemus, ein Schüler des Plato, erwähnt, der, von Bewunderung über die Antworten der 72 Dolmetscher hingerissen, die über alle Dinge sich erstreckende göttliche Vorsehung anerkannt habe. Wir sehen hier die Absicht des ganzen Machwerks hervorblicken. Nachdem die griechischen Philosophen der hebräischen Chokma mannigfaltige Anregung und grössere Schärfe des Ausdrucks gebracht, so wünschten ihrerseits die Juden auch die Griechen bereichert zu haben.

In diesem Interesse schreibt der Pseudo-Aristeas. Die Antworten, welche er den 72 Dolmetschern in den Mund legt, sind aus griechischem Stoff, aber so, dass alle griechische Weisheit auf Gott bezogen wird. Dem Aristeas war es nicht genug, etwa wie Zwingli auch den Heiden ihr Theil an der Weisheit zu lassen, in der gewissen Ueberzeugung: dass wo immer die Weisheit sich finde, sie da von der Gottheit stamme*). Nein, seine Juden sollen ganz hellenisch reden und denken, und nur ganz äusserlich wird dann diese Rede an Gott angeknüpft. Wir vermuthen, dass Aristeas Tischgespräche, die am Hofe der Ptolemäer wirklich stattgehabt**), in ein grosses Gespräch verflochten und zur grösseren Verherrlichung seines Volkes (der Juden) den 72 Dolmetschern in den Mund gelegt habe. Der Inhalt dieser Tischreden ist so gehalt- und weisheitsvoll, dass er wohl verdiente weiteren Kreisen wieder bekannt zu werden.

Wir schliessen hier die Schilderung des prachtliebenden Zeitalters der drei ersten Ptolemäer, um mitten in diesem bunten Gemälde den Spuren einer grossartigen Unternehmung nachzuforschen,

---

*) S. Zwingli, De providentia Dei, Opp. vol. IV. p. 93.

**) Vergl. über die Sitte, Tischgespräche philosophischen Inhalts beim Gastmahle zu halten, Bernhardy, Grundriss der griechischen Literatur I, S. 64: „Tischgespräche, woran so viele Miscellen der Alexandriner und späteren Sammler anknüpften.“

die deshalb nur so verborgen sind, weil die dabei verwendete Mühe und Arbeit dem gering gehaltenen Worte Gottes galt. Wir meinen mit dieser Unternehmung die Uebersetzung der Septuaginta.

Unter Ptolemäus Euergetes I. kam ein Jude, der Enkel Jesu, des Sohnes Sirach's, nach Alexandrien. Dieser Mann fand die Uebersetzung der Septuaginta bereits vor. Weil der Prolog dieses Mannes das älteste Denkmal ist, in welchem von der Septuaginta geredet wird, so wollen wir ihm zunächst unsere Aufmerksamkeit widmen. Wir fassen damit zugleich Fuss im Ptolemäischen Zeitalter und können von da aus weiter rückwärts nach den Anfängen dieser berühmten Uebersetzung forschen.

II.

Der Prolog des Buches Sirach als Quelle für die Zeitbestimmung der Septuaginta.

Der ungenannte Enkel des Jesus ben Sirach kam in seinem 38. Lebensjahre nach Alexandrien, unter der Regierung des Euergetes I. (247—221). Dieses Datum ist nun freilich hart angefochten; auch der letzte Commentator des Sirachbuches, Grimm, stimmt nicht mit uns, indem er es für über allen Zweifel gewiss hält, dass Euergetes II. oder Physkon gemeint sei, wodurch dann die Uebersetzungszeit um etwa 100 Jahre herabgedrückt werden würde. Diese Frage ist eine rein exegetische. *Ἐν γὰρ τῷ ὀγδόῳ καὶ τριακοστῷ ἔτει ἐπὶ τοῦ Εὐεργέτου βασιλέως παραγενηθεὶς εἰς Αἴγυπτον καὶ συγχρονίσας**) etc. — soll nach Grimm heissen: Als ich nämlich im 38. Jahre unter König Euergetes nach Aegypten gekommen war und daselbst verweilte etc. Damit soll das 38. Jahr der Regierung des Euergetes II. bezeichnet sein. Vergebens würde man hier einwenden, dass Euergetes II. nur 29 Jahre regiert habe, denn Grimm verweist uns auf Porphyrius in des Eusebius Chron. ed. Aucher I.

---

*) Fast ganz gleichlautend ist die Stelle bei Suidas, der über Zenodot sagt: *Ζηνόδοτος Ἐφέσιος — — ἐπὶ Πτολεμαίου γεγονὼς τοῦ πρώτου* war der erste Diorthet des Homer. Vergl. auch Hody, De Bibliorum textibus orig. S. 577, wo es von Aquila heisst: *ἐπὶ τοῦ βασιλέως Ἀδριάνου γεγονώς.*

S. 240, wonach dieser Euergetes II. seines Bruders und Vorgängers Regierungsjahre mitzählte, der ihn nämlich durch die Intervention des Antiochus Epiphanes schon 170 v. Chr. zum zeitweiligen Mitregenten hatte annehmen müssen. So würde sein genau genommen erstes Regierungsjahr zum 25. der fingirten Regierung. Aber die Frage ist, ob ein griechisch schreibender Verfasser in einem so kunstreich und zierlich geschriebenen Vorworte*) wirklich so ungriechisch sich ausgedrückt haben würde, wie der angeführte griechische Satz lautet. Alle Parallelstellen, die Grimm anführt zum Erweis dieses Sprachgebrauchs, sind entnommen aus griechischen Uebersetzungen eines hebräischen Originales (auch I. Makkab. 13, 42; 14, 27) und wollen das ל temporale auf höchst pedante Weise wiedergeben. Ein Grieche wird den obigen Satz nur von dem Lebensalter des Uebersetzers verstehen können**), dem es ja gar wohl darauf ankommen konnte, in diesem Zusammenhang seine Reife zu einer von ihm als sehr schwer bezeichneten Aufgabe durch sein Alter zu documentiren. Nach Aristoteles ist gerade die Zeit vom 35. bis 39. Lebensjahre die eigentlich productive des Mannesalters. Dass nun in dem ganzen Tenor seines kurzen Prologs ein sehr gemüthlicher Ton durchklingt, hätte nicht verkannt werden sollen***). Er erzählt ganz behäbig von seinem Grossvater und dessen Bemühungen, berichtet sehr umständlich von seinen eigenen Nachtwachen, und worauf es ihm vor Allem angekommen bei dieser Uebersetzung; er sucht sich allseitig sicher zu stellen und will etwa eingeschlichene Fehler in der Uebersetzung durch den Vorgang der griechischen Bibelübersetzer entschuldigen; kurz er ist ein überaus harmloser, vorsichtiger Schriftsteller, ein Mann aus der Provinz, der jetzt zum ersten Mal im gesetzten Alter nach Paris-Alexandrien kommt.

---

*) S. Bernhardy a. a. O. S. 502, der den Satzbau und S. 519 die studirte Komposition rühmt.

**) Daher wirft auch Valckenaer in seiner Diatribe de Aristobulo S. 395 not. das ἐπί aus dem Texte heraus.

***) Gegen Grimm bemerken wir noch, dass auch Josephus ganz am Schlusse seiner Antiquitates sein Lebensalter, in welchem er gerade diesen Schluss schreibt, angiebt, im Anschluss an das Jahr des regierenden Kaisers.

Dass der Uebersetzer wirklich unter Euergetes I. seine Studienreise nach Alexandrien unternahm, erhellt auch noch aus Sirach Cap. 50, wo sein Grossvater von Simon dem Hohenpriester offenbar als einem Zeitgenossen redet. Unter vielen grossen Männern des Alterthumes als Kenner sich ergehend, verweilt plötzlich sein Auge auf dem Hohenpriester Simon. Es darf uns solch' wohlgefälliges Verweilen bei dem grossen Zeitgenossen nicht befremden, wenn wir sehen, wie auch der Prophet Ezechiel (Cap. 14, 14) zu den Heroen der Vorzeit, Noah und Hiob, seinen Zeitgenossen Daniel hinzugesellte. Wenn wir nun Rücksicht nehmen auf die dem Simon zugeschriebenen Verdienste, so müssen wir dabei die Stellung des Simon wohl erwägen. Der Verfasser war zuletzt bis Nehemia gekommen; hier unterbricht er das Lob der Väter, und gleichsam einen Augenblick ausruhend, schaut er mittelst einer gefälligen Redewendung (in Cap. 49 14) auf die Basis der von ihm aufgeführten Lobespyramide zurück — auf Henoch, mit dem er begonnen, auf Joseph, ja endlich auf die dem Blick seiner Zeitgenossen schon völlig entrückten Fundamente der Pyramide: — Sem, Seth, Adam. Nach dieser rhetorischen Rückschau hebt er in seinem Lobpreis noch einmal an und trägt den Ruhm eines Zeitgenossen nach, des Nächsten, der an Nehemia sich mit Fug und Recht anreihen konnte — Simon I., der Gerechte, der Letzte jener sogenannten „Männer der grossen Synagoge.“ Welche Rolle dieser Mann im Gedächtniss der Nachwelt spielte, zeigt uns Calmet in seinem biblischen Wörterbuch unter dem Artikel Simon.

Er war ein ganzer Wundermann, um den sich früh schon der Epheu der Sage rankte. Seines Gleichen gab es nach ihm wenige. Er war aber nicht nur fromm vor Gott, sondern er muss auch Beweise des Wohlwollens gegen sein Volk hinterlassen haben *). Solcherlei factische Beweise zählt uns Sir. Cap. 50, 1—4 auf, freilich nur in einer überaus hinkenden Uebersetzung des Enkels. Er besserte das Gotteshaus aus und (wie wir vermuthen möchten) unter seiner Regierung wurden zu dem zweiten Thurme die Funda-

*) Josephus, Antiq. XII, 2, 5: er habe den Namen des Gerechten bekommen — *διὰ τὸ πρὸς τοὺς ὁμοφύλους εὔνουν.*

mente gelegt. Der Uebersetzer las etwa הַמִּגְדָּל הַמִּשְׁנֶה und übersetzte ὕψος διπλῆς. Dieser zweite Thurm wird als „eine hohe Errichtung auf der Ringmauer des Tempels“ bezeichnet, so dass der Thurm also auf der Tempelmauer zu stehen kam. Indem wir V. 3 als unübersetzbar überspringen, merken wir uns nur noch, dass Simon laut V. 4 sein Volk vor dem Fall bewahrte und die Stadt für eine allfällige Belagerung restaurirte, insoweit es nämlich baufällige Stellen in der Mauer gab. Alsdann folgt die zweifelsohne von einem bewundernden Augenzeugen verfasste Schilderung des hoheitsvollen Aufzuges und Waltens jenes so überaus volksthümlichen Hohenpriesters. — Nichts ist uns in diesen Versen aufgestossen, was nicht zu Simon I. dem Gerechten trefflich passte. Derselbe schloss sich nach jener Pause ganz ungesucht dem ersten Restaurator der heiligen Stadt, dem Nehemia an; er war gleichsam eine Copie dieses freilich hinsichtlich seiner Verdienste um das neue Jerusalem unvergleichlichen Helden der Nation.

Das Buch des Jesus ben Sirach fällt also in die Zeiten des Simon I. des Gerechten, (v. 310—291)*), der eben ein Zeitgenosse des Verfassers war. Sein Enkel, Uebersetzer des grossväterlichen Werkes in's Griechische, war dann 38 Jahre alt, als er unter Euergetes I. nach Alexandrien kam und hier in der gelehrten Luft der Hauptstadt sich an's Werk machte, um den Juden der Diaspora die Weisheit des Grossvaters zu vermitteln. Das genaue Jahr der Ankunft des Enkels in Alexandrien bleibt selbstverständlich im Dunkeln. 247 v. Chr., das Anfangsjahr der Regierung des Euergetes, wäre natürlich der früheste terminus a quo. — Wir können aber auch auf einem kleinen Umwege zu demselben Resultat gelangen. Wir sind im Stande, zu erweisen, dass der Euergetes, den der Enkel in Aegypten als Regenten vorfand, jedenfalls Euergetes I. und nicht der Zweite dieses Namens (genannt ὁ δεύτερος Εὐεργέτης) gewesen. Soviel steht obenan fest, dass nur der dritte Ptolemäer den Namen Euergetes verdiente, und dass dieser Beiname dem Siebenten höchstens von den schmeichelnden Hofleuten beigelegt ward, und zwar in der

---

*) S. auch Winer, bibl. Realwörterbuch u. d. Art. Simon, u. Hody, De bibl. textibus originalibus S. 192.

Form ὁ δεύτερος Εὐεργέτης. Die älteren Schriftsteller lassen daher diese Beinamen meist auch aus, was zu vielen Verwechslungen Anlass gab (s. Jac. Palmerius in s. Exercit. S. 149). Es kann daher von vorn herein erwartet werden, dass der Enkel des Siraciden nur den ersten Euergetes meint, der den Namen verdiente, und nicht etwa sich bei der Zeitbestimmung auf die Seite der Höflinge gestellt haben werde. Stand es ihm doch frei, mit der Mehrzahl der Historiker, einfach von Ptolemäus zu reden; die Zeitgenossen wussten alsdann, wen er meine. Sehr richtig sagt Valckenaer in seiner Diatribe de Aristobulo S. 367: Ptolemaeorum autem Aegypti regum cognomina debentur aulicis adulatoribus pleraque, moribusque ipsorum certe non conveniunt: ab historicis tamen antiquis nollemus illa toties praetermissa.

Von Euergetes II. ist uns bei Athenaeus*) IV. extr. S. 184 B erzählt, dass dieser siebente Ptolemäer, den die Alexandriner vorzugsweise Κακεργέτης nennen, viele Gelehrte und sonstige Einwohner theils verjagt, theils aber getödtet habe. „Er füllte die Inseln und Städte an mit Grammatikern, Philosophen, Geometern, Musikern, Malern, Erziehern, Aerzten und vielen anderen Künstlern, die aus Armuth lehrten, was sie wussten, und dadurch viel Bildung unter die Leute brachten.“ „Griechenland empfing unter diesem Ptolemäer zurück, was es einst Alexandrien abgegeben.“ Athenäus redet von einer Art Renaissance-Periode, die von da an datirte. Und Heyne vergleicht (a. a. O. p. 87 not.) dieses unsinnige Verfahren des Ptolemäus Physkon mit der Selbstzerfleischung Ludwig's XIV., der durch die Aufhebung des Edicts von Nantes die besten Kräfte seinem Reiche entzog. Dass unter solchen Umständen der vorsichtige Enkel des Siraciden nach Alexandrien kommen konnte, das ist unglaublich. Ruhe gab es unter diesem Tyrannen nicht. Mochten ihn immerhin seine Hofleute Euergetes nennen, im Volke hiess er Kakergetes, und bei der Nachwelt Physkon, d. h. Schmerbauch. Zwar bevölkerte er die Stadt wieder, aber er musste bald dem Hass und der allgemeinen Verachtung weichen; er floh und brachte sein Leben unter

*) Die in Betracht kommenden Stellen des Athenäus sind II. p. 61e; IV, p. 184b. c; XII, p. 549d.

Gräuelthaten zu, durch welche er sich dann wieder in den Besitz seines Reiches setzte (s. Justin, Historiae Philippicae l. XXXVIII, Cap. 8 — l. XXXIX, Cap. 2). Dagegen bietet uns das Zeitalter des ersten Euergetes ein von Gelehrsamkeit ganz gesättigtes Bild, das allein Anziehungskraft üben konnte auf einen rein aus literarischem Interesse reisenden Mann, wie es unser Enkel des Siraciden offenbar gewesen.

Warum wir aber so sehr verweilen bei dieser Sirachstelle?

Der Grund dafür liegt zu Tage. Nachstehende Folgerungen ergeben sich aus dieser Zeitbestimmung des Prologs: 1. Der alttestamentliche Kanon in seiner gegenwärtigen Dreitheilung war dem Grossvater Jesus Siracides bereits bekannt. Die Thora, die Propheten und die übrigen väterlichen Schriften (die Ketubim) waren bereits vorhanden; in ihnen studirte der Grossvater; sie waren die Quelle seiner Weisheit; zu ihnen verhielt sich sein Werk wie ein abgeleitetes Bächlein, das auch nicht im Entferntesten mit dem Anspruch auftreten konnte, der heiligen Büchersammlung einverleibt zu werden. Von Makkabäischen Psalmen oder einer Abfassung des Daniel in der Seleucidenzeit kann bei dieser Fixirung des Kanon nicht mehr die Rede sein; die historischen Gründe verbieten es. Wir werden durch dieses Verhältniss des Siraciden zum Kanon ganz naturgemäss in die Zeiten des Nehemia und Esra, als der ohnehin traditionell*) bekannten Kanonsammler, zurückgewiesen. Nehemia und Esra sind die einzigen ebenbürtigen Personen für solche grossartige wissenschaftliche That.

Die zweite Folgerung aus dem Prolog ist diese. Der Enkel des Siraciden weiss schon von einer wenigstens relativ vollständigen Uebersetzung des Alten Testaments. Indem er seine Uebersetzungsmängel entschuldigen will, beruft er sich auf die Verschiedenheit des hebräischen und griechischen Sprachgenius. Um aber zu zeigen, dass die Schwierigkeit auch von Anderen nicht überwunden sei, weist er

*) Vgl. 4. B. Esra Cap. 14; 2. Makkab. 2, 13. Grimm zu der letzteren Stelle und Bleek, Einleitung ins A. Test. S. 464 f. finden solche Thätigkeit Esra's und Nehemia's für die Bildung des Kanon durchaus glaublich.

auf die griechische Uebersetzung des Alten Testaments. „Nicht nur aber dieses (mein) Buch, sondern auch selbst das Gesetz, die Prophezeiungen und das Uebrige der Bücher bieten eine nicht geringe Verschiedenheit in der Grundsprache dar." Die an zweiter Stelle genannten προφητεῖαι sind natürlich identisch mit den seinem Grossvater vorliegenden „προφῆται" (s. o.); es ist nur ein Bestreben nach Wechsel im Ausdruck, der den Enkel hier leitet, gerade so wie in der irrelevanten Aenderung „καὶ τὰ λοιπὰ τῶν βιβλίων," wofür es zuvor hiess „καὶ τῶν ἄλλων πατρίων βιβλίων." Der in Alexandrien ankommende Enkel fand also „Gesetz," „Propheten" und „die übrigen Bücher" übersetzt vor. Als einzigen Einwand dagegen könnte man etwa die Unterschrift in den griechischen Handschriften des Buches Esther geltend machen. Hienach soll das griechische Estherbuch im vierten Jahre der Regierung des Ptolemäus und der Kleopatra nach Aegypten gebracht sein. Damit wäre dann (nach Hody p. 189 und neuerdings Fritzsche) Ptolemäus Philometor, der Freund des Hohenpriesters Jonathan, gemeint, und wir kämen auf das Jahr 178 v. Chr. als einen beglaubigten terminus ad quem der Uebersetzung der LXX herab. Aber mit der dort als von einem gewissen Lysimachus übersetzt bezeichneten ἐπιστολὴ τῶν Φρουραὶ ist eine Recension des Estherbuches gemeint, die bereits durch Zusätze entstellt worden war*). Für den Termin der Uebersetzung des wirklichen Estherbuches ist diese ohnedies in ihren letzten zehn Worten verderbte Unterschrift gar kein Beweis**). Wir haben die genauere Uebersetzung der LXX nicht mehr, oder sie liegt eingeschachtelt in apokryph. Zusätzen, und so brachte sie Dositheus, der sich einen Priester und Leviten nannte (NB.), sehr post festum nach Alexandrien. Das Purimfest selber war ohne Zweifel schon längst

---

*) Es will uns scheinen, als ob das ganze Buch in die Form eines Briefes gebracht sei, den Derjenige verfasst haben will, der den Traum zu Anfang des LXX-Textes hatte, also Mardochai.

**) Was sollen die Schlussworte: ἣν ἔφασαν εἶναι καὶ ἡρμηνευκέναι Λυσίμαχον Πτολεμαίου τὸν ἐν Ἱερουσαλήμ bedeuten? Die alte latein. Uebersetzung gibt sie also wieder: quam dixerunt esse, et interpretatum esse Lysimachum Ptolemaei, qui in Hierusalem. Diesen Worten einen gesunden Sinn zu entlocken, müssen wir verzichten.

in Aegypten bekannt und eingeführt; Josephus kennt es als ein durch alte Sitte und Ueberlieferung geheiligtes Fest. Nach dem Inhalt der Zusätze *) im Septuagintatext zu schliessen (besonders Cap. 4 das Gebet des Mardochai und der Esther), so stammen sie aus einer hebräischen, nicht aus einer alexandr. Quelle; das Colorit der Zusätze weist auf Palästina, wo man sich etwa mit dem echten Estherbuch nicht mehr völlig begnügen zu können meinte, weil es gar so nüchtern und thatsächlich war. Uebrigens fanden sich ja die bekannten apokryphischen Erzählungen und Zusätze im Daniel, auch im Daniel nach der Uebersetzung der LXX, und sind nicht etwa erst von Theodotion dem Buche einverleibt.

Wir sind demnach durch äussere Gründe keineswegs veranlasst, von der Behauptung zurückzutreten: dass der Enkel des Siraciden unter Ptolemäus Euergetes I. das ganze Alte Testament übersetzt vorfand. Keines der übersetzten Bücher gibt sich für später übersetzt aus, so dass wir es nach Euergetes I. setzen müssten, oder jenseits des 38. Lebensjahres des Enkels unseres Siraciden. Der terminus ad quem wäre mithin bestimmt. Damit aber rechtfertigt sich auch glänzend die Vermuthung des Cornelius a Lapide**), auf die ich übrigens ganz selbständig gerieth: dass nämlich jener Enkel, als er nach Alexandrien kam, hier ein Exemplar***) der LXX fand und durch dasselbe angeregt wurde, auch an seinem Theil für eine Uebersetzung des grossväterlichen Werkes Sorge zu tragen, damit es den Juden in der Fremde (*παροικία*) zugänglich werde. Wie drückt der Enkel des Siraciden sich aus? Er sagt im Prolog: *εὕρον* †) *οὐ μι-*

---

*) Diese Zusätze flicken allerlei Gebete und Wendungen ein, welche das Ganze auf Gott beziehen; sie zerren den Namen Gottes herbei — hierin also sich mit den Ausstellungen der modernen Kritik begegnend. Auch Valckenaer l. c. S. 397 hält das aus der Unterschrift zum Buche Esther Gefolgerte, die erste Erscheinung des Buches in Aegypten unter Philometor, für unsicher. Diese Zusätze seien Eigenthum eines Juden, der eine Person sei mit dem Verfasser des 3. B. der Makkab.

**) S. bei Hody a. a. O. S. 194.

***) Zu *ἀφόμοιον* (l. 17) ist aus dem vorigen Satze zu ergänzen: *τοῦ νόμου καὶ τῶν προφητείων καὶ τῶν λοιπῶν τῶν βιβλίων*; das *γὰρ* zu Anfang des Satzes nöthigt uns zu solcher engen Verbindung.

†) Valckenaer und Ewald wollen *εὑρών* lesen; doch u. s. w.

κρᾶς παιδείας ἀφόμοιον. Die Vulg. übersetzt: inveni ibi libros relictos non parvae neque contemnendae doctrinae.

Grotius sagt z. d. St. ἀφόμοιον bedeute dasselbe, was die Griechen sonst ἴσον nennen, die Lateiner aber particula, oder par de pari descriptum; in Stephani Thesaurus wird diese Bedeutung exemplum, simile exemplar wirklich adoptirt. Hody will emendiren und ἀφορμήν lesen. Grimm*) will ἀφόμοιον für „das Unähnliche" nehmen, und er versteht den Satz dahin, dass die Alexandrinisch-jüdische Bildung so unähnlich der palästinensischen war, dass Uebersetzungen der heimischen Bücher schlechthin nöthig wurden. Doch Hebräer 7, 3 u. der von Grimm selbst zugegebene Sprachgebrauch, dass ἀφόμοιος auch ähnlich heisse, bestimmen uns bei der Bedeutung „Exemplar" stehen zu bleiben und, wie schon bemerkt, ein Exemplar der griechischen Uebersetzung des A. Test. hier zu statuiren. Ruht nämlich der Satzbau unseres Prologs wirklich auf einer studirten Composition, wie Bernhardy sagt, und hat der vorliegende Satz überhaupt einen Sinn, so kann er nur auf das Vorige sich zurückbeziehen. Zu Anfang des Prologs hiess es aber schon: dass das Gesetz, die Propheten und die anderen Schriftsteller (die den 3. Theil des A. T. ausmachen) nicht bloss Einen selbst weise machten, sondern auch dazu noch aneiferten, durch Wort und Schrift Anderen nützlich zu werden. Davon habe des Uebersetzers Grossvater ein Beispiel gegeben. Und nun fährt der Enkel, nach einer längeren Entschuldigung der etwaigen Uebersetzungsfehler fort: „Als ich nämlich im 38. Jahre unter König Euergetes nach Aegypten kam und daselbst verweilte, fand ich ein Exemplar von nicht geringer Gelehrsamkeit vor." Zwischen den Zeilen lesend, fügen wir hinzu — und dies griech. Exemplar des Gesetzes, der Propheten und der übrigen Bücher wurde mir ein Sporn, wie schon einst das Original dem Grossvater, auch ein anderes heimisches Werk den alexandrinischen Juden zu vermitteln. Ἀναγκαιότατον οὖν ἐθέμην καὶ αὐτὸς**) προςενέγκασθαί τινα σπουδὴν καὶ φιλοπονίαν τοῦ μεθερ-

*) Exegetisches Handbuch V, S. 5.

**) Durch Cod. Alex. u. mehrere Handschriften gut bezeugt und durch den Zusammenhang empfohlen. Zu dem καὶ αὐτός hier vergleiche

μηνεῦσαι τήνδε τὴν βίβλον: d. h. Ich hielt es daher für sehr nothwendig, dass auch ich an meinem Theile Eifer und Mühe anwende, dieses Buch zu übersetzen.

Dies also ist der besondere Vorzug des Buches der göttlichen Offenbarung, dass es fortzeugend andere Bücher muss gebären; das hatte der Grossvater, das hatte wiederum der Enkel an sich erfahren. Es lässt die Urkunde der göttlichen Offenbarung in dem Leser einen Stachel zurück, den er nun auch gegen Andere kehrt, um Diese zu heben und zu fördern. Ohne den Vorgang der LXX wäre der Enkel des Siraciden nicht auf den Gedanken an eine Uebersetzung des grossväterlichen Buches gekommen*).

III.

Zeit der Abfassung der Septuaginta-Uebersetzung und ihre Geltung in der Kirche und Synagoge.

Noch verwickelter, als die Bestimmung des terminus ad quem ist die Bestimmung des terminus a quo. Wann hob man an, die Bibel zu übersetzen? Wir müssen uns zu dem Ende über die Stellung der Juden in Alexandrien klar werden.

Schon unter Alexander dem Grossen ward eine jüdische Colonie in Alexandrien angesiedelt, der König gab ihnen die gleichen Rechte mit seinen Macedoniern**). Ptolemäus Lagi bestätigte alle diese den Juden eingeräumten Rechte und nahm auf einem zweimaligen Feldzuge, der ihn auch durch Palästina führte, viele Tausende von Juden mit sich, die er zum Kern der Besatzung an verschiedenen festen Plätzen machte. Gütlich also wusste er die Juden anzulocken und dann auch zu fesseln. In der That neben den Nachkommen der pharaonischen Aegypter und im Vergleich mit den Söldnern, die der grosse Alexander-

---

man das oben (l. 8) stehende προήχθη καὶ αὐτός, das dort in Beziehung auf den Grossvater gesagt ist.

*) Ueber die Zeit der Abfassung des Buches des Siraciden vergl. man noch Calov, Biblia V. T. illustrata, Tom. III. S. 61. f.

**) S. Josephus, Contra Apionem, C. 2 und Hegesippus in seiner Anakephalaiosis de excidio urbis Hierosol.

zug übriggelassen, mussten die Juden einem so scharfblickenden Könige sich empfehlen. Mit Wohlgefallen musste sein Auge ruhen auf Leuten, die ein göttliches Gebot zu befolgen und den unsichtbaren Gott bei Allem, was sie thaten, im Auge zu haben behaupteten. Auf solche Leute konnte man sich verlassen; hier war Solidität, Sittenstrenge und auch Dankbarkeit. Die Juden spielten vom Anfang der Ptolemäerzeiten an in Aegypten eine Rolle. Dass Philadelphus dieses Patronat der Juden fortgesetzt, lässt sich schon daraus wahrscheinlich machen, dass er überhaupt die hervorragenderen Staaten seines Zeitalters durch grossartige Geschenke sich zu verbinden trachtete *). Auch Theokrit in dem 17. Idyll (V. 111) preist diese Freigebigkeit an dem „göttergleichen“ Ptolemäus. Man sprach noch Jahrhunderte lang von *κατασκευαὶ Φιλαδέλφειαι* (philadelphischen Geschenken) nach Philo's Zeugniss. Die ganze Scene im Pseudoaristeas von den grossartigen auf über 1000 Talente zu schätzenden Gaben des Philadelphus an den Hohenpriester ist aus solcher Erinnerung entstanden und überaus glaublich. Auch Ptolemäus Philometor unterstützte fast mehr noch als seine Vorgänger den Tempelbau in Aegypten unter dem Hohenpriester Onias. Die Juden vermochten unter ihm Alles. Dieser Ptolemäus war ein Freund des Jonathan, Hohenpriesters zu Jerusalem. Er hatte den Aristobul, einen Juden aus priesterlichem Geschlecht, zum Lehrer gehabt, der auch Commentare zum Mos. Gesetz schrieb und diese seinem König widmete, dessen Ohr er auf die Dauer besass (s. Eusebius praep. evang. 7, 13 und Kirchengeschichte 7, 32; ferner Valckenaer, De Aristobulo p. 359 und Grimm z. 2. Macc. 1, 10.

Onias und Dositheus sollen unter Philometor dem Heere dieses Königs vorgesetzt worden sein **). Man suchte um diese Zeit die Juden in Alexandrien auf alle mögliche Weise Jerusalem vergessen zu machen. Der prachtvolle Tempel zu Leontopolis sollte in diesen Zeiten, wo der Tempel in Jerusalem entweiht und verwaist dastand, womöglich ausgiebigen Ersatz bieten; hieher sollte der Strom der Weihgeschenke geleitet werden. Afrika sollte die „neue Welt“

*) S. das Citat aus Memnon Heracleotes bei Hody a. a. O. S. 73.

**) Josephus, Contra Apionem C. 2, 5 sagt: totam regionem Judaeorum fidei commiserunt et copiarum omnium duces fuerunt Onias et Dositheus Judaei.

für die im Heimathland durch die Syrer so furchtbar gedrückten Juden sein. Dies war ein politischer Gedanke der Ptolemäer; die Juden sollten eine Macht im Lande sein, wie sie es eigentlich seit Alexander schon immer gewesen. Zwei Söhne des obengenannten Hohenpriesters Onias, Chelkija und Chananja, standen bei Kleopatra, der Mutter des Ptolemäus Lathyrus, und noch späteren Ptolemäern in solcher Gunst, dass sie ihnen wichtige Kriegsämter anvertrauten; auch hier wieder tritt das oft bewährte Zutrauen, das diese Könige gerade zu den Juden hatten, nochmals in ein helles Licht *).

Aber diese ganze glückliche Zeit für alles, was Juden heisst, war doch nur ein Spätsommer; es war das keineswegs die Frühlingszeit, in der man ein solches Werk, wie die Uebersetzung des A. T. unternahm. Schon waren die Kämpfe unter Antiochus dem Grossen geschlagen, schon waren durch die Noth der Zeit die Makkabäer auf den Schild gehoben in Israel. Schon war in Israel die Freude am hellenischen Wesen ganz gebrochen und fing man an, sich ängstlich auf das Alte zurückzuziehen, als Philometor regierte. Zu einer solchen Arbeit, wie es die Septuaginta ist, gehörte die erste unbefangene, jugendliche Hingabe der früheren Generation, die unter Ptolemäus Lagi und Philadelphus in Alexandrien lebte. Hier, unter dem Säuseln der Frühlingslüfte einer neuen Aera, wo alles neu sich beleben wollte, wo in Alexandrien der grosse Kunstgarten geschaffen ward, in den die Pflanzungen, die ein Alexander angelegt, sich sammeln sollten: — hier war der rechte Ort, wo auch die Juden mit ihren heiligen Büchern ankommen konnten. Von aller Verdächtigung seitens ihres Mutterlandes frei, ohne die Feindschaft der späteren schwarzen pharisäischen Larven fürchten zu müssen, brachten etliche providentielle Männer ein Werk zu Stande, das seines Gleichen in der Literaturgeschichte sucht.

Unter dem Gesichtspunct der göttlichen Weltregierung betrachtet, müssen wir von dieser Erscheinung sagen, dass eben hier, durch diese alexandrinische Uebersetzung, Jesaia 19, 18 ff. eine theilweise Erfüllung fand, wonach fünf Städte die Sprache Kanaan's reden und in dem Namen Jehova's schwören würden. Dies geschah

*) S. Josephus Antiq. 13, 10, 4; 13, 13, 1 ff; 14, 6, 2; 8, 1.

schon damals. Mit Recht fragt Valckenaer *), nachdem er auf die glückliche Vereinigung griechischer Geister innerhalb der Mauern Alexandrien's gewiesen: Horum exemplo, honore praesertim quo cumulabantur homines musici, quis tandem mirabitur de millenis (Gentilium) unum hic illic ingenium Judaicum, de meliore luto factum, excitatum fuisse ad cultum sermonis Graeci, et studia literarum elegantiorum, quibus Alexandriae Gentiles adeo clarebant? Res ipsa sibi documento est. Als Belege führt er an die Uebersetzer des Buches Hiob und der Proverbia, qui in poëtis legendis aliisque scriptoribus antiquis exercitatissimi fuerunt. Die Juden waren überall dabei, wo seit Alexander ein Neues geschah im Reiche der Geister. Was Wunder, dass sie dem König oder dessen vornehmsten Rathgeber, dem Demetrius Phalereus, ihre heiligen Schriften anboten und interessant zu machen wussten? Mit Unrecht weist Hody die Nachricht des Aristobul zurück, als ob die Betreibung dieser Angelegenheit durch Demetrius Phalereus durch ein Zeugniss des Hermippus**) widerlegt werde. Was Hermippus (s. Demetrius Laertius V, 78) von der Verbannung des athenischen Staatsmannes nach dem Tode seines Gönners, Ptolemäus I., erzählt, führt noch nicht so weit, dass wir jegliche Mitwirkung dieses Mannes beim Zustandekommen der Bibliothek abweisen müssten ***). Er war nur in die Provinz †) verbannt und konnte sehr wohl von dort aus der von ihm in Alexandrien ausgestreuten Saat zum weiteren fröhlichen Gedeihen mit Rath und That verhelfen. Auch braucht nach des Hermippus Worten diese Verbannung des Demetrius nicht sofort nach dem Tode des Lagiden erfolgt zu sein. Es ist also unzulässig, mit dem Zeugniss des Hermippus das Zeugniss des Aristobul, dem Aristeas, Philo und nach ihnen eine ungezählte Schaar von Schriftstellern beipflichten, zu bekämpfen. Das eine kann, wie Valckenaer gezeigt, neben dem

---

*) Diatribe de Aristobulo S. 385 des Gaisford'schen 4. Bandes der Opera Eusebii.

**) Ihn setzt Bernhardy a. a. O. Theil I, S. 544 übrigens sehr herab, indem er ihn der Verfälschung der Gelehrtenhistorie zeiht.

***) S. auch Ewald, Gesch. Israel's IV, S. 285 not.

†) χώρα heisst es bei Hermippus, wie denn bes. später Alexandrien kurzweg πόλις hiess (z. B. bei Aristeas), ähnlich wie Rom Urbs.

andern bestehen. Dass es nun dem Demetrius Phalereus sehr wohl angestanden habe, sich für die jüdischen Gesetze zu interessiren, sollte an sich klar sein; es ist aber auch dies von Valckenaer in schlagender Weise gegen Hody's in diesem Falle leichtfertige Beweisführung erwiesen worden (S. 390—393).

Wenn wir auf historische Zeugnisse überhaupt Etwas geben wollen, so ist dasjenige des Aristobul gar nicht ferner zu eludiren. Bedeutende Gelehrte, wie Bernhardy*), der ihn einen geschickten Peripatetiker nennt, ferner wie Zeller und Ewald haben, in den Fussstapfen Valckenaer's einherschreitend, diesen Aristobul rehabilitirt und ihm seinen Platz in der Regierungszeit des Philometor wieder eingeräumt. Ist dies nun der Fall, so beuge man sich seinem Zeugniss, als einem überdies gänzlich nüchternen und unverdächtigen

Dies Zeugniss lautet aber also bei Eusebius, Praeparatio evangelica XIII. 12. S. 663**). *Φανερὸν ὅτι καθηκολούθησεν ὁ Πλάτων τῇ καθ' ἡμᾶς νομοθεσίᾳ, καὶ φανερός ἐστι περιειργασμένος ἕκαστα τῶν ἐν αὐτῇ λεγομένων· διηρμήνευται γὰρ πρὸ Δημητρίου τοῦ Φαληρέως δι' ἑτέρων, πρὸ τῆς Ἀλεξάνδρου καὶ Περσῶν ἐπικρατήσεως, τά τε κατὰ τὴν ἐξαγωγὴν ***) τὴν ἐξ Αἰγύπτου τῶν Ἑβραίων ἡμετέρων δὲ πολιτῶν, καὶ ἡ τῶν γεγονότων ἁπάντων αὐτοῖς ἐπιφάνεια καὶ κράτησις τῆς χώρας, καὶ τῆς ὅλης νομοθεσίας ἐπεξήγησις· ὥστε εὔδηλον εἶναι τὸν προειρημένον φιλόσοφον εἰληφέναι πολλά· γέγονε γὰρ πολυμαθής, καθὼς καὶ Πυθαγόρας πολλὰ τῶν παρ' ἡμῖν μετενέγκας εἰς τὴν ἑαυτοῦ δογματοποιΐαν κατεχώρισεν. ἡ δ' ὅλη ἑρμηνεία τῶν διὰ τοῦ νόμου πάντων ἐπὶ τοῦ προσαγορευθέντος Φιλαδέλφου βασιλέως, σοῦ δὲ προγόνου, προσενεγκαμένου μείζονα φιλοτιμίαν, Δημητρίου τοῦ Φαληρέως πραγματευσαμένου τὰ περὶ τούτων.*

---

*) Grundriss der griechischen Literatur 3. Bearb. I. Th., S. 518.

**) Vgl. Clemens Al. Stromatum l. I. (ed. Sylburg.) p. 342.

***) Ἐξαγωγή — ein auch bei dem Zeitgenossen des Aristobul, dem Dramatiker Ezekiel, vorkommender Name, ja der Titel seiner Tragödie, in der er den Auszug der Israeliten schildert. Der zum König Ptolemäus redende Aristobul bedient sich des im Gesichtskreis dieses Königs liegenden Ausdrucks, er redet nicht zunächst für das Verständniss der Juden.

Auf dieses Zeugniss des Aristobul haben wir nun allen Nachdruck zu legen. Es lautet auf deutsch: „Es ist klar, dass Plato unserer Gesetzgebung*) folgte und Alles in ihr Enthaltene sorgfältig erforschte. Denn vor der Uebersetzung, die durch Demetrius Phalereus veranstaltet ward, war durch Andere — u. z. vor der Herrschaft Alexander's und der Perser — gründlich übersetzt, sowohl **) was bei dem Exodus der Hebräer, unserer Mitbürger, aus Aegypten geschah, als auch alles Wundersame, was ihnen passirt***), nebst der Einnahme des Landes†), und die ausführlichere Auseinandersetzung der gesammten Gesetzgebung††), so dass klar wird: der vorbenannte Philosoph habe viel von daher entnommen, sofern er sehr wissbegierig war, wie denn auch Pythagoras viel von dem Unserigen herübernahm und einverleibte in sein Lehrgebäude. Die ganze Uebersetzung aber aller in dem Gesetz enthaltenen (Bücher) erfolgte unter Deinem Ahnen, dem Könige, den man Philadelphus nannte, der besonderen Ehrgeiz darin setzte, dass dies geschehe, und zwar indem Demetrius Phalereus die Sache in die Hand nahm.“

Aristobul redet den König Philometor, dem er Commentare über das Gesetz Mose's widmete, hier an, und will den König auf die hohe Würde und das hohe Alter dieser Bücher des Gesetzes aufmerksam machen. Wenn Aristobul nun von Plato's Bekanntschaft mit einem griechischen Mose redet, so hilft es nicht mit Bern-

---

*) *Νομοθεσία* steht bei Philo, Vita Mosis p. 659d von der Thora als dem Gesetzbuche der Juden. Das Verbum *νομοθετεῖν* gebrauchen die LXX häufiger für das hebr. הוֹרָה hif. von יָרָה (s. Biel im Lex. s. v.) Es ist dieser Ausdruck den alexandrinischen Gelehrten verständlicher als etwa *θεῖος νόμος*, oder *νόμος Μωϋσέως*. Sonst wird auch von *Ἰουδαίων νόμιμα* geredet im Aristeasbrief.

**) Die nun folgende Aufzählung nimmt das *ἕκαστα τῶν ἐν αὐτῇ λεγομένων* wieder auf und macht es an Beispielen klar, was denn Plato im Gesetz gelesen.

***) Leviticus und Numeri.

†) Des ostjordanischen, vielleicht auch aus Nachlässigkeit in das Gebiet des B. Josua hinübergreifend.

††) Im Deuteronomium.

hardy (a. a. O.) dies naiv zu nennen. Auf solche Weise entschlägt man sich nicht historischer Zeugnisse. Es fragt sich eben nur, ob der gewandte Philosoph dem vielseitigen und gelehrten Ptolemäer in seiner Dedication mit einer groben Lüge kommen konnte. Ist dies in so hellen Zeiten und bei einem so leicht zu constatirenden Factum unglaublich: so muss man eine vorptolemäische Uebersetzung des Pentateuches acceptiren; man hat den Nacken zu beugen vor dem historischen Datum des berühmten Peripatetikers Aristobul. Viele Gelehrte haben den Sinn der Worte des Aristobul verkürzen und nur von einem griechischen Auszug aus dem Pentateuch geredet wissen wollen *). Aber es kann nur von einer vollständigen Uebersetzung aller auf die *νομοθεσία* bezüglichen Bücher die Rede sein. Erstens nämlich soll sich Plato mit dem Ganzen der Gesetzgebung zu schaffen gemacht haben. Und wie in aller Welt möchte man die Genesis in der Stelle des Aristobul vermissen wollen, während doch gerade auf sie in den unmittelbar auf unser Citat folgenden Worten des Aristobul Bezug genommen wird? Es heisst im Verfolg des Citats bei Eusebius, dass die heidnischen Philosophen gerade aus der Kosmogonie Mose's geschöpft hätten und in ihrem Philosophiren von Gottes Stimme im Weltall dem Mose gefolgt seien (nämlich dem Gen. I. vorkommenden: „Gott sprach — und es ward.“) Die geschraubte Aufzählung dessen, was man in der *νομοθεσία* findet, setzen wir auf Rechnung des mühsam nach der griechischen Decke sich streckenden Aristobul. Ganz von selbst ergibt sich nun, dass der mit *ἡ δ' ὅλη ἑρμηνεία* beginnende Satz im Gegensatz zu der früheren partiellen Uebersetzung, nämlich der des Pentateuches, treten will. Die ganze Uebersetzung aber aller unter dem Gesetz begriffenen Bücher geschah unter Philadelphus, dessen königliches bon plaisir und Ehrgeiz eben erst rechten Schuss in die Sache brachte, und dem ein Mann, wie Demetrius Phalereus, helfend und rathend zur Seite stand. Den Ausdruck *διὰ τοῦ νόμου* nehmen wir mit Valckenaer gleich *ἐν τῷ νόμῳ* und ergänzen zu *πάντα* das Wort *βιβλία*. *Νόμος* steht hier dann in verkürzter Form für „Gesetz,

*) So zuerst Franciscus Lee, in neuerer Zeit Ewald und Frankel.

Propheten und Psalmen." Diese Abbreviatur*) findet sich gerade so Röm. 3, 19; Joh. 10, 34; 15, 25; 1. Cor. 14, 21**). Es ist eine Benennung a parte potiore (vgl. Grimm, II. B. der Makk. S. 57).

Aus der Stelle des Aristobul folgt also folgendes: 1. dass die griechische Bibel unter Ptolemäus Philadelphus übersetzt ward, auf Betreiben des Demetrius Phalereus; 2. dass diese Uebersetzung auf alle zum Gesetz gehörigen Bücher sich erstreckt habe. Dies wird auf die nüchternste Weise von Aristobul erzählt und ohne dass sich das leiseste Streben verräth, diese neue Uebersetzung der ganzen Bibel in ein besonders günstiges Licht zu stellen oder jene alte des Pentateuches als unzureichend herabzusetzen. Dem Aristobul liegt Alles an der Thatsache: dass die alten griechischen Philosophen Fühlung mit der Offenbarungsreligion hätten unterhalten können durch die griechische Uebersetzung, die vor Alexander's Herrschaft bestand. Erst Spätere, wie Aristeas und Josephus, suchen dann den Grund der ptolemäischen Uebersetzung in der Unvollkommenheit jener früheren, während Aristobul sich weit nüchterner nur mit der Anführung der Thatsachen abgibt und als echter Höfling alles so dreht, dass es zum Ruhm der Ahnen seines Königs ausschlage. War nun ein griechischer Mose zur Zeit Plato's unhistorisch und eine

*) Diese verkürzte Redeweise, dass Thora für das ganze A. T. steht, findet sich Gem. hieros. Megilla fol. 71c; sie ist auch den späteren Juden geläufig. R. Bechai in seinem Werke Kad hakemach s. v. סוכה sagt: „Das Gesetz wird in drei Theile getheilt, in das Gesetz, die Propheten und die Ketubim." S. Voisin im Prooemium zum Pugio fidei Raimundi fol. 94. Auch Rabbi Asaria in Meor Enajim C. 7 behauptet eine Uebersetzung des Gesetzes, der Propheten und der Ketubim seitens der ptolemäischen Uebersetzer, und dies ist auch die Meinung des Justin, des Irenäus c. haer. l. 3, C. 25, des Clemens Stromat. I. und des Epiphanius in s. Werke De mensuris et ponderibus.

**) Man hat bei der in Rede stehenden Ausdrucksweise des Aristobul zu bedenken, dass es darauf ankam, einen Titel für das ganze A. T. zu wählen, der Wesen und Tendenz desselben möglichst annähernd erschöpfte, und doch dem Ptolemäus verständlich wäre. Um also zu zeigen, dass die Propheten und Hagiographen in innigster Verbindung mit dem Gesetze standen und Gesetzeskraft hatten, also kein blosses Aggregat seien, redet Aristobul von allen unter dem Gesetz begriffenen Büchern.

bare Lächerlichkeit, so hätte Aristobul gewiss sich nicht die Finger verbrannt. Er konnte unmöglich mit einer solchen Behauptung ein Dementi provociren wollen, das seine Landsleute ihm sofort geben mussten, wo er so vitale Thatsachen erdichtete. Es konnte ihm überdies gar nichts liegen an einer solchen Erdichtung. Denn der Ruhm der Ptolemäer wäre ja noch weit mehr erhöht worden, falls sie zuerst dem Pentateuch zu einer Uebersetzung verholfen hätten. So aber bleibt nach den Worten des Aristobul dem Philadelphus nur der Ruhm, die ganze Uebersetzung alles dessen, was auf das Gesetz Bezug hat, gefördert zu haben.

Es wäre nun sehr thöricht, gegen diese Mittheilung Aristobul's des Aristeas oder gar des Josephus Zeugniss anrufen zu wollen. Beide geben keine Berufsinstanz ab. Während Aristobul nur das nackte Faktum einer doppelten Uebersetzung (einmal des Pentateuches, sodann der ganzen Bibel) bietet, schmücken Aristeas und Josephus Alles im Uebermass aus. Beide stehen schon unter dem Drucke der öffentlichen Meinung, die mehr und mehr dahin zielte, den LXX womöglich eine göttliche Autorität zu vindiciren*).

Aristeas hat sich bekanntlich durch seinen Brief an den Philokrates, in welchem er diesem von der ihm gewordenen Mission an den Hohenpriester Eleazar Mittheilung macht, einen unsterblichen Namen erworben. Hody hat den armen Aristeas zerzaust und sich dadurch wiederum einen Namen gemacht. Denn die Gelehrten werden fetter, wenn sie einen Zunftgenossen verspeisen; sie bleiben nicht mager, wie die pharaonischen Kühe, wenngleich sie oft keine fetteren, oder reelleren Bissen hinunterwürgen, als jene. Dennoch aber hat Hody das Kind mit dem Bade verschüttet. Liest man den genannten Brief des Aristeas, so ist die Einkleidung des Ganzen zwar zu subtrahiren, aber ein Kern der Erzählung bleibt dennoch bestehen, und das ist der gleiche, den auch Aristobul uns in seiner einfachsten Gestalt darreicht. Ptolemäus Philadelphus wünschte auf Veranlassung seines Bibliothekars**) Demetrius Phalereus eine griechische Ueber-

*) Man vergleiche den Entwicklungsgang, den die Verehrung der symbolischen Bücher in der lutherischen Kirche nahm. Man hielt sie zuletzt für göttlich und mittelbar inspirirt.

**) Das war Demetrius nicht, wohl aber Freund des Königs.

setzung des mosaischen Gesetzbuches für seine Bibliothek. Ausgeführt wurde dieser Wunsch durch den am Hofe befindlichen Aristeas, der aber der Unparteilichkeit wegen die Rolle des Heiden in dem ganzen Briefe festzuhalten bemüht ist. Seinen Antheil an der Sendung nach Jerusalem streicht nun Aristeas in dem genannten Briefe heraus; er beschreibt voll Bewunderung den Cultus zu Jerusalem, die Lage der Stadt, den Tempel und dessen Wasserleitung, den kostbaren Opfertisch und die Mischkrüge, kurz er trachtet, was ihn innerlich bewegt und erhebt, auch den Heiden beweglich und erhebend darzustellen. Endlich erzählt er, wie er die 72 Uebersetzer (aus jedem Stamme 6) von Jerusalem nach Alexandrien gebracht habe, woselbst sie mit den höchsten Ehren aufgenommen worden, grossartige Tischgespräche an der Tafel des Königs gehalten*), Alles zum Ruhme des Judenthums, und endlich auf der Insel Pharos an ihr Werk gesetzt worden seien. Hier hätten sie in aller Stille gearbeitet, und nachdem sie gemeinschaftlich das von jedem Einzelnen Uebersetzte untereinander verglichen, hätten sie das also Uebersetzte dem Demetrius zur Abschrift mitgetheilt.

Ganz mit Recht hat Ewald**) behauptet, dass Aristeas eigentlich einen ganz anderen Zweck gehabt, als den, die Entstehung der LXX zu erklären. Er wollte zeigen, wie der echte König die echte Weisheit liebe und suche, was er thun und lassen und wie in jeder Lebenslage und nach jeder Seite seines Amtes hin er sich verhalten müsse.

Aber, fügen wir hinzu, neben diesem philosophischen Zweck hatte der Verfasser zugleich die Absicht, Propaganda für sein Volk und seinen Glauben zu machen, so gut er es eben verstand.

Wenn also die Entstehung der berühmten Bibelübersetzung eigentlich Nebensache, und wenn selbige nur als Enveloppe dient, so sind wir doppelt berechtigt, nicht Alles ernsthaft zu nehmen,

---

„Freund“ ist dabei nicht in unserem Sinne zu fassen, sondern es war eine Art Adel am ptolem. Hofe, s. Friedländer, Darstellungen aus der Sittengesch. Rom's I. S. 123 Note 4.

*) Joseph's Brüder an der Tafel des Joseph und seiner Aegypter mögen hier als Vorbild gedient haben.

**) Gesch. Isr. IV, S. 539.

sondern es auf das Mass des von Aristobul Berichteten zu reduciren. Und da stimmen wir nun Prof. Moritz Schmidt *), dem jüngsten Herausgeber des Briefes, bei, wenn er sagt: „Ich sehe keinen Grund, warum Ptolemäus nicht Auftrag gegeben haben soll, jüdische Schriften für seine Bibliothek zu acquiriren und zu übersetzen**), warum er sich nicht über diese Angelegenheit und ihren Fortgang hätte amtliche Berichte erstatten lassen sollen. Die Uebersetzer mögen auch zur Tafel gezogen worden und der Ehre besondrer Ansprache des Königs gewürdigt worden sein.“ In diesen Worten ist der Kern dessen, was wir vom Aristeasbriefe festhalten möchten, angegeben; das Gesagte lässt sich trefflich in die früher durch Aristobul gegebene Darstellung von dem Verlauf der ganzen Sache einfügen, und was darüber etwa noch hinausgehen sollte, sind wir gern bereit, als Fiction preiszugeben. Soviel steht fest: Es ist unter Ptolemäus Philadelphus das Gesetz der Juden (*τῶν Ἰουδαίων νόμιμα*) auf Anregung des Demetrius in's Griechische übersetzt worden.

Auch Josephus erzählt jene Fabel***), aber so, dass er sie schon um ihrer selbst willen, und nicht als Vehikel für andere Zwecke mittheilt. Sein Styl weicht von dem des Aristeasbriefes ab; theilweise ist er in der Wahl seiner Ausdrücke dadurch bestimmt, dass er bei der Lektüre jenes Briefes sehr oft die Grenzen seines Verstandes fühlte. Zuweilen hilft er aber unserem Verständniss auch mit glücklichem Griffe nach. Uebrigens erkannte schon Josephus Vieles als Ballast und liess es fort; z. B. die Unterredung der ptolemäischen Abgeordneten mit dem Hohenpriester Eleazar, die Namen der 72 Uebersetzer, das Frage- und Antwortenspiel zwischen jenen und dem Philadelphus. Wir sehen, er hält an sich, so sehr, dass es fraglich erscheinen kann, ob er auf die ganze Fabel viel gegeben habe.

---

*) In Merx' Archiv für wissensch. Erforschung des A. T. 3. Heft, 1868; S. 12 am Schluss der Einleitung.

**) Vgl. Ritschl, Die alexandrinischen Bibliotheken unter den ersten Ptolemäern, Breslau 1838, S. 34. 35.

***) Antiquitates XII, 2. ff.

Philo endlich erzählt den ganzen Hergang bei der Uebersetzung ohne jede Uebertreibung, wenn auch in sehr eleganter Form *), so dass man, wenn nur sein Gewährsmann Aristeas glaubhafter wäre, Alles annehmen könnte mit Ausnahme freilich des Schlusses. Hier wird zuerst die Inspiration der LXX als neues Aggregat zur früheren Erzählung hinzugefügt, aber doch immer mit einiger Reserve. Philo sagt, nachdem er bemerkt, wie vielseitig die griechische Sprache sei, und dass man ein und dasselbe so vielfach und immer wieder neu ausdrücken könne: Dies habe, wie man sage, bei diesem Gesetze nicht stattgefunden (*ὅπερ ἐπὶ ταύτης τῆς νομοθεσίας οὐ φασὶ συμβῆναι* p. 659 d). Das *οὐ φασί* verräth einen gelinden Zweifel Philo's; er überlässt den Beweis der Richtigkeit dieser Behauptung Anderen und kümmert sich überdies um die fabelhaften Ausschmückungen des ganzen Herganges beim Aristeas nicht weiter. Der Brief des Demetrius, die dem Hohenpriester Eleazar übersandten Geschenke, die Adorirung der heiligen Buchrollen durch Ptolemäus u. a. m. wirft er bei Seite. Der Anlass zu jener Gesandtschaft nach Jerusalem ward durch das Verlangen etlicher Heiden, die Gesetze der Juden kennen zu lernen, dem Ptolemäus an die Hand gegeben.

Wenn nun Philo bei aller sonstigen Nüchternheit dennoch die Ansicht erwähnt, die LXX seien inspirirt gewesen, so thut er dies, weil er seinem Volke zu Willen sein wollte, das an der Inspiration bereits festhielt **).

Wir lernen hiemit das interessante Factum kennen, dass bereits im Jahrhundert vor Christi Geburt die Aristeasfabel nicht mehr genügte, sondern dass man eine göttliche Inspiration annehmen zu müssen meinte, um nur jeden Verdacht von der Septuaginta fernzuhalten, als sei sie blos menschlichen Ursprungs. Ja, wir wissen ferner aus Philo, dass in seinen Zeiten die Juden das Gedächtniss der Uebersetzung der LXX feierlich begingen***). Bei Justin dem Märtyrer finden wir den Glauben an den göttlichen Ursprung der LXX

*) Vita Mosis pp. 657—60.

**) Suae gentis in re sacra persuasioni forte obsecutus, sagt Valckenaer.

***) S. Hody l. c. S. 136 ff.

tief eingewurzelt; er hat keine Ahnung von der häufigen Abweichung der LXX von dem hebräischen Originale (s. Semisch, Justin der Märtyrer I, S. 218—220).

Die immer neue Ansätze treibende Sage hatte dann auch noch die berühmten Zellen hinzu erfunden, in denen die von Jerusalem berufenen Dolmetscher abgesondert sassen, mit dem Erfolg, dass sie alle den Urtext gleichlautend übersetzten. Diese Sage ruht nun zwar einzig und allein auf einer angezweifelten Schrift Justin's, der Cohortatio ad Gentiles *); aber die Kirchenväter fanden dieselbe so nach ihrem Geschmack, dass Viele sie nachbeteten. Nur Hieronymus, der grösseste Gelehrte des Alterthums, nennt in seiner Vorrede zum Pentateuch jene Sage von den Zellen eine Lüge. Kritisch verhält er sich überdies zu der Uebersetzung selber, besonders derjenigen der Propheten und Hagiographen. Nachdem er anfänglich der recipirten Ansicht mehr nachgegeben **), geht er später dazu über, die Uebersetzer ganz als Menschen zu behandeln (in s. eigenen Uebers. der Bb. der Chronik in der praefatio und desgleichen in der praefatio zum Ezechiel). Er bemerkt in seinen Commentaren, unbehindert durch die Galle seiner, der strikten Observanz huldigenden Gegner (eines Rufinus und Augustinus), wo die LXX dem Urtext sich mehr annäherten und wo sie dagegen vom Urtext sich mehr entfernten; Einige hätten geschickter, Andere ungeschickter übersetzt***). Aber diese erleuchtete Ansicht war weit davon entfernt, die allgemeine in der Kirche zu sein oder zu werden. Zwar finden wir, wie Hody weitläufig nachgewiesen, bei den meisten alten Kirchenvätern eine grosse Veneration des hebräischen Grundtextes. Barnabas greift öfter zum hebräischen Text; Justin folgt an einzelnen Stellen aparten Lesarten und verlässt die Bahnen der LXX. Selbst Irenaeus citirt Jes. 9, 6 nach dem Hebräischen (Deus fortis). Theophilus ad Autolycum l. 3 lässt wohlweislich den **Kainan** im Geschlechtsregister Gen. 5 aus und verlässt damit heimlich die LXX, welchen

*) Der Verfasser will noch die trümmerhaften Ueberreste jener Zellen gesehen haben. Derselbe schrieb ca. 130, ist also älter als Justin.

**) In einer früheren Uebersetzung der Bb. der Chronik, die nach dem Griechischen geschah.

***) S. Hody l. c. p. 174 f.

er in der Berechnung der Jahre von Adam bis Noah gefolgt war *). Hegesippus soll nach Eusebius, Hist. eccl. 4, 22 öfter nach dem hebräischen Text übersetzt haben, womit er bekunde, dass er aus den Hebräern stamme. Clemens Alexandrinus beruft sich (wie schon Hieronymus adversus Rufinum anweist) wiederholt auf die Hebraeorum auctoritas **). Ebenso thaten Origenes und Eusebius. Von Origenes steht es fest, dass er den hebräischen Urtext für den authentischen hielt. Die Beweise giebt Hody (a. a. O. S. 288—300) aus den Schriften des Hieronymus ***). Origenes bediente sich bei seiner Sichtung des Septuagintatextes der Beihülfe des Juden Huillius. Er hatte offenbar ein gelehrtes Interesse. Seine Absicht war, die Kirche gegenüber den feindseligen Juden in den Stand zu setzen, den annähernd besten griechischen Text — sei es auch mit Hülfe des Theodotion, Aquila und Symmachus — zu studiren. Sein Standpunkt gegenüber den LXX ist ein conservativer, aber keineswegs ein abergläubischer. Von der Theopneustie der LXX redet er niemals. Die Asterisci sollen Einschaltungen aus anderen Versionen (meist in den Worten des Theodotion, aber zuweilen auch des Aquila) bringen, und zwar Licht bringende (ἀστήρ); die Obeli sollen aus den LXX ausscheiden, was der Urtext nicht liest. Zu entfernen wagte Origenes dieses Zuviel der LXX noch nicht †); Textkritik mochte er noch nicht an den LXX üben, obgleich er indirect dazu den mächtigten Anstoss gab, einen Anstoss, der dann Hieronymus zur Kritik anspornte. Die Kirche nahm sein Werk mit grossem Danke auf; es war aber leider zu gross, um vervielfältigt werden zu können. In dem Strome der Zeiten ist es untergegangen, so aber, dass doch Trümmer davon auf uns gekommen, die früher Montfaucon, neuerdings F. Field in seinem höchst dankenswerthen Werke: Origenis Hexaplorum quae supersunt T. I. II. III.

*) Auch Julius Africanus hat nach G. Syncellus (im Chron. p. 54. 79. 85. 86) den Kainan ausgelassen.

**) Hippolyt bedient sich wenigstens der nach dem Hebräischen angefertigten Uebersetzung des Aquila zu Gen. 49, 10, wo er das ἄρχων der LXX erläutern will.

***) Origenes verwirft u. A. auch den Kainan der Septuaginta.

†) S. darüber Augustin, De civitate Dei XVIII, 42.

(Oxford) gesammelt haben. Es gab doch nun seit Origenes eine correctere Edition, die den trüben Strom der κοινή (der vororigenianischen LXX) anfangs zurückstaute, dann freilich mit ihm zusammenfloss, aber zugleich sein trübes Wasser verbesserte *).

Eusebius sperrt sich in De eccl. theol. contra Marcellum VII, 2 gegen die Uebersetzung der LXX in Prov. 8, 22; er will mit Symmachus und Theodotion statt ἔκτισε lesen ἐκτήσατο **). Aehnlich verfährt Epiphanius, der sonst die LXX so hoch, ja selbst für inspirirt hält. Eusebius Emisenus und Theodorus von Heraklea nehmen bei Gen. 4, 26 ihre Zuflucht zum hebr. Text. Von den drei Kappadociern folgt Gregor v. Nazianz den LXX rückhaltsloser, als Basilius und der Nyssener***). Andere Kirchenschriftsteller bedienen sich der griechischen Uebersetzungen insgemein, besonders ungenirt aber der in den messianischen Weissagungen einen rationalistischen Ton anschlagende Diodor von Tarsus. Cyrill von Alexandrien berücksichtigt ebenfalls den Aquila und Symmachus. Theodoret von Cyrus hält die Septuaginta für entstanden unter einem göttlichen Anhauch, gestattet sich aber doch Abweichungen von ihr. Procopius Gazaeus, der im J. 527 (unter Kaiser Justinian) starb, schrieb eine Epitome in Prophetam Jesaiam und bietet einen werthvollen griechischen Text, bei dem die Versionen Aquila's, Symmachus' und Theodotion's am Rande verglichen sind. Er kritisirt schon hie und da die LXX (s. zu Jes. 17 und 30).

Aus dem vorgenommenen Verhör der wichtigsten Zeugen der alten Kirche entnehmen wir wohl hie und da den guten Willen, den hebräischen Text zu benutzen und wir unterscheiden deutlich die durch dogmatische Gründe geleitete Hochachtung vor den ipsa verba Mose's und der Propheten. Aber die Ausführung war schwach genug. Halb zog sie die enorme Autorität der LXX, halb trieb sie wieder die Unkenntniss im Hebräischen, am status quo Nichts oder nicht viel zu ändern. Sie wagten wohl bei besonders flagranten

*) S. Anhang I.

**) Hody, S. 308.

***) Eine so wichtige dogmatische Stelle wie Prov. 8, 22 wird von Basilius und seinem Bruder Gregor v. Nyssa abweichend von den LXX übersetzt, deren Uebersetzung eben zur Häresie geführt haben würde.

Fehlern, geleitet durch Theodotion, Aquila, und Symmachus, den sicheren Boden der LXX hie und da zu verlassen, aber im Handumdrehen waren sie wieder auf der alten Fährte und brachten ihre Huldigung den LXX dar. Selbst Augustin, der doch von Hieronymus hätte lernen sollen, bezog Abweichungen der LXX vom hebr. Grundtext auf einen und denselben heiligen Geist, der bald so, bald anders nach seinem Wohlgefallen geredet*).

Das Fragen nach der Autorität der LXX verstummte völlig im Mittelalter, wo überdies ein Ersatz für jene berühmte griechische Uebersetzung in der Vulgata des Hieronymus gegeben war. Also kam es, dass Ludovicus Vives um die Zeit des Anbruchs der Reformation etwas ganz Unerhörtes that, als er in einer Anmerkung zu seiner Ausgabe**) des Augustinischen De Civitate Dei XVIII, 42 den Aristeasbrief als eine Fiktion darstellte. So geschah es, dass ein Erasmus noch für die Inspiration der LXX sich aussprach***), ebenso Bellarmin und Baronius, gewissermassen auch Zanchius (De S. Scriptura quaest. 10, p. 401) und vor Allen Isaak Vossius, der den masorethischen Text unter den der LXX herabsetzte.

Woher das Alles? Man war eben von Justin's Zeiten an, ja schon von weit früher her, genöthigt, der Autorität der LXX wohl oder übel sich zu unterwerfen. Man verstand wenig oder gar kein Hebräisch und machte somit aus der Noth eine Tugend.

Wir würden aber irren, wenn wir nur der christlichen Kirche diesen Nothstand vorwerfen wollten. Auch die Juden selbst machten es nicht anders; so lange als ihnen die Christen in der Polemik nicht allzu lästig mit den LXX fielen, liess man der berühmten Version ihr altes Ansehen ungeschmälert; später erst proscribirte man sie.

Noch im zweiten Jahrhundert weiss Justin im Dialog mit dem Juden Trypho den Juden keine von der der LXX verschiedene Uebersetzung zu vindiciren. Höchstens tritt einmal oder das andere Mal bei ihm der Vorwurf auf, die Juden wagten zu sagen, die Ueber-

*) De Civ. Dei XV, 11; XVIII, 43. 44. Er schreibt den LXX wunderbare Uebereinstimmung und Inspiration zu (Enarratio ad Ps. 78).

**) Erste Ausgabe Fol. Basel 1522 bei Froben; dann wieder gedruckt Anno 1555.

***) In seiner Praefatio in annot. N. T.

setzung der LXX sei in einigen Dingen der Wahrheit nicht entsprechend, nämlich dort, wo die LXX ihren unverständigen und selbstischen Meinungen entgegenträten (Dial. c. Tryph. C. 68 S. 166*). Oder er sagt, die Juden hätten den Text beschnitten und so z. B. die ihnen lästige Stelle Jer. 11, 19 aus dem Text weggeschafft. Jedoch, fügt er hinzu, fände sich auch diese Stelle noch *ἐν τισὶν ἀντιγράφοις τῶν ἐν συναγωγαῖς Ἰουδαίων*, d. h. in einigen jüdischen Synagogenexemplaren. Denn erst vor Kurzem hätten sie (die Juden) diese Lesart entfernt**). Hiemit haben wir den historischen terminus ad quem der Geltung der LXX bei den Juden. Ganz demselben Streben, sich der lästig gewordenen LXX zu erwehren, verdankt auch die Uebersetzung des Juden Aquila, die in die Lebenszeit des Justin fällt, ihr Dasein. Dieser im Hebräischen nicht unerfahrene Mann verfasste „eine strikte, wortgetreue griechische Uebersetzung, die die christlichen Polemiker über das Unechte in der Septuaginta belehren sollte***)“. Jedenfalls hätten die Juden jener Zeit es sich viel leichter machen können, wenn sie den christlichen Gegnern vorgehalten hätten, wie sie die Septuaginta gar nichts anginge, indem diese Uebersetzung eine ganz obscure, den griechisch redenden Juden zur Aushülfe dienende sei. Aber keineswegs verfuhren sie also; ruhig hielten sie den Rücken hin, um sich mit dieser gewaltigen Geissel ihres Unglaubens von den christlichen Gegnern Streiche geben zu lassen.

Sollte nun Frankel in seinen Vorstudien zu der Septuaginta (S. 61) recht gesehen haben, wenn er sagt: „Die Juden in Palästina, die in alter Zeit die Septuaginta nur vom Hörensagen kannten, wurden durch griechische (kleinasiatische) Juden, vielleicht auch durch ihre Disputationen mit Christen, wie aus den Kirchenvätern

*) Vergl. Cap. 84 S. 181: Ihr (Juden) wagt es zu sagen, es stehe nicht so in der Schrift, wie Jene (die LXX) es übersetzt.

**) Vgl. den Dialog C. 71, woselbst die Anklage gegen die Juden erhoben wird, dass sie ganze Stellen absichtlich aus den LXX getilgt hätten. Im Cap. 71 beschwert er sich ferner über böswillige Verkürzung von Psalm 96, 10 seitens der Juden.

***) So urtheilt neuerdings Dr. Frankel in seinem Schriftchen: Zu dem Targum der Propheten, Breslau 1872.

bekannt ist, mit dieser griech. Version vertraut und zugleich inne, wie corrupt und unähnlich sie dem hebr. Texte sei; darum wollten sie dieselbe in der Synagoge nicht anwenden lassen" u. s. w.? Frankel hat gewiss unrecht und die bestimmtesten historischen Zeugnisse sprechen gegen ihn. Wir fragen, um jene Meinung zu widerlegen, einfach: 1) Warum hat der Jude Trypho dem Justin*) nicht besser heimgeleuchtet, wenn dieser ihm beständig die griechische Uebersetzung der LXX entgegenhielt? Warum verstiegen die jüdischen Lehrer sich nur zu der Behauptung, dass die LXX in einigen Dingen (ἐν τισίν) der Wahrheit nicht entsprächen? (Dial. c. Tryph. C. 68 S. 166.) 2) Wie konnten die neutestamentlichen Autoren (wie wir sehen werden) vor den Juden in Palästina in Wort und Schrift die Septuaginta als ihre Standarte aufpflanzen, oder doch eine völlig ihr akkommodirte Vulgärübersetzung? 3) Warum musste der Talmud noch der Wahrheit die Ehre geben? Diese Frage ist von Wichtigkeit, und wir verweilen desshalb länger bei ihrer Beantwortung. Obgleich der Talmud niemals die LXX citirt, während das wohl von der Uebersetzung Aquila's der Fall ist, rühmt er sie dennoch. Als eigentliches Textbuch und Appellationsinstanz war die LXX schon abhanden gekommen, als der Talmud zusammengestellt ward — aber dennoch preist er sie, wie Frankel bemerkt**). Dass nun Frankel diese rühmende Erwähnung besonders dem babylonischen Talmud zuschiebt, den er dann in einer Anmerkung sofort verdächtigt***), während er den jerusalemischen Talmud als frei von solchem Lobe der LXX darzustellen sucht, ist ein Advokatenkunststück. Gerade der jüngere babylonische Talmud hätte seine stark an den Aristeasbrief anstreifende, ja überdies noch mit der göttlichen Eingebung der LXX überladene Erzählung unterdrücken können. Er thut es nicht, weil die Eindrücke von der Autorität der LXX noch allzusehr nachpulsirten. Dass dann aber der jerusal. Talmud, der den Begebenheiten

---

*) Justin erklärt es noch für eine Frechheit der Juden, die LXX der Unrichtigkeit anzuklagen (Dial. cum Tryph. C. 68 und 84).

**) Vorstudien S. 61 Note.

***) Vorstudien S. 29 und bes. Note n ebendaselbst.

örtlich näher stand, als der babylonische, gar nicht von einer Uebersetzung der dem Ptolemäus geschickten Weisen wissen sollte, ist eine ebenso willkürliche Annahme Frankel's. Der jerus. Talmud sagt Megilla 6: י"ג דבר שׁינו חכמים לתלמי המלך כתבו לו: d. h. dreizehn Worte änderten die Weisen dem König Ptolemäus; s i e s c h r i e b e n i h m. Dass כְּתַב im talm. Sprachgebrauch „übersetzen" heisse*), bemerkt Frankel selber gegen Tychsen (S. 31 not. r). כְּתַב mit folgenden לוֹ kann nur heissen: sie, die Weisen, schrieben für ihn, so dass er es verstehen konnte, natürlich sofort, und nicht erst in einer späteren Zeit, wo es einem König einfallen würde, die in seiner Bibliothek aufgestellten hebräischen Originale auch etwa einmal übersetzen zu lassen, wie Frankel uns glauben machen will**). Der babylonische Talmud hat freilich in seinem Berichte zu dem Verbum כתב anfangs die nähere Bestimmung יונית (d. h. Griechisch); aber wo er nun, mit dem jerus. Talmud beinahe übereinstimmend, zur Sache selber kommt, sagt auch er (von den 72 Greisen) וכתבו לו d. h. und sie (die Uebersetzer) schrieben ihm, und nun folgen die gemäss der Freiheit, die sich jene Uebersetzer nahmen, geänderten dreizehn Stellen.

Alle Winkelzüge, um die Talmudischen Berichte so zu drehen, dass sie mit den grossen Grundzügen der über die LXX bestehenden Ueberlieferung in Streit gerathen, sind unnütz. Der Talmud kennt die Uebersetzung der LXX; er will sie mit der Anführung der notorischen 13 Textesänderungen nicht etwa verdächtigen, sondern ihre Weisheit in seiner Weise preisen und in's rechte Licht stellen. Der babyl. Talmud will, dass jene Veränderungen auf göttliche Eingebung entstanden seien, indem Jeder in seiner Zelle auf den gleichen Einfall kam. Aber daneben hat der Talmud gar anders lautende Stellen. Er gestattet, freilich im Widerspruch mit sich selbst, den Zornesausbrüchen der späteren Juden über die LXX freien Spielraum***). Da hören wir Worte, wie die Rabbi Asser's: „Gleichwie

*) Es ist ein sogen. terminus technicus.

**) Vorstudien, S. 31.

***) S. Ewald, G. Isr. VII, 352.

es unmöglich ist, dass die Sonne von Westen nach Osten in umgekehrter Richtung ihren Lauf nehme, so könne man auch nicht in umgekehrter Richtung (von links nach rechts, also griechisch) das Gesetz lesen.“ Jetzt hiess es: der Tag, wo einst das Gesetz griechisch geschrieben *) (übersetzt) wurde, sei für Israel ein Unglückstag, gleich dem, wo das goldene Kalb gemacht wurde, weil das heil. Gesetz gar nicht so, wie es sein müsste, in eine andere Sprache übersetzt werden könne, was man durch einige grosse Versehen in der Uebersetzung der Siebenzig zu beweisen suchte **). Dieser Aechtung der LXX sah sich Justinian mittelst einer besonderen Gesetzesnovelle entgegenzutreten veranlasst. Dieselbe schärfte den Juden, entgegen dem Verbot ihrer geistlichen Oberen, ein, sie dürften überall die Bibel in der Volkssprache verlesen lassen***). Wir lernen aus besagter Novelle, dass jene Oberen ausser den LXX auch den Aquila verboten hatten. Dennoch aber behielt der jüdischen Lehrer Verbot die Oberhand gegenüber dem Gebot des Kaisers; und vielleicht trug gerade letzteres zur Befestigung der einseitig hebräischen Verlesung des Bibelabschnittes bei. Es wäre nicht das erste und nicht das letzte Mal, dass Cäsar, wo er sich auf's kirchliche Gebiet begiebt, einen Schlag in's Wasser gethan. Immerhin aber ersehen wir aus dieser Novelle, wie hoch Justinian die Septuaginta stellte, und wie sehr lebendig es noch im Gedächtniss jener Zeit war, dass die Juden einstmals die LXX als recipirten Text in ihren Synagogen öffentlich verlesen hatten. Man imponirte den Juden noch immer mit der Sage von der wunderbaren Entstehung der LXX.

---

*) Auch hier also der term. techn. כתב wie oben.

**) S. besonders Talm. Jer. Mass. Sepher Thora 1, 8 ff. Hody a. a. O., bes. S. 236 f. und Ewald, Gesch. Isr. VII, 645.

***) Es ist die 146ste Novelle, worin es u. A. heisst: Sancimus igitur licere (wir geben die Licenz) Hebraeis, qui volunt in synagogis suis, quocunque in loco Hebraei sunt, sacros libros graeca lingua recitare iis, qui conveniunt — — ut clara deinceps sint, quae dicuntur, convenientibus omnibus, ac secundum ea et vivant et agant. — — Praeterea ii, qui graeca lingua recitant, septuaginta interpretum utentur translatione, quae omnium accuratissima et ceteris praestantior judicata est, propter id maxime quod circa interpretationem contigit (vergl. Corpus juris civilis cura E. Osenbrüggen T. III, p. 640).

In vielen jüdischen Synagogen fanden sich überdies die LXX, wie uns mehrere Kirchenväter aus ihrer Erfahrung berichten, bes. Justin im Dial. 72 (s. Hody l. c. S. 244 ff.). Wozu aber anders fand sie sich hier, als zur Vermittlung des Verständnisses des hebräischen Urtextes? So urtheilt besonders Lightfoot in seinem Brief an Joh. Buxtorf den jüngern: Die LXX (sagt er) sei in den Synagogen hinterlegt worden, ut symbolum et tessera esset legum et religionis Judaicae *). Ueber das schliessliche Schicksal der griech. Uebersetzung der LXX bei den Juden gibt uns eine berühmte Stelle, die bisher aber nicht recht verstanden ist, Aufschluss. Pseudo-Ignatius in einer viel behandelten Stelle des Briefes an die Philadelphier Cap. 8 sagt Folgendes:

Rec. 1.	Rec. 2.
Ἤκουσα γάρ τινων λεγόντων· ὅτι ἐὰν μὴ ἐν τοῖς ἀρχαίοις εὕρω, ἐν τῷ εὐαγγελίῳ οὐ πιστεύω. καὶ λέγοντος μοῦ αὐτοῖς, ὅτι γέγραπται· ἀπεκρίθησάν μοι, ὅτι πρόκειται. Ἐμοὶ δὲ ἄρχειά ἐστιν Ἰησοῦς Χριστός· τὰ ἄθηκτα ἄρχεια ὁ σταυρὸς αὐτοῦ, καὶ ὁ θάνατος, καὶ ἡ ἀνάστασις αὐτοῦ, καὶ ἡ πίστις, ἡ δι' αὐτοῦ, ἐν οἷς θέλω ἐν τῇ προςευχῇ ὑμῶν δικαιωθῆναι.	*Ἤκουσα γάρ τινων λεγόντων, ὅτι ἐὰν μὴ ἐν τοῖς ἀρχείοις εὕρω τὸ εὐαγγέλιον, οὐ πιστεύω· τοῖς δὲ τοιούτοις ἐγὼ λέγω· ὅτι ἐμοὶ ἄρχειά ἐστιν Ἰησοῦς ὁ Χριστός, οὗ παρακοῦσαι πρόδηλος ὄλεθρος, αὐθεντικόν μοί ἐστιν ἄρχειον ὁ σταυρὸς ἀυτοῦ, καὶ ὁ θάνατος, καὶ ἡ ἀνάστασις αὐτοῦ, καὶ ἡ πίστις ἡ περὶ τούτων· ἐν οἷς θέλω ἐν τῇ προσευχῇ ὑμῶν δικαίωθῆναι* **).

Is. Vossius zieht die Lesart *ἀρχεῖα* vor, ebenso Cotelerius. Die 2. Recension hat durchgängig *ἀρχεῖα* ***), die erste zweimal *ἀρχεῖα* und nur einmal *ἀρχαίοις* †). Wir übersetzen also mit Gieseler (Histor. Krit. Versuch über die Entstehung der Evv. S. 162) das Wort *ἀρχεῖον* mit Archiv und denken an Tempel-Archiv oder damals

*) S. Lightfoot, Opp. posthuma Utr. 1689, p. 173.

**) Die zweite Recension setzt hinzu: *ὁ ἀπιστῶν τῷ εὐαγγελίῳ πᾶσιν ὁμοῦ ἀπιστεῖ. οὐ γὰρ προκρίνεται τὰ ἄρχεια τοῦ πνεύματος. Σκληρὸν τὸ πρὸς κέντρα λακτίξειν, σκληρὸν τὸ Χριστῷ ἀπιστεῖν, σκληρὸν τὸ ἀθετεῖν τὸ κήρυγμα τῶν ἀποστόλων.*

***) d. h. Archive.

†) d. h. die Alten.

Synagogal-Archive. Es vernahm also Ignatius von Einigen, die wir jedenfalls für Juden nehmen dürfen, den Zweifel: „Wenn ich die Erzählungen des Evangeliums nicht durch die Archive bestätigt finde, d. h. durch das Alte Testament (N. B. im Urtext), so kann ich sie nicht glauben.“ Entrüstet antwortet darauf Ignatius: *ὅτι γέγραπται*, es stehe ja geschrieben, was das Evangelium erzähle, womit er auf den Beweis für das Evangelium, den man aus der Weissagung des A. T. bezog, hinweist. Und die Juden antworteten ihm spitz: es steht davor — gleichsam vor dem Archiv, in den weitverbreiteten, Allen zugänglichen Exemplaren der LXX. Dieser spitzige Sinn des *πρόκειται* wird evident, wenn wir uns an den Gebrauch des *κείμενον* bei hellenistischen Schriftstellern erinnern (schon 1. Tim 1, 9) *), woselbst es s. v. a. das gewöhnliche *γέγραπται* besagt. Die Juden verspotten also den Ignatius und bedeuten ihm, dass seine harmonistischen Versuche, das Evangelium mit dem A. T. zu vereinbaren, lediglich auf die vor der Thüre der Archive stehenden LXX gegründet seien. Wir sind damit in eine Zeit der schon ausgearteten Feindschaft der Juden gegen die LXX versetzt, wo man schon anfing, die Uebersetzung weit unter das Niveau des Originals herabzudrücken, indem eben die beständige Berufung der Christen auf die LXX die Juden kopfscheu machte. Mit dieser Fassung der bisher missverstandenen Stelle des Ignatius stimmt auch die Berufung auf Christus, als das allein zureichende Archiv, sowie die in der zweiten Recension folgende Berufung (s. S. 64 Note) auf die *ἀρχεῖα*, die Archive des (heil.) Geistes, worunter Ignatius die geschriebenen Evangelien versteht, u. z. im wohl berechneten Gegensatz zu den Archiven des Buchstabens, der in der geistesarmen Synagoge gepflegt wurde.

Haben wir recht gesehen, so bieten diese Worte zugleich einen Anhaltspunkt, um die Unechtheit dieses Briefes an die Philadelphier zu erweisen. Derselbe ist dann längere Zeit nach Justin geschrieben, welcher eben die Exemplare der von ihm citirten h. Schriften noch in den Synagogen gesehen (Dial. 71 und 72). Alle Schlüsse ferner, die

---

*) Vergl. auch Pape s. v. *κεῖμαι*. Origenes ad Africanum redet von *πλείονα παρ' ἡμῖν κείμενα*, wo er das Wort im Sinne von Texten anwendet.

man aus dieser Stelle gegen das Vorhandensein unserer schriftlich verfassten 4 Evangelien gezogen, entfallen fortan.

Fassen wir nun Alles, was sich uns über die Abfassungszeit und die Geltung der Septuaginta ergeben, zusammen, so ist Folgendes uns klar geworden.

1. Die Uebersetzung der LXX wurde begonnen unter Ptolemäus Philadelphus, zu einer Zeit, da Demetrius Phalereus noch Einfluss besass, — also etwa in der zweijährigen Frist, wo Ptolemäus II. mit seinem Vater, dem Ptolemäus Lagi, zusammenregierte*). Wenn nun auch Demetrius, als sein Gönner Ptolemäus Lagi gestorben, nach Ober-Aegypten verbannt wurde, woselbst er in Folge des Bisses einer giftigen Schlange, man weiss nicht wie lange nachher, starb: so wirkte der Anstoss, den er gegeben, dennoch weiter. Ein so hoher und mächtiger Gönner der Wissenschaften und Künste, wie Ptolemäus II. förderte jedenfalls das begonnene Werk, bis, wie Aristobul uns erzählt, die ganze Uebersetzung aller unter den Gesammtbegriff des Gesetzes gehörigen Bücher vollendet war. Die Vollendung aber muss unter Euergetes I., als der Enkel des Sirach nach Alexandrien kam, schon stattgefunden haben. Wir haben also für die Herstellung der LXX die ganze Regierungszeit des Ptolemäus II. (285—247) zu unserer Verfügung. Dass das Bedürfniss nach solcher Uebersetzung mehr von Seiten des Ptolemäus, als von den Juden geäussert worden wäre, davon sagt Aristobul Nichts**). Das Bedürfniss der Juden begegnete sich mit den Wünschen des Königs. Dieser wollte seine Bibliothek gefüllt sehen. Da steckten sich die höchst einflussreichen Juden Alexandrien's hinter den zunächst noch allmächtigen Günstling Demetrius und setzten so es durch, dass (wie wir sagen würden) die Uebersetzung auf königliche Rechnung übernommen ward und Fonds dafür ausgeworfen wurden.

Wir werden nun weiter unten sehen, wiefern der Charakter der Septuaginta mit dieser ihrer historisch begründeten Abfassungszeit vortrefflich stimmt; womit dann gleichsam die Probe gemacht

*) Also entscheiden sich auch Hody a. a. O. L. II. Cap. II. und Valckenaer a. a. O. S. 393.

**) Vgl. auch Valckenaer, De Aristobulo p. 387.

wird, dass wir hier die historischen Daten richtig gedeutet haben.

2. Die kirchliche Geltung der Septuaginta war von Anfang an eine sehr beträchtliche. Es war noch vor dem Absterben der altheiligen Sprache den vereinigten Anstrengungen der alexandrinischen Juden und des Königs Ptolemäus gelungen, die hebräische Bibel griechisch reden zu machen. In riesigen Dimensionen sank eigentlich jetzt schon die Kenntniss der hebräischen Sprache, bis schliesslich um die Zeit Philo's Alles trocken lag, und man froh sein musste, solche künstliche Cisternen, wie eine Uebersetzung immer mehr oder weniger ist, übrig behalten zu haben, durch deren Wasser man doch vor dem Verdursten bewahrt wurde. Schon der Enkel Jesu, des Sohnes Sirach, hat Mühe, das in hebräischer Sprache geschriebene Spruchbuch seines Grossvaters zu verstehen. Wiederholt übersetzt er so, dass kein Oedipus die im griechischen Text liegenden Räthsel auflösen kann. Und auch die Septuaginta-Uebersetzer, wie mannigfach irren sie, wie Vieles errathen sie; oder sie übersetzen in's Blaue hinein, wie Schüler, und nicht wie Sachkundige. Dennoch — welch' eine Wohlthat war mit dieser Septuaginta der Welt gegeben! Man denke sich, der rechte Zeitpunkt wäre versäumt worden; und der élan, der zu einem solchen weitaussehenden Werk nöthig, wäre nicht durch den wissensdurstigen Ptolemäus gegeben — — welch' eine Nacht hätte sich auf unser Altes Testament gelagert, eine ähnliche Nacht, wie sie für alle, die nicht gerade Parsi's waren, bis vor Kurzem noch über dem Avesta lag. Haben doch in diese Religionsurkunde der Perser erst unsere neueren Gelehrten, besonders ein Mann wie Spiegel, im Schweisse ihres Angesichtes endlich einiges Licht zu bringen vermocht*).

Mit all' ihren Schwächen und Fehlern müssen wir also die Uebersetzung der LXX mit beiden Händen umfassen, sie lieben und ihre hohe providentielle Bedeutung laut preisen. Wir müssen dem Ludovicus Cappellus einigermassen beipflichten, wenn er in seiner Critica Sacra**) von den LXX sagt: „Magni equidem a nobis fieri

*) Vgl. Spiegel, Avesta-Uebersetzung 2, XII.
**) L. 6, Cap. 10.

debet (Septuaginta) et maxima apud nos esse oportet in veneratione — — — multum enim, imo paene omnia in S. theologia illi debemus. Ihrer (fährt er fort) bedienten sich die Apostel, ohne sie ferner würden wir wenig oder gar keine Kenntniss des Hebräischen haben.“ Gewiss, in der langen kümmerlichen Zeit, die zwischen Alexander's Eroberungszug und Christi Geburt liegt, war an eine Concentrirung der Geister, wie sie wenigstens die hebräischen Sprachdenkmäler erforderten, nicht zu denken. Eine gelehrte, schulmässige Beschäftigung unterblieb wohl nie völlig; aber sie ward nicht im rechten Geist betrieben. Man zog einen Zaun um das Gesetz, aber der Zaun galt bald mehr als das Gesetz selber. Um das Gesetz nur recht zu schonen, bewachte man den Zugang so ängstlich, dass zuletzt Niemand mehr recht hineinkam. Die Resultate dieser schulmässigen Beschäftigung bekommen wir dann erst in den Columnen der nachchristlichen chaldäischen Paraphrasen eines Onkelos und Jonathan zu sehen. Aber was für ein reiches Leben hatte sich inzwischen entwickelt! Aus der jüdischen Synagoge waren Christus und die Apostel hinausgegangen — und nahmen von dort mit sich als das Hauptfundament ihrer Kirche nicht die Petrefacten eines Onkelos oder Jonathan, sondern eine Uebersetzung, die den LXX auf's Haar ähnlich sah und ihr alter ego war: die Bibel im Vulgär-Dialect, die Syrische, wie wir weiter unten sehen werden. Selbige war eine in's Palästinensische retrovertirte Septuaginta, und also eine dem Zeitalter, wo das Hebräische eine lebendige Sprache war, noch näher stehende Version, eine Version, in der Lebensblut pulsirte, und die aus Bedürfniss nicht aber aus scholastischem Triebe in Angriff genommen war. Doch wir wollen nicht vorgreifen, sondern fahren fort in dem Resumé dieses Abschnittes.

Es trat ein Zeitpunkt ein, wo die Juden es für das Gerathenste hielten, ihre frühere Verehrung der Septuaginta zu verleugnen. Die Veranlassung dazu wurde (wie wir mit Ewald*) sagen können) „der Streit über die Auslegung Messianischer und anderer Stellen des Alten Testaments, welcher sich zwischen der neuen und der alten Gemeinde (zwischen Christen und Juden) immer unentwirrbarer

*) G. J. VII, 351.

und heftiger erhob. Die Christen bedienten sich nach Paulus und vieler anderer angesehener Christen Vorgange immer am Liebsten der damals auch in Palästina sehr angesehenen LXX und beriefen sich auf sie in ihren Messianischen Anwendungen von Bibelstellen*). Dieser Streit über den rechten textus receptus, auf den man sich zu beziehen hätte, gedieh zu einem Bruche mit der Septuaginta, als seit der Tempelzerstörung die Juden und Christen immer weiter auseinanderkamen und die Ersteren überdies noch von einer tiefen Verstimmung gegen alle Griechisch-Römische Bildung, ja selbst gegen den Gebrauch griechischer Bücher erfasst wurden". Gleichwohl hören wir auch in Justin's Dialog mit dem Trypho noch keineswegs von einer selbständigen, von den LXX verschiedenen judenfreundlichen Uebersetzung**). Man hielt noch fest an der, wie wir sehen werden, den LXX parallellaufenden Vulgärübersetzung Palästina's, welche eben den LXX noch immer ein bedeutendes Ansehen sicherte, bis dass Aquila 130 n. Chr. eine selbständige Uebersetzung unternahm. Nun konnte man sich auf die unter Zustimmung der vornehmsten Rabbiner Palästina's zu Stande gekommene neue griechische Uebersetzung jüdischerseits berufen***). Um die Zeit, da der Pseudo-ignatianische Brief an die Philadelphier geschrieben ward, diente man dann den Christen mit dem Witzwort: πρόκειται, womit man sagen wollte: „was Ihr da als Schriftwort anführt — das liegt vor der Thür der Synagogen, und nicht mehr in den Archiven." Die Schwierigkeit war also die, dass man sich auf Seiten der Juden nur mit Mühe und langsam von einer Uebersetzung losmachen konnte, die sozusagen von ihrem Fleisch und Gebein war und deren man sich in der Gestalt der ihr nachübersetzten Vulgärübersetzung Palästina's so lange Zeit hindurch bedient hatte. Man schob also zuerst die Septuaginta in der griechischen Form — und dann (als

---

*) Dass dieser Umstand einen anderen Grund hat, als Ewald oben angibt, wird der Verfolg dieser Arbeit darthun.

**) Er klagt wohl bereits über vereinzelte Eingriffe, welche sich die Juden in hervorragende messianische Beweisstellen gestattet, aber von einer durchgehenden neuen, den LXX gegenüberzustellenden Version weiss er Nichts.

***) S. über diese Uebersetzung bes. Ewald G. J. VII, S. 352.

man durch Aquila eine gesicherte Berufsinstanz erlangt) auch in ihrer aramäischen Form zurück. Mit Gier warf man sich auf die neuen Redactionen der palästinensischen exegetischen Tradition. Jener Geist, welcher lange durch die einfache Septuaginta im Zaum gehalten worden, erhielt das Uebergewicht. Wir meinen den Geist der Halacha und der Haggada, wo man sich den langweilig gewordenen Text durch die juristische Deutung des Gesetzes und durch allerlei in der Form von Geschichte auftretende Erzählungen schmackhaft zu machen suchte. Zahm trat dieser Geist zunächst im Targum des Onkelos auf, dann auch noch im sogenannten Targum Jonathan zu den Propheten. Aber völlig wild wuchernd sehen wir ihn, abgesehen vom Targ. Pseudojonathan zum Pentateuch (über das wir unten reden werden), seine Schösslinge hervortreiben in den Bruchstücken aus dem „jerusalemischen“ Prophetentargum, welche vor Kurzem de Lagarde am Rande seiner Reuchlin'schen Handschrift des Targum der Propheten gefunden und herausgegeben hat*).

An den absonderlichsten Verirrungen der Exegese und Sagenbildung ist dieses aus Palästina stammende Targum besonders reich. Aus dem Plural „Jephta wurde begraben in den Städten Gilead's“ (Richter XII, 7) wird gefolgert, seine Glieder seien ihm (zur Strafe für die Opferung seiner Tochter) abgefallen und einzeln an verschiedenen Orten begraben worden. Von Simson wird eine höchst unpassende Geschichte dem Texte des Richterbuchs aufgedrungen; 1. Kön. 16 und 17 sind auf wunderliche Weise verknüpft. Für die beiden Söhne Sanherib's, die ihren Vater, als er im Götzentempel anbetete, umbrachten (2. Kön. 19, 37), ergreift dieses „jerusalemische“ Targum Partei. Sie seien nach Jerusalem geflohen, dort Proselyten geworden und unter dem Namen Schemaja und Abtaljon (die beide im letzten Jahrhundert vor Chr. lebten) als Gesetzeslehrer berühmt geworden.

Die Verknechtung unter solche Producte war die gerechte Strafe dafür, dass man die schlichte durch die **LXX** gehütete exegetische Tradition verlassen. Auch Onkelos und Jonathan (zu den

---

*) Ein Beispiel davon gab schon Eichhorn in der Einleitung in's A. T. I. Theil §. 236 b.

Propheten) genügten allmählich nicht mehr; sie waren zu einfach. Wie Unkraut auf dem allen Einflüssen preisgegebenen herrenlosen Acker wuchsen diese späteren Targum's, die auf Palästina als ihr Vaterland hinweisen und daher alle zu einem Cyklus, dem des Targum Jeruschalmi, gehören *). Sie wurden die Collectaneen alles Unsinns, den der im Finstern brütende jüdische Geist auszuhecken beliebte.

Wir werden noch Gelegenheit haben, die LXX mit den Targum's aus verschiedenen Epochen zu vergleichen, und dann des Besitzes jener ehrwürdigen griechischen Uebersetzung um so froher werden.

IV.

Spuren der literarischen Benutzung der Septuaginta.

Wir wollen dem mächtigen Einfluss, den die LXX auf ihre Zeitgenossen und die Späterlebenden ausgeübt, nachforschen und damit an unserem Theil beitragen, die grosse Einwirkung des Wortes Gottes auf die Völker in das rechte Licht zu setzen.

Israël war schon lange vor der Erscheinung Jesu Christi das Licht der Völker, das Volk, von dem das Heil kommt (Joh. 4, 22). Inwiefern das Prophetenwort Sacharja's (C. 8, 23) sich vor Christus und noch ganz unabhängig von der Predigt der Apostel bereits erfüllt hatte, weist Renan **) gut nach. Es gab keine grössere Stadt des orbis terrarum, wo man nicht den Sabbath, die Fasttage und die anderen Ceremonien des jüdischen Volkes beobachtete ***). Von den festgeschlossenen Conventikeln, die die Juden in allen bedeutenderen Städten bildeten, gingen Lichtstrahlen aus, die das Dunkel des Heidenthums durchbrachen und besonders auch die Frauen durch die Befriedigung der religiösen Bedürfnisse anzogen. Juvenal †)

---

*) Vgl. Zunz, Die gottesdienstlichen Vorträge der Juden, S. 78-81.

**) Les apôtres, S. 285—294.

***) Horaz, Sat. I, IX, 69; Persius V, 179 ff.; Juvenal, Satir. VI, 159; XIV, 96 ff. u. Josephus, Contra Apionem II, 39.

†) Satir. VI, 547 ff.

rechnet diesen Zug der Frauen zur jüdischen Religion unter die Laster seines Zeitalters. In den von der Lecture der LXX und der damit verbundenen Auslegung des Wortes Gottes erwärmten Synagogen fand man eine Zuflucht mitten in der eisigen Temperatur, die der Alles verflachende und alle Ideen erdrückende, übermächtige römische Staatsgedanke um sich her verbreitete. Begierig ergriffen die heilsbedürftigen Seelen den Zipfel eines jüdischen Mannes und riefen: lasst uns mit Euch gehen, denn wir haben gehört, dass Gott mit Euch ist (Sach. 8, 23 *).

Aber lange vor diesem Einfluss der göttlichen Offenbarung auf den Occident, ist bereits ein mächtiger Einfluss auf den Orient und Aegypten wahrzunehmen. Dieser wie jener war vermittelt durch die griechische Uebersetzung der LXX. Ja, wir können nach dem früher vernommenen Zeugniss des Aristobul **) sagen, es gab schon eine Septuaginta vor der Septuaginta; der ptolemäischen Version ging eine weit ältere griechische Version des Pentateuches voraus. Wir werden unten sehen, wie schon vor der Zeit des Exils eine Kenntniss der Religion Israël's in Aegypten gewesen sein muss. Und damit stimmt der anderweitige Einfluss der Offenbarungsreligion auf die Völker. Wenn Jeremia C. 10, 11 in der aramäischen Weltsprache ein Verdict gegen die Götter der Völker schleudert, so muss er für gewiss gehalten haben, dass sein Strafwort auch an sie gelangen würde. Das Gleiche muss für ihn festgestanden haben, wenn er in den letzten Capiteln wider Aegypten, Babylonien etc. als gegen Feinde Jehova's weissagt. Wenn Jesaia an die Völker Massa's (von Cap. 13 an) richtet, so wird er der Zuversicht gelebt haben, dass diese Strafworte auch an die richtige Adresse kamen. Die am Hofe zu Jerusalem verkehrenden Gesandten der Völker nahmen solche Worte mit sich. Aller Augen waren weit mehr, als wir uns das jetzt vorstellen können, auf Israël gerichtet; und E n Drohwort aus des israëlitischen Sehers Munde machte Babylon und Aegypten erzittern, gleichwie einst Nineveh unter Jona's Bussruf zusammenbrach. Die scharfe Zugluft des Wortes Gottes drang durch

*) Vergl. Jes. 4, 1.

**) S. o. S. 18.

die Lumpen, womit die Heidenvölker ihre Blösse deckten. Wenn endlich Daniel seine grossen internationalen Weissagungen in der aramäischen Weltsprache niederschrieb, so hat er ebenfalls den Effect, welchen dieselben auf die Völker machen sollten, im Auge.

Noch weit grössere Dimensionen nahm nun dieser Einfluss der göttlichen Offenbarung auf die Völker an, als die Septuaginta von Alexandrien aus ihre Kraft erwies und in die literarische Bewegung jener Zeit thätig eingriff. Gehen wir den Spuren der Benutzung der Septuaginta nach.

Hody wundert sich in seinem berühmten Werke*) über die geringe Beachtung, welche die Septuaginta gefunden, was doch nicht der Fall sein konnte, wenn Ptolemäus und Demetrius bei dieser Uebersetzung ihre Unterstützung geliehen hätten. Aber die Behauptung, dass nur wenig Notiz von den LXX genommen ward, ist unrichtig. Sehen wir zunächst ab von den Apokryphen und dem Neuen Testament und blicken wir bloss auf die ausserbiblischen Schriftsteller. Schon Valckenaer weist**) auf Kallimachus, den Freund des Philadelphus (nicht den Bibliothekar), hin, als Einen, der die Septuaginta gekannt haben müsse. Von Theokrit sucht das Gleiche nachzuweisen Stäudlin (in Paulus' Memorabilien II, S. 162—170). Ueberdies enthüllt uns Valckenaer***) Schriftsteller, wie Demetrius, Eupolemus, Artapanus und Aristeas als verkappte Juden, besonders aber den Hekataeus, aus dem Josephus wiederholt schöpfte†). Dieher Hekataeus soll über die Geschichte und Religionsalterthümer der Juden geschrieben und schon Alexander den Grossen begleitet haben. Wenn derselbe nun unter dem ersten Ptolemäer sein Werk ausgearbeitet, was immerhin wahrscheinlich††), da die alexandrinische

*) De bibliorum textibus originalibus, S. 101.

**) a. a. O. S. 382 (S 125.)

***) S. 357. Von Hekataeus hatten schon J. Scaliger und Bentley in den Addenda ad ep. ad Jo. Millium, p. 93 das Gleiche vermuthet.

†) Im Aristeasbriefe (Schmidt'sche Ausg. S. 19) beruft sich Demetrius Phalereus auf Hekataeus in einer Weise, dass der jüdische Ursprung dieses Autors unverkennbar wird.

††) Duncker, Gesch. des Alterthums I, S. 197 nennt ihn einen Griechen, welcher um die Zeit des ersten Ptolemäers in Aegypten war und eine ägyptische Geschichte verfasste.

Atmosphäre hiezu die allein günstige war, so stand diese Production wohl nicht völlig ausser Zusammenhang mit der Uebersetzung der Septuaginta. Wir haben uns dann die Sachlage also vorzustellen. Entweder gab Hekataeus durch sein auf der von Aristobul erwähnten vorptolemäischen Thoraübersetzung ruhendes Werk den Anstoss, dass man sich in weiteren Kreisen für die heil. Bücher der Juden zu interessiren anhob, oder er schöpfte, gleich Theophrast noch im hohen Alter schreibend, direkt aus der Uebersetzung der Septuaginta seine Geschichte und die Kenntniss der jüdischen Alterthümer. Hekataeus scheint wenigstens die Subscription des Pentateuches nach den LXX, oder nach der schon vor Ptolemäus verfassten Thoraübersetzung gekannt zu haben.

Wir lesen nämlich bei Diodor das folgende aus Hekataeus entnommene Citat: „Am Ende aber ist seinen (Mose's Gesetzen) beigeschrieben: Dies hat Moses von Gott gehört und sagt es den Judäern.“ (Hekataeus bei Diodorus, Fragmenta lib. 40 vergl. Diodor I, 27. 55.) Solche Unterschrift war unter der Voraussetzung, dass die Septuaginta, oder jene ältere Uebersetzung der Thora der ptolemäischen Bibliothek einverleibt worden, ganz unumgänglich. Man musste am untersten Ende der Buchrolle ablesen können, von wem das Buch sei. Waren doch alle Bücher inventarisirt und jede Sammlung (somit auch die heilige der jüdischen Bücher) auf besonderen Repositorien vereinigt. Schon die ersten Bibliothekare, denen das Geschäft des Bücherordnens oblag, also ein Mann wie Zenodotus, werden auf solche deutliche Unterschriften gedrungen haben*). Eine solche fand Hekataeus vor.

Neben Hekataeus können wir den Megasthenes nennen, der am Hofe des Seleucus Nikator (+ 280) lebte und ein Werk, betitelt Indica, abfasste (s. Clemens Stromatum ed. Sylburg l. I. S. 305). Er schreibt in dem bei Clemens vorgefundenen Citat: „Alles, was bei den Alten von der Natur verhandelt wird, wird auch gesagt von den ausserhalb Griechenland's lebenden Philosophen; theils bei den

*) S. die Citate aus Syncellos bei Bernhardy, a. a. O. I., 520 f., die das oben Gesagte bestätigen.

Indern, Seitens der Brahmanen, theils in Syrien *ὑπὸ τῶν καλουμένων Ἰουδαίων*, von den sogenannten Juden.“ Dürfen wir uns nun den Verkehr zwischen Syrien und Aegypten damals als einen sehr lebhaften denken, so wissen wir zugleich die Quelle, woraus Megasthenes seine Weisheit schöpfte. Die Quelle war die Septuaginta, die jetzt Allen offenstand.

Wir haben noch einer eigenthümlichen literarischen Erscheinung zu erwähnen, die wir als eine Wirkung der Uebersetzung der LXX erklären möchten. Berosus und Manetho schrieben zur Zeit des Philadelphus (285—247) ihre Werke, die sich mit den einheimischen Traditionen der Babylonier und Aegypter befassten. Beide schrieben griechisch und Beider Absicht war, für Griechen ihre respective Volksgeschichte aus den heiligen Schriften der Vorzeit zu übersetzen*). Schon die Gleichzeitigkeit der Bestrebungen der zwei berühmtesten Chronologen des Alterthums mit dem Vornehmen der Juden, ihre heiligen Bücher in's Griechische zu übersetzen, führt auf einen inneren Zusammenhang. Den Manetho liess der Ruhm der jüdischen Religionsurkunden nicht schlafen. So macht er sich denn auch an die Uebersetzung alter Urkunden, die für die Chronologie der Aegypter wichtig sein mussten**), aber schielte dabei jedenfalls eifersüchtig auf die Mosaische Urkunde hinüber, fest entschlossen, die Prärogative des höheren Alters den Aegyptern zu vindiciren, und auch sonst die Israëliten in's schlechteste Licht zu stellen. Er nennt die Hebräer Genossen aussätziger Aegypter, den Mose einen abgefallenen Priester etc.***). Es konnte ihm Niemand auf die Finger sehen, und der ägyptischen Priester Lügenhaftigkeit, wo es die eigene theure Nation betraf, kennen wir aus Herodot zur Genüge.

Noch auffälliger ist die Aehnlichkeit der babylonischen Chronologie des Berosus mit der jüdischen†). Man kann nicht umhin, dem Berosus ein sinnentstellendes Abschreiben der hebräischen

---

*) In dieser Weise drückt sich Josephus (c. Apionem, C. 26) bezüglich des Manetho aus, und es lässt sich das auch auf Berosus anwenden.

**) Dies erwähnt auch Syncellus pp. 40, 91.

***) S. Duncker, Geschichte des Alterthums I, 195 ff.

†) S. Duncker, G. des Alterthums I, 110—116.

Kosmogonie und Vorgeschichte Schuld zu geben. Durch die damals gerade aufkommende Septuaginta wurde er gestachelt, seine Nation doch ja nicht hinter den Juden zurückstehen zu lassen, was ihm denn auch nicht ganz misslungen ist. Denn Berosus geniesst noch immer grosse Achtung bei den modernen Historikern.

Polybius, dem wir das erste grosse pragmatische Geschichtswerk verdanken, kam im J. 180 v. Chr. an den ptolemäischen Hof. Aus dem Reichthum seiner Erfahrungen erwähnte er nach Josephus *) auch eines Heiligthums Jerusalem, von dem er viel erzählen könnte wegen der wunderbaren Herrlichkeit dieses Heiligthums. Wenn Polybius viel davon zu erzählen wusste, so hatte er bei der ihm eigenen gründlichen Methode gewiss aus der Uebersetzung der LXX geschöpft, die in der alexandrinischen Bibliothek Jedem, der lesen wollte, zugänglich war. Dass er persönlich in Jerusalem gewesen, ist nicht bekannt; sonst hätte er auch wohl nicht den Verstoss sich zu Schulden kommen lassen, von einem Heiligthum Jerusalem zu reden.

Zur Zeit des Ptolemäus Philopator (reg. von 221 an) schrieb ein gewisser Demetrius seine „Geschichte der jüdischen Könige" **). Valckenaer hält ihn für einen alexandrinischen Juden; Josephus (c. Apionem I) verwechselt ihn mit dem Demetrius Phalereus. Wie aber konnte jener Demetrius der Geschichtschreiber der jüdischen Könige werden, wenn ihm nicht alle hebräischen Geschichtsbücher in der griechischen Uebersetzung vorlagen? Es ist also nicht an dem, dass, wie Hody meint, zuerst Philo Kenntniss von diesen Geschichtsbüchern verrathe ***).

Artapanus schrieb nach Clemens und Eusebius, praeparatio ev. l. IX, Cap. 27 (besonders gegen den Schluss) vgl. Cap. 18, im Anschluss an den Exodus ein Werk über die Juden, worin er sich auch über

---

*) Antiq. XII, Cap. 3, 3.

**) S. Clemens, Stromatum l. I. S. 337. Er berechnet daselbst die Zeit von der Wegführung Israel's (durch Salmanassar) bis auf Ptolemäus IV., offenbar seinen Zeitgenossen. Vgl. Eusebius, praep. ev. IX, C. 21.

***) In einem Citat De nom. mutatione p. 826, wo er I. Sam. 2 (στεῖρα ἔτεκεν ἑπτα) citirt.

Mose auslässt; auch er war ein alexandrinischer Jude. Eupolemus, ein anderer alexandrinischer Jude (nach Valckenaer), schrieb ein Werk gleichen Inhalts, wie Demetrius*). Bei den grossen Zahlen, die er für die älteste Zeitrechnung offenbar angenommen haben muss, lag ihm die Septuaginta als nächster Anhaltspunkt vor. Er schrieb nach Clemens unter Ptolemäus, der als der Zwölfte dieses Namens über Aegypten regierte, und dessen Schwester Kleopatra dann durch Cäsar zur Mitregentin ihres unmündigen Bruders erhoben wurde**). Es ist vielleicht nur ein Versehen, wenn Schlosser diesen zwölften Ptolemäer Dionysius nennt; Bongarsius in seiner aus dem Justin geschöpften chronologischen Tabelle gibt den Ptolemäus Dionysius als den elften König dieses Namens an und Eusebius nennt ihn den zehnten ***). Eupolemus schrieb demnach um die Mitte des letzten Jahrhunderts vor Christi Geburt eine Geschichte der jüdischen Könige.

Jedoch sind wir zu früh in dieses letzte Jahrhundert vor Christus eingetreten. Wir haben zuvor noch die Regierung des Ptolemäus Philometor (181—145 v. Chr.) zu berücksichtigen. Mit seinem Gutfinden baute Onias, zu einer Zeit, wo Judäa dem Untergang geweiht schien und Alexandrien als einziges Asyl gelten mochte, den Tempel zu Leontopolis, der einen Ersatz bieten sollte für den jerusalemischen Tempel†). Jener Onias richtete, bevor er an's Werk ging, eine Petition an seinen königlichen Gönner, in der er sich auf die Weissagung in Jes. 19, 20 berief, und empfing darauf ein königliches Antwortschreiben, welches jenen Tempelbau bewilligte. Der König fügte jedoch die Klausel hinzu: *συγχωροῦμέν σοι, εἰ μέλλει τοῦτο ἔσεσθαι κατὰ τὸν νόμον, ὥστε μηδέν δοκεῖν εἰς τὸν Θεὸν ἐξημαρτηκέναι* d. h. „wir gestatten dir (den Tempelbau) wenn solches dem Gesetze (scl. des Gottes Israël's) gemäss, damit wir nicht in den Ruf kommen,

*) S. Clemens, Stromat. I. S. 338. 343. Auch ein Werk *περὶ Ἰουδαίων* verfasste er nach Euseb. l. c. l. IX Cap. 17.

**) S. Schlosser's Weltgeschichte Band IV, S. 79.

***) S. Alfred v. Gutschmid, De temporum notis quibus Eusebius utitur in Chronicis canonibus, S. 6.

†) S. Josephus Ant. l. XIII. Cap. 4, §. 1–3.

wider Gott gesündigt zu haben.“ Diese Klausel zeigt, dass Ptolemäus Achtung vor dem jüdischen Gesetze hatte und eine jedenfalls durch die in seiner Bibliothek vorhandene Septuaginta vermittelte Kenntniss dessen, was nach diesem Gesetz erlaubt und nicht erlaubt sei. Auch auf die Bekanntschaft des Königs mit dem grossen Propheten Jesaia dürfen wir aus diesem Schreiben schliessen: „Ἐπεὶ δὲ σὺ φῂς Ἠσαΐαν τὸν προφήτην ἐκ πολλοῦ χρόνου τοῦτο προειρηκέναι, συγχωροῦμέν σοι κ. τ. λ. Dies liesse auf die Existenz des Prophetenbuches in der alexandrinischen Bibliothek schliessen, worauf auch schon die Citirung des Jesaia Seitens des Onias hinweist. Dieser sechste Ptolemäer war überhaupt ein Freund der Juden. Unter seiner Herrschaft nahm der schon mehrfach erwähnte Aristobul eine sehr hervorragende Stelle am ägyptischen Hofe ein, ein Mann, dessen nach Clemens *) schon das zweite Makkabäerbuch gedenkt. Dieser Aristobul citirt offenbar in seinem uns erhaltenen höchst bedeutenden Traktat über die Gott beigelegten Gliedmassen, und zwar in einem kurzen Bruchtheil dieses Werkes, dreimal die Septuaginta**), nämlich Exod. 13, 9; 3, 20 (mit einer Abweichung); 9, 3. Viele mit den LXX übereinkommende Citate, die der alexandr. Clemens uns bietet, gehören zweifelsohne, wie Valckenaer sagt, zu dem von Aristobul Abgeschriebenen. Clemens excerpirte nach Herzenslust und nahm es mit der Angabe seiner Quellen nicht immer genau. So verirrten sich viele Septuagintacitate, die dem Aristobul angehören, in den Text des Clemens. Eine häufige Beziehung auf die LXX zeigt sich ferner bei dem jüdischen Tragödiendichter Ezekiel, von dem uns Eusebius (a. a. O. l. IX, C. 28 und 29) Fragmente bewahrt hat. Er war ein mit hellenistischer Bildung und Darstellung vertrauter Mann. Seine Abhängigkeit von den LXX hat Philippson***) nachgewiesen.

*) S. Clemens, Stromat. V, p. 595.

**) S. Eusebius, Demonstratio ev. VIII, S. 376 und 377.

***) S. Ezekiel und Philo von L. Philippson. Dieser Tragiker Ezekiel lebte mindestens im zweiten, wo nicht schon im dritten Jahrhundert vor Chr. Geb. S. Frankel Vorstudien S. 45 und Ueber den Einfluss der pal. Exegese S. 114 ff., endlich Valckenaer a. a. O. S. 357 ff.

Neben Aristobul und dem Tragiker Ezekiel kommt Aristeas in Betracht, der den Hohenpriester Eleazar in seiner grossen Rede über reine und unreine Thiere einmal wenigstens Deut. 17, 18. 19 im Auszug citiren lässt*). Im Uebrigen geht er zu sehr auf hohem griechischen Kothurn einher, um die LXX gerade zu citiren. Er will den Griechen spielen.

Wir werfen noch einen Blick auf Diodorus Siculus, der unter Cäsar und Augustus eine nicht mit der gehörigen Sorgfalt zusammengestellte Allgemeine Geschichte schrieb. Hody beruft sich auf diesen späten Schriftsteller, der Nichts von der Existenz der Könige in Judäa gewusst habe, mithin von der Uebersetzung der ganzen Bibel und ihrer Ausstellung in der alexandrinischen Bibliothek schwerlich die Rede sein könne. Aber Demetrius und Eupolemus schrieben beide ein Werk: περὶ τῶν ἐν τῇ Ἰουδαίᾳ βασιλέων; Ersterer etwa 200 Jahre vor Diodorus. Wichtig ist aber Diodorus in anderer Beziehung. Er stellt uns die Ansichten der Aegypter über die Kosmogonie dar und verräth hier deutlich eine Einwirkung der mosaischen Darstellung, entweder auf die Aegypter selber, oder unmittelbar auf ihn. Im Anfang solle unius vultus fuisse coelum ac terram, permixta eorum natura, u. s. w. Als Hauptmomente der Kosmogonie gibt er, nach Grotius' Urtheil in Uebereinstimmung mit Mose, an: permixtum coelum et terram, motum aëris, limum sive abyssum, lucem, deinde sidera, discessionem coeli, maris, terrae; deinde volucres, reptilia, pisces — — hominem**).

Wenn wir nicht an den blinden Zufall appelliren wollen, so gibt es kaum ein anderes Auskunftsmittel, als die Annahme, Diodor habe diese Weisheit aus den LXX geschöpft. Laërtius im Prooemium berichtet als ägyptische Annahme, ἀρχὴν εἶναι τὴν ὕλην d. i. principium esse molem confusam (= tohu vabohu) ***).

Wie viel mag überhaupt mit dem Kalbe Mose's und der Propheten gepflügt sein, wenn wir uns gegenwärtig halten, welche

*) Eusebius, Dem. ev. VIII, 373.

**) S. Grotius, De veritate christianae religionis im 7. B. der Critici sacri, S. 1996.

***) S. Grotius a. a. O. S. 1995; wir citiren oft bloss nach der latein. Uebersetzung. Für die Bequemlichkeit des Lesers geschieht dies.

enorme Gleichklänge vorhanden sind, sowohl zwischen der Kosmogonie Mose's und derjenigen der Heiden (Babylonier, Phöniken, Perser*), als auch hinsichtlich der Erzählungen von der Sindfluth u. a. m. Dass die Septuaginta zu diesen auffälligen Berührungen der heidnischen Völker mit dem Volke Gottes Veranlassung gab, oder dass sie nicht wenigstens diente, die abgeblassten Erinnerungen der Heiden zu retouchiren, wer möchte das wohl bezweifeln?

Neben Diodor ist Trogus Pompejus zu nennen, der bei seinen Abschweifungen auf alle damals bekannten Völker auch auf die Juden zu sprechen kommt, und dabei sich ziemlich genau an den Pentateuch hält**). Er erwähnt sogar die Schönheit des Mose aus Exod. 2, 2. Dass der Auszug aus Aegypten durch die Schuld der Juden vor sich ging, ist wohl ganz natürlich bei einem heidnischen Schriftsteller, der eben nicht allein den jüdischen Quellen folgt. — Strabo, der unter Augustus sein berühmtes geographisches Werk schrieb, kennt und erläutert auch die jüdischen Verhältnisse (L. XVI), Es ist nicht so übel, wenn er sagt: Der Gott der Juden sei das, quod nos et terram ac mare continet, quod coelum et mundum et rerum omnium naturam appellamus, ein Gott also, von dem man sich natürlich kein Bild machen könne***). Von Mose heisst es: loco armorum sacra et Deum praetendebat, d. h. er schützte bei Pharao den Gottesdienst vor, um den Auszug zu ermöglichen: ganz nach dem Exodus. Zuletzt blickt Strabo auf die Hasmonäischen Zeiten, wo Priester die königliche Gewalt (in Judäa) ausübten und den Völkern Schaden zufügten. Was Tacitus (Histor. V, 2) von den Juden erzählt, ist eine Verdrehung von Thatsachen, die selbst in ihrer Entstellung noch auf den Pentateuch zurückweisen. Der Grund solcher Entstellung liegt in der bornirten Voraussetzung: dass der Judaeorum mos absurdus sordidusque sei. Deshalb hat ein Juvenal auch nur Spott für sie übrig.

---

*) Auch bei den Indern ist die ἀρχὴ τῆς κοσμοποιίας das Wasser: ch Megasthenes bei Strabo.

**) S. Justin, Historiae Philippicae L. 36, Cap. 2.

***) Wenn Plinius zu Anfang seiner Historia naturalis beschreiben will, was mundus sei, so meint man einen von dem biblischen Gottesbegriff gesättigten christlichen Autor zu vernehmen.

Von jüdischen Gelehrten kommen hier besonders Philo und Josephus in Betracht.

Dass Philo die LXX benutzte, ist eine feststehende Thatsache *). Der Versuch Hody's aber, dem Philo die Kenntniss der gesammten Septuaginta abzusprechen **), ist als ganz verunglückt zu bezeichnen, zumal er sich dafür auf Josephus beruft. Valckenaer weist ganz richtig nach ***), dass Josephus keinen Glauben verdiene, wenn er †) sage, dass Er zuerst die ausserpentateuchische Geschichte den Römern bekannt mache. Es sei das seiner bekannten Ruhmredigkeit zuzuschreiben, wenn er solche Ansprüche erhebe. Er will sich eben dem Hohenpriester Eleazar vergleichen und macht seinen Lesern das Compliment, sie würden wohl die Wissbegierde eines Ptolemäus Philadelpus besitzen; — lauter Phrasen, die das vielstimmige Zeugniss für das Dasein der ganzen Uebersetzung nimmermehr aufwiegen. — Selbst dafür, dass Philo aus dem Grundtext übersetzt haben solle, bringt Hody ††) nur ganz schwache Beweise bei, die nicht der Widerlegung werth sind. Philo kannte, wie Asarja di Rossi zeigt, den Grundtext gar nicht; ihm stand der griechische Text schon gleich mit dem hebräischen; obwohl er die Meinung von der Inspiration der LXX (wie wir gesehen) noch von Andern sich gesagt sein lässt. Philo hat sich die grössten Abweichungen vom Urtext zu Schulden kommen lassen, u. z. im Anschluss an die LXX, die er bereits in ihrer heutigen Gestalt, d. i. in ihrer ungemeinen Divergenz vom hebräischen Texte vor sich hatte †††). Philo, bei dem ein umfassendes Wissen mit eingehender Forschung sich paart, verstand den Urtext nicht mehr: — wahrlich weit war es mit der Unkenntniss im Hebräischen damals gekommen *†).

---

*) Von dieser Abhängigkeit Philo's handelt gründlich Asarja di Rossi, Meor Enajim S. 59 b ff. der Wiener Ausgabe.

**) a. a. O. S. 195 ff.

***) a. a. O. S. 395 ff.

†) Im prooemium der Antiquitates, l. I. §. 3.

††) a. a. O. S. 195 vgl. S. 228 f.

†††) S. Frankel, Vorstudien S. 34 u. 45 ff.

*†) S. über Philo noch Gesenius, Gesch. der hebr. Sprache S. 83 u. Frankel, Ueber den Einfluss der pal. Exegese S. 26 f.

Josephus, der jüdische Geschichtsschreiber, hat vielfach die LXX benützt, was Scharffenberg*) und neuerdings Thenius**) erwiesen haben. Daneben aber hat er an vielen anderen Stellen theils nach dem masorethischen Text, theils nach einem von dem masorethischen abweichenden Exemplar gearbeitet. Ob dieses Exemplar nicht etwa ein aramäisches Targum gewesen, u. z. die weiter unten zu besprechende Syrische Bibel, — mithin der Grundtext durch Josephus' Sondermeinungen ganz unberührt gelassen würde, — dürfte wohl zu fragen sein. Die Benutzung gewisser verloren gegangener Targum's vermuthen Pfannkuche ***) und Bertholdt †). Dass seine Kenntniss der hebräischen Sprache mehr schülerhaft gewesen, zeigen die von ihm versuchten Etymologisirungen ††). Vielleicht wird unsere ganze Auseinandersetzung dienen, die Benutzung einer palästinensischen Vulgärübersetzung auch für Josephus glaubhafter zu machen.

Wir werfen nunmehr einen Blick auf die Apokryphen. Dass das Buch Jesu des Sohnes Sirach's vielfach die Septuaginta benutzt hat, ist eine offenkundige Thatsache. Bretschneider freilich in seiner Ausgabe des Buches Sirach S. 10 f. leitet diese Uebereinstimmung von späterer Ueberarbeitung her. Jedoch bezeichnet Fritzsche †††) diese Annahme als einen Rückschritt. Er sagt: „Da dem Verfasser die alttestamentlichen Schriften in griechischer Uebersetzung bereits vorlagen, so ist von vorn herein anzunehmen, dass er diese Uebersetzung fleissig las, dass sie auf seine hellenistische Sprache von Einfluss war und dass er sie auch gegebenenfalls zu Rathe zog. Die nähere Erwägung seiner Sprache im Ganzen und Einzelnen bestätigt dies vollkommen. Zum Erweise ist im Besonderen zu vergleichen: Sir. 2, 2 mit 5. Mos. 32, 36; Sir. 20, 29 (nicht 28) mit 5. Mos. 16, 19; Sir. 36, 29 mit 1. Mos. 2, 18; Sir. 44, 16. 17. 19. 21

*) De Josephi et Vers. Alexandrinae consensu (Lipsiae 1780).

**) Die Bb. Samuels, Einleitung S. XXXI f.

***) In Eichhorn's Bibliothek Th. 8, S. 427.

†) Einleitung in das A. u. N. T. §. 219.

††) S. Gesenius, Geschichte der hebräischen Sprache, S. 82 und 83.

†††) Im Exegetischen Handbuch 5. Lieferung, Die Weisheit J. S. S. XXII f.

mit 1. Mos. 5, 24; 6, 9; 17, 4; 22, 18; Sir. 45, 12 mit 2. Mos. 28, 63; Sir. 49. 7 mit Jerem. 1, 10. Namentlich ist aus Cap. 45 bei Vergleichung der betreffenden Stellen in 2. Mos. ersichtlich, dass die (uns) vorliegende (LXX) Uebersetzung unserem Uebersetzer zur Norm diente, wofür beispielsweise auf *περισκελῆ*, *ἔργον ποικιλτοῦ*, *λογεῖον κρίσεως* verwiesen sein mag. Ueberhaupt hatte sich durch die vorgängigen Uebersetzungen ein gewisser Sprachgebrauch, eine gewisse Terminologie und Gräcisirung der Namen bei den Hellenisten bereits fixirt, so dass selbst Fehlerhaftes sich forterbte.“ — Man sollte meinen, dass auch aus den Sprüchwörtern Salomo's sehr viele Parallelen des Sirachbuches mit den LXX sich nachweisen liessen. Aber die Parallelen, die sich finden, sind doch nur vereinzelt*) und geben mehr den Sinn als den Wortlaut wieder. Jene Weisheitssprüche aus dem Munde Salomo's waren dem Siraciden wohl nicht eben homogen, sonst hätte er die seinigen zu schreiben gewiss unterlassen. Sein Buch riecht schon ganz nach der Synagoge, während Salomo für alle Zeiten schrieb.

Eine Abhängigkeit aber von Jesaia ist in dem Capitel 48 des Sirach unverkennbar; V. 18 wäre sonst das *καὶ ἀπῆρεν* unverständlich. Blicken wir aber nach Jes. 37, 8 hinüber, so findet sich dort im Griechischen das gleiche Wort. Sanherib brach, während der Zeit, dass Rabsake den Hiskia bedrohte, von Lachis auf (*ἀπῆρεν ἀπὸ Λαχίς*). Durch dieses Stichwort veranlasst, schreibt dann der Siracide weiter: *καὶ ἐπῆρεν ἡ χεὶρ αὐτοῦ ἐπὶ Σίων*, wodurch ein hübsches Wortspiel entsteht. Auch das Anfangswort des zweiten Theils des Jesaia (Cap. 40, 1) kennt der Siracide (Cap. 48. 24) und gibt überhaupt in V. 24 und 25 einen trefflichen Auszug aus dem von ihm dem Jesaia vindicirten sogenannten zweiten Theile (vgl. Jes. 48, 3. 5).

Auch in Sir. 46, 19 findet sich eine Wiedergabe der Rede Samuel's, in der er Rechenschaft vor dem Volke ablegte. Er sagt: *χρήματα καὶ ἕως ὑποδημάτων ἀπὸ πάσης σαρκὸς οὐκ εἴληφα.* Diese Rede ist frei nach den LXX (1. Sam. 12, 3), wahrscheinlich

---

*) Z. B. Sir. 51, 23 vgl. Prov. 9, 1; eb. Vers 28 vgl. Prov. 4, 5 (Cod. Al.); 51, 26 vgl. Prov. 8, 17 etc.

unter Berücksichtigung der sprüchwörtlich gewordenen Worte Abram's, die er dem König von Sodom entgegenhält (εἰ ἀπὸ σπαρτίου ἕως σφυρωτῆρος ὑποδήματος λήψομαι ἀπὸ πάντων τῶν σῶν *). Somit waren ihm das erste Buch Samuel's, der Pentateuch, die Sprüche und Jesaia gegenwärtig in der Form der LXX; diese Uebersetzungen müssen unter Euergetes I. (also circa 240) schon in Alexandrien bestanden haben.

Das erste Buch der Makkabäer ist schon nach dem nächsten Eindruck, den es auf den Leser macht, ursprünglich hebräisch geschrieben, dann aber in's Griechische übersetzt **). Gegen Hengstenberg müssen wir mit Grimm an der hebräischen Urschrift dieses Buches festhalten.

Der Einfluss der LXX ist evident; fast auf jeder Seite begegnen uns Redensarten und Wendungen, die der griechischen Uebersetzung der LXX entlehnt sind. Der Uebersetzer (sagt Grimm in der Einleitung S. XVI) war mit den LXX auf's Gründlichste vertraut, und daher kam es, dass ihm die alttestamentlichen Wendungen und Reminiscenzen unwillkürlich in das Griechische der LXX sich umsetzten. So finden wir C. 14, 12 einen Anklang an Micha 4, 4; in C. 9, 23 an Psalm 92, 8; in Cap. 14, 9 hat der Uebersetzer die LXX zu Sach. 8, 4 f. vor Augen; in Cap. 5, 4 ist zu vgl. Ps. 68, 23. In Cap. 1, 52 entnimmt der Uebersetzer des 1. B. der Makk. den Ausdruck βδέλυγμα ἐρημώσεως aus Daniel 11, 31 und 12, 11; er hat mithin die griechische Version des Daniel vor sich, was nicht verwundern darf, wenn bereits der Enkel des Siraciden die LXX vollendet sah***). In Cap. 7, 16. 17 wird auf das

*) Dem ἀπὸ πάντων τῶν σῶν entspricht beim Siraciden das ἀπὸ πάσης σαρκός; es ist lediglich eine Reminiscenz.

**) Schon gleich C. 1, 29 findet sich der Hebraismus δύο ἔτη ἡμερῶν vgl. Gen. 41, 1 u. sonst. Vs. 40 ibid. ist so unbehülflich, wie möglich, übersetzt. V. 49 ist das ἐπιλαθέσθαι jedenfalls schlecht aus dem Hebräischen wiedergegeben; ein Hifil stand etwa im Urtext. Vgl. ferner Cap. 3, 49 πληροῦν τὰς ἡμέρας = מלא ימים Num. 6, 5. 13). Vs. 51 giebt eine hebräischartige Satzverbindung u. s. w. Andere Hebraismen citirt Grimm in der Einl. zum 1. B. der Makk. S. XV und in der Auslegung.

***) So urtheilt auch Winer über die betreffende Stelle des Prologs zum B. Sirach (De utriusque Siracidae aetate.)

geschriebene Wort der heil. Schrift schon ganz ausdrücklich Gewicht gelegt und dabei eine Stelle aus Psalm 79, 2. 3, u. z. nach den LXX, in verkürzter Fassung citirt. Endlich ist 1. Makk. 4, 30 (*καὶ τοῦ αἴροντος τὰ σκεύη*) ein ziemlich hölzerner, aus dem 1. B. Sam. 14 nach den LXX sklavisch entlehnter Zusatz, wie denn überhaupt 1. Sam. 14 dem Autor vielfach durch den Sinn spielt.

Das zweite Buch der Makkabäer ist nach allen Anzeichen ein griechisches Original.

Es findet sich in Cap. 7, 6 ein genaues Citat aus den LXX zu 5. Mos. 32, 36; ebenso in Cap. 10, 26; beidemal mit Angabe der Quelle *Μωϋσῆς* und *ὁ νόμος*. Mit Uebergehung der für unsern Zweck minder wichtigen zwei letzten Makkabäerbücher bemerken wir noch, dass die Uebersetzer des B. Tobit und Judith nach deutlichen Spuren die LXX vor Augen hatten (m. vgl. Judith 8, 16 mit Num. 23, 19; Jud. 11, 19 mit Exod. 11, 7; und *ἐπίμικτος* C. 2, 20, welches öfter im Pentateuch für עֵרֶב steht*).

Die literarische Benutzung der LXX im N. T. ist der Ausgangspunkt und die Voraussetzung unsrer ganzen Arbeit und behalten wir uns vor, weiter unten einige Beispiele dieser Benutzung zu erörtern**).

Wichtig ist für uns noch die Benutzung der LXX durch die sogen. Itala, welcher Augustin gedenkt, wenn er sagt: in ipsis interpretationibus Itala proferatur. Es ist dies dieselbe Uebersetzung, die man im Alterthume als den latinus interpres oder bloss den Latinus anführte.

Diese von Augustin erwähnte Itala enthält die ursprüngliche Gestalt der im zweiten Jahrhundert vermuthlich in Nordafrika entstandenen lateinischen Bibelübersetzung. Sie ist nur noch in einzelnen Bruchstücken vorhanden, welche Nobilius, Martianay, Sabatier und

*) S. Ewald, Gesch. Israël's IV, S. 541.

**) Aus Matthaeus hat Anger den Auszug aller alttestamentlichen Citate gemacht in den drei akademischen Programmen: Ratio, qua loci N. T. in evang. Matthaei laudantur etc. Aus den paulinischen Briefen hat Kautzsch alle Stellen gesammelt: De V. Test. locis a Paulo apostolo allegatis. Eine vollzählige Sammlung findet sich in: The old testament in the new von David Mc. Calman Turpie, London 1868.

neuerdings Ranke und Vogel veröffentlicht haben. Auch diese Uebersetzung hat, wie die LXX, einen ganz bestimmten Typus, der auf eine ursprüngliche Einheit und nicht auf das Zusammenfliessen mehrerer selbständig entstandener Bibelübersetzungen zurückweist. Das Charakterische dieses Typus ist z. B. in den von Vogel herausgegebenen Texten: „eine überaus sorgfältige, ja peinliche Nachbildung des griechischen Textes (der LXX), eine sehr rauhe Sprache und eine ziemlich grosse Zahl schlechter Wortformen“ *). Auch hinsichtlich der anderen bis jetzt entdeckten Fragmente der Itala ist man darüber einig, dass der griechische Text der LXX ihnen zum Grunde lag. So hoch also stand die Septuaginta im zweiten Jahrhundert nach Chr. Geb.

Endlich verrathen manche Uebersetzungen eine Abhängigkeit von den LXX. Die Peschito hat im A. T. den Text der LXX wenigstens hie und da zu Rathe gezogen und sie vielleicht durch das Medium der palästinensischen Retroversion der LXX **) benutzt. Denn die Peschito stimmt z. B. in der Uebersetzung von Jer. 31, 15 und Ps. 68, 19 sehr auffällig mit der neutestamentlichen Citationsweise dieser Stellen, und das schreibt sich daher, dass die Peschito und das Neue Test. aus demselben palästinensischen Targum schöpften, worauf wir noch unten zurückkommen werden. Von der äthiopischen Uebersetzung ***) des A. T. steht soviel fest, dass sie in Abhängigkeit von den LXX geschehen.

V.

Die Septuaginta als das älteste Targum †) der Palästinenser.

Wir haben nunmehr die Septuaginta als in der Zeit des Philadelphus (286—247) entstanden kennen gelernt; wir haben ferner

*) D. A. Vogel, Beiträge zur Herstellung der alten lateinischen Bibelübersetzung, Wien 1868, S. 14.

**) Der von uns unten näher zu besprechenden „Syrischen Bibel.“

***) Neueste Ausgabe von Dillmann, V. Testamentum Aethiopice 1861 u. 1871.

†) Targum bedeutet Uebersetzung und ist ein ganz unverfängliches Wort. Das Targum war die Erläuterung der Schrift in ihrer ungeschmück-

ihre grosse Verbreitung und literarische Bedeutsamkeit aus den Zeugnissen der hier in Betracht kommenden Gewährsmänner entnommen. Wir tasten jetzt nicht mehr im Dunkeln in der Frage nach ihrem anerkannten Werthe und ihrer Machtstellung auch im Bereiche der Literatur. Immerhin könnte man meinen, die Anerkennung der LXX beschränke sich auf die grosse Welt und besonders Aegypten; wohingegen das partikularistisch-jüdische Palästina nur wenig oder doch spät erst von dieser Uebersetzung Notiz genommen. Solches ist z. B. die Meinung von Frankel, Vorstudien zu der Septuaginta, S. 61, wo er sagt: „Die Juden in Palästina, die in alter Zeit die Septuaginta nur vom Hörensagen kannten, wurden durch griechische (kleinasiatische) Juden, vielleicht auch durch ihre Disputationen mit Christen, wie aus Kirchenvätern bekannt ist, mit dieser griech. Version bekannt.“ Diese Meinung is falsch; der Umstand schon spricht dagegen, dass die neutestamentlichen Autoren die LXX als die ihrigen mitten in den auf palästinensischem Boden vor sich gehenden Ereignissen verwenden. Sie legen die Worte dieser LXX Jesu, Petrus, Stephanus u. a. in den Mund. Dass dies eine pure Accomodation an die Hellenisten war, ist eine petitio principii.

Wir können aber die Juden auch mit ihren eigenen Waffen schlagen. Gerade Frankel ist es, der das vielhundertjährige Vorurtheil von einer Feindschaft zwischen den alexandrinischen und palästinensischen Juden bekämpft und damit der obigen Hypothese, dass die palästinensischen Juden ein alexandrinisches Product, wie die Septuaginta, nur vom Hörensagen kannten, jeden Anhalt genommen hat. Er sagt in seinen Vorstudien S. 185 f.: „Sehr bekannt mit der Halacha zeigen sich die Alexandriner in Mischna und Talmud, sowie auch vieles daselbst auf ein freundschaftliches Verhältniss zwischen Alexandrinern und Palästinern hinweist.“ „Auch auf die LXX musste das midraschische Element einwirken, das von der frühesten Epoche des zweiten Tempels seine Anfänge rechnet und auch über Alexandrien aller Wahrscheinlichkeit nach sich ergoss,

testen Gestalt, in der sich die schlichte, Jedermann zugängliche Auffassung des Originals wiederspiegelte.

da in früherer Zeit, als die Herrschaft der Ptolemäer sich über Palästina verbreitete, der Verkehr zwischen diesem und Alexandrien sehr lebhaft war."

Von diesem innigen Zusammenhang beider Brennpunkte des jüdischen Lebens, Jerusalem's und Alexandrien's, auch in der späteren Zeit, besitzen wir ausser dem bekannten Briefe an den unter Philometor lebenden Aristobul *), ein treffendes Zeugniss in Talm. bab. Sotah 47. Unter Alexander Janai floh Josua ben Perachja (oder vielmehr Juda ben Tabbai **) nach Alexandrien, um sich der Wuth des Königs zu entziehen. Ihm schrieb nun Simeon ben Schetach: „Von mir, Jerusalem, der heiligen Stadt, (ergeht das Wort) an dich, Alexandrien, meine Schwester: Mein Herr wohnt in deiner Mitte, und ich sitze da vereinsamt." Juda ben Tabbai wollte den Geflohenen zu seinem Posten zurückrufen, was auch gelang. Wichtig ist dieses Schreiben für uns deshalb, weil wir aus einer echten Quelle ersehen, wie Jerusalem zu Alexandrien sich als Schwester stellte ***). Von einigem Interesse ist auch die älteste, an einen bestimmten Namen (Josua ben Perachja nämlich) geknüpfte Halacha. Dieser Mann meinte, den alexandrinischen Weizen für unrein erklären zu sollen, wegen des besonderen Bewässerungssystems, das in Aegypten gebräuchlich war und leicht das Korn verunreinigen konnte. Aber die Weisen, welche mit darüber zu entscheiden hatten, bestimmten, der Weizen möge immerhin unrein sein für Josua ben Perachja, er sei gleichwohl rein für ganz Israël †). Wir lernen auch aus dieser uralten Halacha den regen Verkehr zwischen Judäa und Aegypten kennen.

Und wie sollte ein solcher nicht Statt gefunden haben, da beide Brennpunkte des jüdischen Lebens ein Jahrhundert lang nicht bloss unter einer Herrschaft, der ptolemäischen nämlich, standen,

*) S. 2. Makk. 1, 10: etwa 164 v. Chr. nach Valckenaer.

**) Dieser war der Flüchtige nach dem, in den Erzählungen und Namen stets glaubwürdigeren jerusalemischen Talmud (Chagiga 82, 2).

***) S. Frankel's hebräisch geschriebene Hodegetica in Mischnam, Leipzig 1859, S. 34.

†) S. bei Frankel ebendaselbst.

sondern auch beide an der griechischen Literatur und Sprache nur zu sehr sich erfreuten. Die Fremdherrschaft von aussen war nicht der eigentliche Schaden Palästina's, nein, seit Alexander's des Grossen Eroberungszug hatte griechische Sitte und mit ihr griechische Sprache in Palästina allmählich mehr und mehr um sich gegriffen. Ein grosser Theil der Gebildeten wandte sich der epikuräischen Philosophie zu und huldigte dem Eudämonismus, der Gottesvergessenheit. Diesen kam die dann folgende syrische Oberherrschaft ganz gelegen, um sie zu befreien von der immer noch vorhandenen Partei der ängstlichen, dem Gesetzesbuchstaben huldigenden Altgläubigen. Diesem Griechenthume stellte kein fester Damm in Palästina sich entgegen. Was aber war aus der von Esra und Nehemia so herrlich rehabilitirten Gemeinde Israël geworden? Die Sopherim, die Buchgelehrten oder Schrifterklärer, herrschten und concentrirten sich in der sogen. grossen Synagoge, welche 200 Jahre lang, bis auf Alexander, das geistige Leben beherrschte und dann ihre traurige Erbschaft den sogenannten Aeltesten und Weisen hinterliess, die in dem Sanhedrin ihre höchste Repräsentation hatten. Was aber waren ihre Lehren? Die Namen der Männer der grossen Synagoge gingen alle unter; nur Simon Justus*), der Zeitgenosse Alexander's des Grossen, wird als ihr letztes Glied genannt. Auch von ihrem geistigen Wirken wissen wir nur so viel, dass sie die Begründer jener Tradition wurden, mit der Jesus in der Bergpredigt zu kämpfen hatte, und dass sie das Geschlecht gross ziehen halfen, welches seinen Messias kreuzigte.

Nur drei Lehrsätze und gleichsam leitende Principien haben sich in der Mischna aus der Zeit der grossen Synagoge erhalten. „Seid bedachtsam im Gericht“ — lautete der erste; dieser Satz war im Hinblick auf die Gefahr gesagt, dass, wo die israelitischen Richter n i c h t bedachtsam wären, der Verurtheilte bei den (ausländischen) Statthaltern sein Recht suchen würde. — „Machet viel Schüler der Thora“ — d. h. bringt die Thora weit hinaus unter alles Volk Israëls, lehrt sie auch den Geringsten. — „Machet einen

*) Nicht zu verwechseln mit Simon II; vgl. über Simon I. Frankel, Hodegetica in Mischnam, S. 28.

Zaun um die Thora" — war ein dritter Lehrsatz der Männer der grossen Synagoge und ein Wort, welches bewirkte, dass bald Jedermann am Zaune hängen blieb und den Zugang zur Thora nicht mehr finden konnte (Matth, 23, 13)*).

Der heilige Geist soll nach dem Talmud nebst anderen Dingen dem zweiten Tempel seit dem Scheiden Maleachi's gefehlt haben. Die Zeit selber wird immer die „prophetenlose" genannt**), besonders nachdem die griechische Umwandlung hinzugekommen war (Sirach 36, 20 f. 1. Makk. 4, 46; 9, 27; 14, 41; Dan. Apocr. 3, 38). Wir glauben es gern, wenn wir diese drei Grundsätze in ihrer ganzen trostlosen Nacktheit uns vergegenwärtigen. Wahrlich in dem abtrünnigen Israël vor dem Exil war doch noch Leben, das im Fallen und Wiederaufstehen sich offenbarte; — hier aber war selbst kein Leben mehr im Vermodern. Der Wind spielte schon mit der Asche und brachte die seltsamsten Bilder hervor.

Diese grosse Synagoge starb; ohne Grabgeläute wurde sie begraben. Josephus schweigt über den Zeitpunkt ihres Aufhörens. Die jüdische Tradition nennt Simon Justus als ihr letztes Glied. Sie konnte den frischen Luftzug einer neuen Zeit nicht ertragen. An ihrer Stelle sehen wir allmählich ein neues Institut sich herausbilden, das Sanhedrin, dessen Aelteste oder Weise sich schon sehr weit von der relativen Einfachheit ihrer Vorgänger entfernten und die Begründer der Legenden (Haggada) und der Rechtsaussprüche (Halacha) wurden. In diese Zeit des Aufhörens der grossen Synagoge und der allmählichen Neubildung des jene ersetzenden Sanhedrin fiel nun in Alexandrien die Uebersetzung der LXX und die Ueberwucherung Palästina's mit griechischer Sitte und Sprache.

Eine sehr günstige Zeit fürwahr, um der Septuaginta in Alexandrien Alleinberechtigung und in Palästina bald hohes Ansehen

*) Ueber die traurigen Folgen aus diesem Grundsatz s. die sehr vortreffliche Auseinandersetzung Ewald's in der G. Isr. IV, S. 219 ff. Die Befehle der Sopherim sind wichtiger, als die des Gesetzes nach der Mischna Sanhedrin 10, 3.

**) Vergl. besonders Hengstenberg, Die Authentie des Daniel S. 246 ff.; Vitringa Observ. sacrae II, S. 336 ff., endlich Zunz, Die gottesdienstlichen Vorträge der Juden, S. 13 f.

zu verschaffen. Die Kenntniss der hebräischen Sprache sank rapid um diese Zeit; dem nach Josephus' Zeugniss seit Artaxerxes geschlossenen Kreise der heil. Schriften konnten neuere Schriften nicht mehr zugetheilt werden; die moderne Kritik mit ihrem Daniel und den Psalmen aus der Makkabäerzeit sucht in dieser Periode vergebens einen festen Boden. Die recht erkannte Geschichte verweigert ihn ihr. Wir sind im Zeitalter der Halacha und Haggada; die heiligen Trompeten geben keinen Klang mehr (Ezech. 33, 3). Das Volk redete gewiss ein Kauderwälsch, wenn es nicht schon ganz zum aramäischen Dialekt, der uns spurenweise im N. T. und dann in den einzelnen Resten des Targum Jeruschalmi *) bewahrt ist, übergegangen war. Die Gelehrten studirten, aber producirten nicht mehr. Was konnten unter solchen Umständen die Leiter Israël's ihrem Volke Besseres bieten, als die Septuaginta, und falls dieselbe nur von den Gebildeten verstanden ward, als eine Uebersetzung derselben in's Vulgäridiom? Dazu kommt, dass es fraglich ist, ob in Judäa damals eine geordnete Leitung bestand. Die grosse Synagoge hatte aufgehört mit Simon Justus; dann aber kommt eine Lücke **), und als Erster nach ihm wird aus der ersten Hälfte des zweiten Jahrhunderts Antigonos von Sokho genannt ***). Dieser trug zum ersten Male einen griechischen Namen, unter seinen Standesgenossen etwas Unerhörtes; — und unter ihm verbreitete sich das griechische Unwesen nach der jüdischen Ueberlieferung †). Er hatte den freisinnigen Grundsatz, dessen Spitze sich gegen das damals schon im Keim vorhandene, ängstliche pharisäische Wesen richtet: „Seid nicht wie Diener, die dem Herrn um des Lohnes willen dienen, sondern

*) Von diesem sind neuerdings durch Lagarde Bruchstücke des Targum der Propheten von dem Rande des Reuchlin'schen Codex abgeschrieben und herausgegeben worden. Das Targum Jeruschalmi zum Pentateuch war längst bekannt.

**) Ueber diese Lücke verbreitet sich am Eingehendsten Frankel Hodegetica. S. 30 f. Antigonos war nicht zeitlich, wohl aber der Idee nach Nachfolger des Simon Justus.

***) M. Aboth 1, 3.

†) S. Frankel, Hodegetica etc. S. 29 u. Zunz, Die gottesdienstlichen Vorträge S. 36.

wie Diener, die ohne Absicht, Lohn zu empfangen, dem Herrn dienen." Seine Schüler, Zadok und Baîthos, stifteten die Sekte der Sadducäer, die aus der giftigen Wurzel des von Hellas aus importirten Eudämonismus hervorschossen. Diese Sadducäer*) blühten in dem Jahrhundert vor den Makkabäischen Kriegen, sie bildeten damals die Schule der neuen griechischen Zeitweisheit. Wie die Schüler so der Lehrer. Antigonos von Sokho kümmerte sich wohl wenig um die Propagirung der Schriftkenntniss in seinem Volke, konnte aber nur freundlich dem Eindringen der LXX gegenüber sich verhalten.

Unter ihm setzte diese alexandrinische Uebersetzung sich fest in Palästina, herbeigeschwemmt zunächst von den Hochfluthen der griechischen Weisheit, die damals sich über Palästina ergossen. So kam denn mit dem vielen Schlimmen auch etwas sehr Gutes in die Grenzen des heiligen Landes hinein. Als die Hochfluthen sich verliefen, zur Zeit der Makkabäischen Kriege, da blieb das Gute zurück. Man hatte sich an die LXX gewöhnt und sie wurde die Grundlage des Volkstargum. Etwas Selbständiges der LXX entgegenzusetzen, war man in Palästina nicht im Stande; es hätte auch etwas Besseres sein müssen, um sich der ptolemäischen Uebersetzung gegenüber Bahn brechen und behaupten zu können. Fragen wir nun nach den Beweisen für die Importation der LXX gerade um diese Zeit, so müssen wir dieselben nicht in den jüdischen Quellen suchen. Diese haben so Dürftiges nur über ihre eigenen wichtigsten Institute, wie die grosse Synagoge und die Entstehung des Sanhedrin, der geistigen Tochter jener Synagoge, zu berichten, dass wir uns nicht über ihr Schweigen betreffs der Anfänge des Volkstargum wundern dürfen. Ueberhaupt haben sich ja, wie Zunz**) bemerkt, aus den zwei letzten Jahrhunderten v. Chr. nur äusserst wenige literarische Produktionen bis auf uns gerettet. „Die über die Juden unter Titus und Hadrian ergangenen Verfolgungen, die Zerstreuung des Volkes, die Zerstörung der Ortschaften, die fanatische Wuth, mit der man auf die Vernichtung der jüdischen Nationalliteratur, auf die Ausrottung der Volkslehrer ausging, — alles dieses hat unstreitig den meisten Productionen

*) S. Ewald Gesch. Isr. IV, 3, 14; Frankel, Hodegetica S. 14.

**) Zunz, a. a. O. S. 40.

jener Zeit den Untergang bereitet.“ Wie sollten also Nachrichten über das uns vorliegende Problem, welche Aufnahme die Septuaginta in Palästina fand, sich erhalten haben? Dazu kommt nun noch der Umstand, dass in den Augen der gelehrten Juden schon jedes blosse Targum eigentlich ein Nothbehelf war (vgl. Zunz a. a. O. S. 60); erst seit Onkelos und Jonathan, wo die Uebersetzung von officieller Hand gleichsam geschehen, steigen die Targum's in der allgemeinen Achtung. Alles frühere, — und die Targum's haben einen Werdeprozess — wird aus den angegebenen Gründen mit Stillschweigen übergangen. Anderen Spuren müssen wir hier nachgehen, wenn wir über die Aufnahme der LXX in Palästina uns einige Klarheit verschaffen wollen. Die vornehmste Spur ist aber in dem Codex Hebraeo-Samaritanus enthalten.

VI.

Der samaritanische Pentateuch und die Septuaginta.

Die ungemeine Uebereinstimmung zwischen den in der Ueberschrift genannten Werken ist sofort von dem ersten Herausgeber des samaritanischen Pentateuches, Morinus, bemerkt worden, der ihm sogar einen Platz über dem hebräischen vindiciren wollte, um den Protestanten ihre festeste Grundlage, die h. Schrift, unter den Füssen wankend zu machen. Was nun diese Superiorität über den hebr. Grundtext anlangt, so widerlegte dieselbe mit überlegener Gelehrsamkeit schon Hottinger, während Seb. Ravius die Sache des hebräischen Pentateuches gegen Houbigant's Angriffe führte. Der Streit spann sich lange fort, bis in unserem Jahrhundert Gesenius*) sich auf die Seite der Gegner des Sam. Codex stellte und die Sache völlig zu Gunsten des hebräischen Urtextes schlichtete. Kirchheim in einem hebr. geschriebenen Werke, Karmê Schomrom, Frankfurt 1851, und neuerdings Frankel, in s. vorzüglichen Werke: „Ueber den Einfluss der paläst. Exegese auf die alexandrinische Hermeneutik **),

---

*) De Pentateuchi Samaritani origine, indole et auctoritate, Halle 1815.

**) S. bes. S. 237 ff.

haben die Ansicht von der Inferiorität des samaritanischen Pentateuches erst recht zur Evidenz erhoben.

Uns interessirt hier aber nur die Uebereinstimmung des samaritan. Werkes mit den LXX. Dieselbe wurde von Hassencamp*) bereits für 1900 Stellen nachgewiesen, und auch das wäre noch zu niedrig angeschlagen nach des Autors Meinung. Die Art und der Charakter dieser Uebereinstimmung fällt dabei noch besonders in's Gewicht. Die übereinstimmenden Lesarten in beiden Werken erstrecken sich nicht auf Zufälligkeiten, dass etwa beide der gleichen varia lectio des hebr. Textes gefolgt wären, sondern auf grosse Einschaltungen, die beide dem hebr. Text octroyirten. Beide lieben das Ergänzen des Textes aus Parallelstellen, ja bis auf einzelne Wortformen und selbst Partikeln hinaus erstreckt sich der Consensus beider. Wo z. B. der sam. Codex ein Vav coniunctivum hinzufügt oder fortlässt, da thun es oft (durchaus nicht immer) auch die LXX; sie bleiben also einander treu auch im Kleinen, in solchem Masse wenigstens, dass eine Abhängigkeit des einen Werkes von dem andern ganz unzweifelhaft ist.

Es giebt nun drei verschiedene Wege, um diesen wunderlichen Consensus zu erklären, der nimmermehr zufällig sein kann**). Entweder nämlich folgten die LXX dem Cod. Samaritanus, oder umgekehrt der letztere hing sich an die Fersen der ersteren, oder endlich beide schöpften aus einer dritten, gemeinsamen Quelle.

Die Gelehrten gehen hier ungemein auseinander, was bei der Schwierigkeit dieser Frage nicht zu verwundern ist. Beginnen wir mit der letztgenannten Erklärungsweise des Consensus zwischen dem Cod. Sam. und den LXX. Gesenius z. B. bekennt sich entschieden zur dritten Meinung und statuirt eine besondere alexandrinisch-samaritanische Edition der Thora, welche die LXX und die Redactoren des Cod. Hebr. - Samaritanus benutzt hätten. Von diesem gemeinsamen Fundament rühre ihre so beträchtliche Einstimmigkeit her. Aber wie kommt es, dass sie dann nicht noch absoluter überein-

*) In seinem Buch: „Entdeckter Ursprung der alten Bibelübersetzungen, S. 215.

**) S. S. Kohn in seiner sehr lesenswerthen Dissertation, De Pentateucho Samaritano etc. Breslau 1865 S. 29 ff.

stimmen, wenn sie den gleichen Codex alexandrino-hebraicus benutzten? Wie kommt es, dass die LXX in den zumeist gravirenden Emendationen des samaritanischen Codex den letzteren verlassen und bei dem Wortlaut des hebr. Urtextes verharren?

Wenigstens hätte Gesenius den Beweis liefern müssen, dass bei dem grossen Reste der vom hebräischen Texte abweichenden Lesarten, welcher, nach Abzug alles Gemeinsamen in der LXX und dem Codex Hebraeo-Samaritanus, zu Gunsten des Letzteren übrigbleibt, überall eine samaritanische Tendenz zum Grunde lag. Aber dies ist keineswegs der Fall. Die Samaritaner wollten offenbar ihren Thoratext so reich und vollständig wie möglich haben; ihnen ist das Parallelisiren der Stellen zur zweiten Natur geworden; sie gehen viel weiter darin als die gemässigtere Septuaginta; und nur zuweilen tragen ihre Corruptionen des Textes ein tendenziöses Gepräge: lauter Uebelstände, die von den LXX in dieser Weise nicht gelten*).

Wir glauben des Räthsels Lösung einfach darin zu finden, dass der samaritanische Pentateuch nach den LXX modellirt worden, wobei die Diaskeuasten, ohne sich streng an das Modell zu halten, nachdem sie einmal in Schuss gekommen, viel mehr und weit kühner änderten, als die LXX; besonders auch in Rücksicht auf ihre besonderen samaritanischen Velleitäten und ihren Particularismus. Dieser Ansicht huldigten Grotius (zu Levit. 17, 4), Usserius**) und Seb. Ravius***), und neuerdings erwies der gelehrte Jude, Dr. S. Frankel†), mit sehr schlagenden Gründen eine oft an's Lächerliche streifende Nachübersetzung der LXX Seitens der Bearbeiter unseres gegenwärtigen samaritanischen Codex. Nur freilich schüttet der letztere Gelehrte das Kind mit dem Bade aus und will, dass der samarit.

*) Die LXX haben mit dem Cod. Hebr.-Sam. nur die minder auffälligen Zusätze gemein, für die sich immer noch ein raisonabler Grund angeben lässt — falls nicht etwa eine Interpolation aus dem Σαμαρειτικόν, die sich der griech. Schwesterversion obtrudirte, stattfand.

**) Syntagma de LXX interpretibus S. 215.

***) Exercitationes ad Houbigantii prolegomena, S. 232 ss.

†) Ueber den Einfluss der paläst. Exegese S. 69, 237 ss. S. 249 u. Einzelheiten s. auf S. 11, 12, 17, 52, 54, 65, 67, 69, 75, 99, 107, 108. 225.

Pentateuch ein aus dem masorethischen Text durch Zusätze und Corruptionen allmählich entstandenes Machwerk sei, das erst Hieronymus etwa als Codex gekannt zu haben scheine und dessen abweichende Lesarten erst einige mischnische Autoritäten anführen. Gegen solche Herabsetzung dieses Pentateuches legt schon die Version desselben Pentateuches im chaldäisch-samaritanischen Dialekt ein Veto ein, deren relative Güte und nachweisbare Selbständigkeit ihr eine Stelle in dem ersten Jahrhundert vor Christi Geburt jedenfalls sichert (s. weiter unten). Diese Version hat aber den Codex Hebraeo-Samaritanus in seiner heutigen Gestalt zur Grundlage. Es scheint mir, dass den Gelehrten, welche die Abhängigkeit des Sam. Pentateuches von den LXX mit uns behaupten, Eine Erkenntniss abgeht, d. i. die Erkenntniss der historischen Verhältnisse, unter denen unser heutiger Codex Hebraeo-Samaritanus zur Ausgestaltung kam. Suchen wir hier, so gut es angeht, das histor. Sachverhältniss aus gewissen feststehenden Daten zu reconstruiren *).

Der Ausgangspunkt der samaritanischen Sonderstellung ist jene herbe, aber berechtigte **) Abweisung, die sie von Seiten der aus Babylon zurückgekehrten jungen israelitischen Colonie erfuhren. Man wollte sie nicht Theil nehmen lassen an dem Bau des Heiligthums in Jerusalem. Seit der Zeit schürten die Samaritaner unausgesetzt das damals entzündete Feuer des Hasses und nahmen alle aus Juda flüchtig gewordenen Dissidenten mit offenen Armen auf. Nehemia jagte bekanntlich einen gewissen Manasse, Enkel des Hohenpriesters Eljaschib, aus dem Lande, weil er Sanballat's, des samaritanischen Statthalters, Tochtermann geworden (Neh. 13, 28). Diesem Manasse wies Sanballat Sichem ***) und den Berg Garizim zum Wohnort an, und der ehrgeizige Priesterspross richtete auf diesem heiligen Boden den neuen Cultus ein, mit Opferdienst und allem dazu Gehörigen, um auf solche Weise den verhassten Dienst der

---

*) Wir folgen bei dieser Auseinandersetzung ausser Josephus bes. Hottinger, Dissertatio III. (Methurgeman S. 148 f.); Cellarius, Collectanea hist. Sam. u. s. Dissertationes acad. S. 109; Ewald, Gesch. Isr. Band IV.

**) Vgl. dazu Bertheau, B. Esra S. 59.

***) S. Josephus. Ant. l. XI, Cap. 8, §. 6: — „Sichem a desertoribus judaicae gentis habitata.“

verwandten Sippe in Jerusalem womöglich in den Schatten zu stellen. Der gekränkte Ehrgeiz eines unternehmenden, kühnen Geistes war nicht diesmal zuerst die Ursache, welche die bedeutendsten Wirkungen nach sich zog. Alle guten Historiker und Kenner*) dieser dunklen Geschichtszeiten kommen dahin überein, dass jene Flucht des Manasse auf samaritanischen Boden, — eine Hedschra vor der Hedschra, — den Grund zu einem geordneten, dem jüdischen mehr conformen Gottesdienst in Samaria gelegt habe. Seitdem hörte der greuliche Synkretismus der Religionen auf, der seit der Deportation des eigentlichen Israël durch Salmanassar in diesem unglücklichen Lande Platz gegriffen (2. Kön. 17). Vor allen Dingen brachte auch wohl dieser Manasse den Pentateuch zum Behuf der Einrichtung des neuen Dienstes in's Land, wie Ewald (S. 242) und die neueren alttestamentlichen Gelehrten (auch Hengstenberg) mit allem Recht annehmen. Es bedurfte natürlich längerer Zeit, bis die Samaritaner, die sich immer sehr anstellig bewiesen, wo es galt, mit den verhassten Judäern zu concurriren, den heiligen Dienst mit aller dazu erforderlichen Genauigkeit und Feierlichkeit erlernten. So kam die Zeit Alexander's heran, und die zu allen Metamorphosen fähigen und geneigten Samaritaner erbettelten sich (nach Josephus' Erzählung) die Erlaubniss, ein grosses Heiligthum in Sichem erbauen zu dürfen, mit der schlau eingestreuten Bemerkung, dieser Bau gehe aus von dissentirenden Judäern, die zu unterstützen in des Eroberers eigenem Interesse liegen müsse**). Seit dieser Zeit entstand nun ein grosses Heiligthum in Sichem, ja, letzteres ward die Hauptstadt Samarien's, während zu den Zeiten Serubabel's und Josua's die alte Stadt Samaria noch immer den ersten Platz be-

*) Cellarius, Collectanea Historiae Sam. S. 30; Dissertationes S. 128. Jost, Geschichte des jüdischen Volks I, 48; Ewald G. Isr. IV, S. 247 ff. Selbst Iuynboll, in seiner Commentatio in historiam gentis Samarit. S. 89, gibt zu, dass ein Cultus schon vor Alexander am Garizim Statt gefunden. Josephus nämlich setzt den Sanballat und Manasse in die Zeiten Alexander's, indem er Namen, die der ganzen Entwicklung des neuen Gottesdienstes den ersten Impuls gaben, in die spätere Zeit verpflanzt, wo dieser Impuls schon zu einer sehr beträchtlichen Neubildung geführt hatte; die Namen waren Typen geworden.

**) Josephus a. a. O. l. XI, 8, §. 4.

hauptet hatte. (Esra 4, 10 nennt noch die Stadt Samaria als des Landes Hauptstadt.)

Die Saat also, die Manasse vor einem Jahrhundert gesäet, schoss jetzt in die Halme; die Samaritaner warfen zum ersten Male die Maske völlig ab und zeigten sich dem grossen Sieger gegenüber als die vor Nichts zurückschreckenden Rivalen des alten Gottesvolkes, der Judäer. Die Krankheit der Eifersucht wurde jetzt chronisch, und sie dauert seitdem über zwei Jahrtausende. Ein Beispiel, wie wenig die Völker vergessen, wenn es sich um ihr höchstes Besitzthum, die Religion, handelt. Sowie es den Judäern schlecht ging (bemerkt Josephus a. a. O. §. 6), so leugneten die Samaritaner, dass Jene ihre Anverwandten seien, und redeten alsdann die Wahrheit. Sobald aber als es den Judäern einmal gut geht, drängen sie sich schnell in ihre Gemeinschaft ein und nennen sich ihre Verwandten, als die da abstammten von den Söhnen Joseph's, Ephraim und Manasse.

Wir dürfen uns also nicht verwundern, dass, als die mit königlichem Glanze umgebene alexandrinische Uebersetzung innerhalb der Grenzen Palästina's bekannt wurde, sofort auch die Samaritaner begierig nach ihr griffen. Das war ganz Etwas für diese Leute, die jedem König den Staub von den Füssen leckten — und nun gar in einem so seltenen Fall, wo sich der helle Glanz des Namens der allvermögenden Ptolemäer über das viel verachtete Gesetzbuch ergoss. Wir können uns denken, dass die ganze schweifwedelnde Bande zu Sichem in Aufruhr gerieth und nichts Eiligeres zu thun hatte, als die griechische Uebersetzung des Pentateuches zu der ihrigen zu machen! — Einen wahrhaftigen Respect vor dem Buchstaben des göttlichen Gesetzes gab es dort nicht, wo die ganze Existenz auf einem Unrecht beruhte, und während das neu aufgeführte Gebäude glänzend emporstieg, doch die Fundamente morsch und brüchig waren.

Man modellirte also in Sichem den aus Judäa mitgebrachten Pentateuch nach der alexandrinischen Uebersetzung und, in diesem Geschäft einmal begriffen, beging man jene greulichen Defraudationen, dass man an entscheidender Stelle (Deut. 27, 4) den Namen des Ebal umänderte in den Namen des Garizim, damit letzterer doch ja als der Ort, wo der Altar stehen sollte, erscheinen möge. Sie identificirten ferner durch eine leise Aenderung der Schreibart den Berg Morijah mit dem durch die Geschichte ebenfalls geheiligten Berge Garizim, der bei Sichem lag. Der Garizim sollte der heilige Berg sein, und nicht der Morijah, der von alter Zeit her durch Isaak's Opferung ausgezeichnete Berg. Sie machen daher schon Gen. 22, 2 aus dem Eigennamen Morijah ein Appellativum: Moràah, was die samaritanische Uebersetzung wiedergiebt durch Land der Erscheinung (Gottes), eine Deutung, die auf V. 14 ruht. Die Samaritaner lassen auch sonst keine Gelegenheit vorbeigehen, ihren Garizim als in der Nähe Sichem's gelegen hervorzuheben.

In Deut. 11, 30 setzen sie am Schluss des Verses den tendenziösen Zusatz מוּל שְׁכֶם gegenüber Sichem, womit, wie schon der Talmud *) bemerkt, gar nichts geholfen war. Die noch weiter gehende samaritanische Uebersetzung combinirt nun sogar in Gen. 12, 6; Deut. 11, 30 die dort genannten Terebinthen Moreh's (wo Moreh der Name eines Mannes ist) mit dem Berge der Vision Gottes und schreibt für מֹרֶה beidemal ein Wort, das visio bedeutet, vielleicht in stupider Nachfolge des Cod. Sam., der statt des hebräischen מוֹרֶה und מֹרֶה beidemal מוֹרָא bietet. Auch Gen. 49, 26 anticipirt der Samaritaner den erst unter Mose verordneten Segen, welcher von dem Garizim herab über Israël ausgesprochen werden sollte, indem er für הוֹרַי des Urtextes הֲרִי = meines Berges zu lesen befiehlt, und seinen Spuren folgend, übersetzt die Versio Sam.: „Die Segnungen meines Berges (κατ' ἐξ.)“. Das nämliche interpretamentum wird in Deut. 33, 15 eingeschoben, wo der Cod. Sam. wieder statt des Plurals הַרְרֵי und גִּבְעוֹת den Singular wählt, und statt קֶדֶם das significantere קדש (der heilige Berg) setzt; auch hier folgten ihm die Versio Sam. und das Chronicon Samaritanum, welches diese Stelle citirt **). Auch Deut. 33, 19 liest der Cod. Sam. statt הר das bestimmtere הרי (vgl. Exod. 15, 17, wo auch der Garizim verstanden

*) Talm. jerusch. Sota f. 21b; vgl. Frankel, Hodegetica in Mischnam S. 201.

**) S. Paulus, Neues Repertorium I, S. 128.

wird). Es ist bei dieser Textesänderung gleich die Annahme Kohn's*) abzuweisen, dass die LXX hier mit dem Cod. Sam. unter einer Decke lägen. Er deutet das γῆ ὑψηλή der LXX in Gen. 22, 2 nach dem samaritanischen Moràah (was ganz unthunlich ist), — lediglich im Interesse seiner Meinung, dass die LXX nach dem Cod. Sam. corrigirt hätten. Aber Morijah wurde in ganz eigenthümlicher Weise von den LXX missverstanden, sowohl an dieser Stelle, als auch Gen. 12, 6; Deut. 11, 30 das ähnliche מוֹרֶה. Sie übersetzen jedesmal ὑψηλός, etwa nach einer Wurzel מרא in Hiob 39, 18, wo sie dieselbe Uebersetzung haben. Was also bei den LXX eine naive Ungenauigkeit**) ist, das erscheint bei dem Samaritaner als ein gewissenloses Attentat auf den Text.

Gar wohl mag auch in diese Zeit jener berüchtigte Zusatz zum Dekalog fallen, durch den die Samaritaner ihren Cultus auf dem Garizim zu legalisiren trachteten. Mit seltener Frechheit fügen diese Eiferer für ihr apartes Heiligthum in Exod. 20, 17 und Deut. 5, 21 Stellen aus Deuteron. 27, 2—8; 11, 30 ein, wobei dann wiederum der Ebal dem Garizim weichen muss. Damit wird ohne Weiteres der Tempelbau auf dem Garizim und der Gottesdienst daselbst zum Bestandtheil des Dekalogs erhoben. In V. 24 wird dann völlig consequent das בְּכָל־מָקוֹם des Grundtextes in במקום geändert, ferner das hebr. Imperf. אַזְכִּיר in das Praet. אזכרתי, nach samaritanischer Willkür; so das der Sinn ist: „an dem Orte, an welchem ich meines Namens Gedächtniss gestiftet habe," nicht: „stiften werde" (wie es nach dem Hebräischen heissen sollte).

Ebendaselbst glaubten sich auch die Samaritaner nach einer von Mose selbst herrührenden Andeutung (s. Deut. 18, 16) berechtigt, die hier einschlägigen Stellen aus dem Deuteronomium (nämlich: 5, 25. 26; 18, 18—22; 5, 27. 28) hinter V. 21 des Exodus einzu-

*) A. a. O. S. 47 f.

**) Dieselbe entstand etwa daraus, dass sie die Composition mit Jah in diesem Morijah verkannten, wie ihnen denn überhaupt dieser Gottesname im Pentateuch nicht geläufig ist (s. Exod. 15, 2; 17, 16), wohingegen der Uebersetzer von Jes. 12, 2; Psalm. 118, 14 den Gottesnamen Jah kennt.

schalten. Eine Einschaltung findet sich desgleichen hinter Vers 18 des Exoduscapitels, u. z. aus Deut. 5, 21—24. Wenn nun die in diesem Cap. 20 des Exodus namhaft gemachten Einschaltungen des samarit. Codex auch in einigen Handschriften der LXX sich finden, so werden sie doch im Codex Syro-hexaplaris mittelst des Asteriskus eingeführt*) und sind also Ergänzungen, die Origenes aus dem samaritanischen Pentateuch entlehnte, was in manchen Mss. auch ausdrücklich angegeben wird. Zu solchen groben Einschaltungen rechnen wir in der Septuaginta ferner Num. 13, 1; 20, 13; 31, 21, wozu die Hexapla von Montfaucon zu vergleichen sind. Origenes selbst fand solche Einschaltungen, wie sie hier erwähnt sind, nicht in seinen besten Septuagintamanuscripten, sondern er notirte sie sich aus dem Cod. Sam. zur grösseren Vollständigkeit an den Rand der Hexapla (S. Montfaucon zu Num. 13, 1).

Wichtiger sind die Eintragungen, die durch das bei den Kirchenvätern sogen. Σαμαρειτικόν in den Septuagintatext kamen. Gewisse Eintragungen der LXX stammen aus dem sog. Σαμαρειτικόν, der griech. Version des sam. Pentateuch, die hie und da die samaritanischen Wunderlichkeiten zum Gemeingut der Christenheit machte. Dieselben trieben sich in den Septuaginta-Exemplaren der κοινή herum, welche die vororigenianische verwilderte Textesgestalt der ptolemäischen Uebersetzung darbot. Es ist sehr zu beklagen, dass Origenes so wenig das Hebräische verstand, um selbst die Grenzen des echten Textes bestimmen zu können. In Folge seiner Unsicherheit auf diesem Boden nahm er lieber alle mögliche Spreu mit in den Kauf, als dass er sich der Gefahr aussetzte, auch nur e i n Weizenkorn zu verlieren. Freilich bediente er sich dabei kritischer Zeichen (des Asteriskus und des Obelus), aber diese entfielen den Abschreibern nur allzu oft wieder, und so haben wir denn bei den LXX im Pentateuch mehrfach Zusätze, die aus dem Samareitikon stammen**).

Aus diesem sehr beklagenswerthen Einschleichen samaritischer Lesarten in die Septuaginta durch Vermittlung des Samareitikon erklärt sich manche Gleichförmigkeit in solchen Stellen, die bei

---

*) S. Field, Origenis Hexapla I, S. 115, 116, 239 f.

**) S. Frankel, Ueber den Einfluss etc. S. 109.

den LXX und im Cod. Sam. gleicherweise dem hebr. Urtext obtrudirt sind. Hieher rechnen wir Stellen, wie Gen. 24, 63; 43, 28; Exod. 22, 4 (5); ein gleiches Einschleichen des Samareitikon findet statt im Cod. Vat. 58 bei der Stelle Exod. 23, 19. Jedoch ist bei diesem in der Hexapla des Origenes öfter kenntlich gemachten Einschleichen des Σαμαρειτικόν in das Gehege der LXX vorsichtig zu verfahren. An mehreren Stellen hatten die LXX offenbar den Zusatz selbständig erfunden, und der Samaritaner hinkte mühsam, oft mit barbarischen Lauten, seinem Wegweiser nach. Grotius und nach ihm Frankel*) heben das zu Lev. 17, 3, 4; Lev. 15, 3 u. ö. hervor, wo der eine (der Samaritaner) aus der anderen (LXX) seine Missverständnisse geschöpft. Der Genius der semitischen Sprache wird Seitens des Samaritaners beim Nachbilden gewisser Einschiebsel gröblich missachtet. In Gen. 23, 2 wird das ἐν τῷ κοιλώματι der LXX im Sam. Pentat. sklavisch wiedergegeben durch אל עמק. Ebendaselbst wird C. 27, 27: ἀγροῦ πλήρους, der Acker, der in voller Blüthenpracht steht, durch כריח השדה מלא übersetzt. In Exod. 5, 13 wird: καὶ ὅτι τὸ ἄχυρον ἐδίδοτο ὑμῖν durch die Worte כאשר בהיות התבן נתן לכם übersetzt; Cap. 32, 32: καὶ νῦν εἰ μὲν ἀφεῖς αὐτοῖς τὴν ἁμαρτίαν αὐτῶν, ἄφες durch אם תשא חטאתם שא; Lev. 8, 31: ἐν τόπῳ ἁγίῳ durch במקום הקדוש wiedergegeben u. a. m. „Solche Sprachwidrigkeiten (so fragt mit Recht Frankel) sollten sich je in einem ursprünglichen hebr. Codex gefunden haben? Wer erkennt nicht, dass dies Nachbildungen der Septuaginta seien, die eben diese Zusätze an den betreffenden Stellen hat; und also der sam. Pentateuch nicht (wie Gesenius will) mit der Septuaginta aus Einem Codex geflossen, sondern dass jener die Septuaginta benutzt und das Griechische mit der gröbsten Unkunde hebraisirt habe.“ Und ein solches Hebraisiren (fährt F. fort) zeigt sich ganz deutlich auch an Stellen, wo er einzelne Worte des hebr. Textes nach der Septuaginta ändert; wie Gen. 30, 40 איל st. אל nach dem griech. κριός; 47, 21 העביד nach dem griech. κατεδουλώσατο; 49, 22: בני צעירי in schlechtes Hebräisch umgewandelt nach dem griech. υἱός μου νεώτατος. Wir fügen den von Frankel angeführten Bei-

*) A. a. O. S. 162, 238 ff.

spielen noch folgende hinzu. Gen. 49, 6, wo der Grundtext liest: בקהלם אל תחד כְּבֹדִי („mit ihrer Versammlung eine sich nicht meine Ehre“), hat der Cod. Sam. אל יחר, offenbar in Anlehnung an die LXX, welche übersetzten: *ἐπὶ τῇ συστάσει αὐτῶν μὴ ἐρίσαι τὰ ἥπατά μου* d. i. bei ihren Zusammenkünften ereifere (erhitze) sich nicht meine Leber (es ist mir einerlei, was sie berathen). Das *ἐρίσαι* wurde sklavisch durch יחר wiedergegeben und so vielleicht auch die im darauffolgenden V. 7 *) deutlich hervortretende irenische Tendenz der Samaritaner befriedigt, welche es nicht zuliess, dass Jacob den zwei Söhnen geflucht habe. Der Sinn wäre dann: Auf ihre Versammlungen zürne nicht meine Seele. Schon deshalb können hier die LXX nicht von dem Sam. ihre Auffassung entlehnt haben, weil *ἥπατα* wohl auf die im hebr. Text stehende scriptio def. כבדי (כְּבֵדִי Leber), nicht aber auf das im Cod. Sam. plene geschriebene כבודי zurückgeführt werden kann.

Nunmehr wird auch Gen. 49, 5 in die Classe der Missverständnisse des Cod. Sam. einzureihen sein. Die Sam. fanden bei den LXX *Συμεὼν καὶ Λευὶ ἀδελφοὶ συνετέλεσαν* (perfecerunt) *ἀδικίαν* (als ob כָּלוּ חָמָס im Hebr. Text stände). Schnell usurpirten sie diese Lesart, um ihrer irenischen Tendenz zu fröhnen, fassten dabei aber כָּלוּ im Sinne von beenden, aufhören, somit etwa = כִּלּוּ, was dann die Versio Sam. im Sinne der ersten Diaskeuasten mit אסכמו (Aphel) wiedergaben, ein Wort, welches cessavit (nach Castellus) bedeutet. Der Sinn ist nun nach dieser Version: „sie hörten auf mit dem trügerischen Vorgehen ihrer Rotten,“ thaten mithin das Umgekehrte dessen, was Jacob ihnen Schuld gibt. Mit dieser Fassung stimmt ein sam.-arabischer Commentator (im Repertorium für bibl. und morgenländische Literatur XVI, S. 160); derselbe übersetzt: abstulerunt scelus consiliorum suorum: d. h. sie hielten auf damit; also diese Worte werden auf die Unschuld der Brüder gedeutet**). Während also die LXX einfach sich auf's Rathen verlegen, extemporiren die schlaueren Samaritaner eine Entschuldigung der Söhne Simeon und Levi.

*) Herrlich oder prächtig ist ihr Zorn, st. verflucht.

**) S. Gesenius, a. a. O. S. 60, Note 210.

Endlich ist auch Gen. 49, 23 das וָרֹבּוּ (sie schossen) des Urtextes durch die LXX für *ἐλοιδόρουν* genommen, als ob רִיב hier vorläge; der Cod. Sam. folgt den LXX und liest ויריבהו (= litigaverunt), was auch eine Litotes ist und den Söhnen Jacob's zu gut kommt. Es musste den Samaritanern viel daran gelegen sein, dass sich die auffällige Zurücksetzung aller Söhne Jacob's gegen den vierten, Juda, möglichst ausgleiche; daher diese kühnen Textesverdrehungen.

Kohn hat sich in seiner erwähnten Dissertation vergebens bemüht, solche und anderere Uebereinstimmungen zwischen den zwei in Rede stehenden Werken aus der Abhängigkeit der LXX von dem Cod. Sam. zu erklären *). Keines seiner Beispiele ist bei näherer Betrachtung stichhaltig. Wir lassen hier völlig die kurzen Zusätze, wie „heute" (Deut. 4, 40; 11, 13. 27 LXX und Sam.), oder wie „Alle" in Deut. 27, 26 fort, weil hier die Priorität weder den LXX, noch dem Samaritaner, sondern, wie wir sehen werden, einer dritten Quelle zuzusprechen ist, als welche wir die vorptolemäische griechische Uebersetzung, welche Aristobul kennt, anzusehen haben. Aber wichtiger ist, wenn Kohn Beispiele zu haben meint, wo das Missverständniss der LXX auf falsch gelesenen samaritanischen Buchstaben ruhen soll. Exod. 14, 2 sollen die LXX den samarit. Buchstaben ࠇ mit ࠑ verwechseln, indem sie statt החירות des hebr. Textes הַצֵּרוֹת gelesen, und also *ἀπέναντι τῆς ἐπαύλεως* übersetzten. Wie nun, wenn die LXX den hebr. Text direkt missverstanden, und הטירות conjicirten, welches sie schon Gen. 25, 16 und auch sonst durch *ἔπαυλις* wiedergaben? Das liegt doch gewiss näher, als ein Versehen, das auf die Benutzung des Cod. Sam. zu gründen wäre. Auf den als einziges übriges Beispiel für solche den LXX Schuld gegebene Buchstabenverwechslung angegebenen Namen *Θατοβάν* (Gen. 46, 16), wo ࠀ mit ࠀ verwechselt worden wäre, möchte ich nichts geben. Wir finden in den Namensverzeichnissen der LXX die bunteste Mannigfaltigkeit, die wohl oft auf alter Verschreibung ruht: in V. 13 z. B. haben wir *Σαμβράν* und im Variantenverzeichniss der Lagarde'schen Ausgabe lesen wir *ταμβράμ* (z).

*) S. 43—56.

Von Belang, und demgemäss von Kohn sehr urgirt, ist auch Num. 30, 6, wo das einfache הניא des hebr. Textes im Codex Sam. nach bekanntem Brauche der hebr. Sprache verdoppelt ist: ואם הנא יניא; letzteres sollen die LXX vor Augen gehabt haben, wenn sie lesen: ἐὰν δὲ ἀνανεύων ἀνανεύσῃ, also die gleiche Verstärkung. Aber warum soll der Cod. Sam. nicht wiederum die LXX copirt haben, und diese mit der Verdoppelung des Verbums vorangegangen sein, gerade wie die LXX Jer. 33, 33 für die einfache hebräische Aussage (נָתַתִּי) διδοὺς δώσω übersetzen?

An mehreren anderen Stellen hilft ebensogut die directe Appellation an den von beiden (LXX u. Sam.) gleicherweise missverstandenen oder corrigirten Urtext, als dass ein Umweg über den Sam. oder über die LXX nöthig wäre. Dahin rechnen wir Num. 21, 30; Lev. 18, 21; Exod. 13, 18 (חמשים), an welcher Stelle die LXX nach Analogie von Gen. 50, 23 erklärten. Ferner Num. 34, 5, woselbst beide Azmonah bieten, ist der Irrthum aus V. 4 entstanden, von wo beide gedankenlos das Nom. propr entlehnten, ohne gleich dort das ה locale zu erkennen, eine Verkennung, die beiden sehr geläufig*); beide aber verliebten sich dann in die also missverstandenen Formen und brachten dieselben auch sonst vor (ein Beispiel s. Gen. 48, 3). — In Gen. 46, 13 corrigiren nicht etwa die LXX nach dem Cod. Sam., sondern beide ersetzen den Namen des Urtextes יוב durch den Num. 26 im Urtexte aufbewahrten Namen ישוב und resp. Ἀσούμ. — In Gen. 36, 2 ist eine Remedur des Textes enthalten, die beide selbständig unternehmen konnten, ja in V. 39 gehen die LXX einen aparten Weg, ohne dass der Cod. Sam. ihnen folgte. Ebenso gehen die LXX in Lev. 18, 21 ihren eigenen Weg, indem sie das להעביר des Grundtextes zwar mit dem Cod. Sam. für להעביד (λατρεύειν) nehmen, aber sodann selbständig den Text verpfuschen mittelst Wiedergabe des W. Molech durch ἄρχων, während der Cod. Sam. nach Ausweis der Versio Sam. Molech lasen**). Das gleiche Missverständniss der LXX findet sich in

*) S. Frankel Vorstudien S. 197 f.

**) S. Kohn a. a. O. S. 45, Note 4.

Lev. 20, 2. 3. 4 und 1. Kön. 11, 7 (5). — Bei der bekannten Stelle Deut. 32, 35, wo der Grundtext liest: לי נקם ושלם („mein ist die Rache und Vergeltung"), lesen der Sam. und die LXX beide: ליום, d. h. „am Tage der Rache und Vergeltung". Mit vielem Schein hat man behauptet, das sei eine Lesart, von Samaritanern erfunden, die im Pentateuch nach dicta probantia für den Unsterblichkeitsglauben gesucht und ihn hier durch eine Textesänderung auch gefunden hätten. Aber wir sehen nicht ein, wesshalb die LXX nicht auch hier den ersten Schritt gethan haben sollten. Sie nahmen לי für eine Abbreviatur (= ליום), etwa wie Jes. 53, 8, wo die LXX למו für למות nahmen, wie denn auch der Jehovaname oft abgekürzt und dafür nur mit einem horizontalen Strichelchen gefunden werden mochte*). Gierig warfen sich nun die aus eigner Schuld von den Propheten (bei denen der Unsterblichkeitsglaube so evident) im Stich gelassenen Samaritaner auf diese Lesart der LXX und beuteten sie aus. Die Fehler der LXX also, die bei diesen alex. Uebersetzern mehr auf zufälligen Veranlassungen ruhten, blähen sich bei den Samaritanern zu genuinen Bestandtheilen des Textes und Fundgruben des Dogma auf. Wenn ferner die LXX ziemlich gedankenlos Gen. 17, 14 τῇ ἡμέρᾳ τῇ ὀγδόῃ nach V. 12 hinzufügen, in dem Streben, möglichst deutlich zu erscheinen, so folgen ihnen die Samaritaner blindlings. Nur leider blieb solche Irrung bei ihnen nicht ohne schlimme praktische Folgen; sie verschieben auch bei kranken Kindern um keinen Preis die Beschneidung und machen den Juden ihre minder strenge Observanz zum Vorwurf**). Aber die Juden sind den Samaritanern gegenüber völlig im Rechte, denn die Strafe der sogen. Ausrottung sollte nur für den Fall eintreten, wenn die Beschneidung völlig unterlassen würde. — In Exod. 13, 6 und Gen. 2, 2 gestatten sich die LXX und der Cod. Sam. die Abänderung der Siebenzahl in die Sechszahl. Bei den LXX geschah dies rein

*) S. Frankel, Vorstudien, S. 214 f., der mehrere Beispiele der Abbreviatur für den alex.-hebr. Codex aufstellt, und Merx, Das Gedicht von Hiob, S. LXIX.

**) Vgl. das samaritanische Schreiben an J. Scaliger in Eichhorn's Repertorium. Band XIII. S. 273 ff.

aus harmonistischen Gründen, um den scheinbaren Widerspruch, den beide Verse in sich trugen, auf die einfachste Art zu heben. Beide-mal ist die Correctur ganz im Geist der LXX, aber die Samaritaner folgten blindlings, als ob sie gar keine Verantwortlichkeit für solche Irrthümer zu übernehmen hätten. Und doch hatten sie eine solche! Während nämlich die LXX mehr aus einem literarischen Interesse übersetzten, ohne in erster Linie die Folgen für das praktische Leben in's Auge zu fassen, so hatten die Samaritaner doch praktische Zwecke im Auge: sie wollten den Cultus des Volkes regeln.

Was nun die genealogischen Abweichungen vom Grundtext (in Cap. V und XI der Genesis) anlangt, so lassen sich die LXX Fälschungen zu Schulden kommen, die auf einem prämeditirten System ruhen. Aber auch die Samaritaner folgen ihnen auf das Glatteis der genealogischen Fälschungen. Dies gilt weniger von der ersten Genealogie (Cap. V) als von der zweiten. Zu Hieronymus Zeit fand sich in der Rechnung der Samaritaner noch keine Abweichung vom hebräischen Text bei Methusalah und Lemech. Er sagt auf Anlass der famosa quaestio, wie doch Methusalah nach der Rechnung der LXX noch 14 Jahre über die Sindfluth hinaus habe leben können*), dies müsse ein Rechnungsfehler sein: siquidem et in hebraeis et Samaritanorum libris ita scriptum repperi: et vixit Mathusala CLXXXVII annis et genuit Lamech. et vixit Mathusala, postquam genuit Lamech, DCCLXXXII annos, et genuit filios et filias. et fuerunt omnes dies Mathusalae anni DCCCCLXVIIII et mortuus est. et vixit Lamech CLXXXII annos et genuit Noe. Und damit glich sich denn die schwierige Frage, wann Methusalah gestorben, aus. Bei diesen zwei Personen also, Methusalah und Lemech, fände keine Abirrung statt, und bliebe also nur Jered übrig. Capellus in der Chronol. sacra**) meint: Hoc si verum est, quod ille (Hieronymus) disertissime testatur, an verisimile est, eos (Samaritanos) in solo Jared voluisse discedere, ut illi sine causa centum annos detraherent?

*) Quaestiones Hebr. in libro Geneseos, e recogn. Lagarde S. 11.
**) Im 1. Theil der Walton'schen Polyglotte S. 3.

Freilich stutzt Capellus selbst über die merkwürdige Erscheinung, dass unsere gegenwärtigen samarit. Codices bei Methusalah, Lemech und Jered thatsächlich abwichen. Wie dem immer sein möge, soviel ergibt sich für uns, dass in dieser Genealogie die Samaritaner ebenso wie die Alexandriner ihren eigenen Weg gehen und besonderen chronologischen Systemen folgen, welche das Anstössige der so hoch angesetzten Lebensjahre der ersten zehn Patriarchen in den Augen der damals Lebenden zu mildern bestimmt sind *).

In der Genealogie des 11. Cap. der Genesis hat der Sam. Codex den Kainan der LXX ausgelassen, aber huldigt in seiner Weise dem leicht erklärlichen Streben, das chronologische Netz zwischen der Fluth und Abram nach Möglichkeit auszudehnen, um Zeit für die grosse Verbreitung des Menschengeschlechts zu bekommen. Die Samaritaner wurden dazu wohl, ebenso wie die LXX, durch die chronologischen Angaben anderer Völker veranlasst, hinter denen sie nicht zurückbleiben wollten. Statt der 365 Jahre des hebr. Textes bringen sie 1015 Jahre heraus, die LXX dagegen 1245. Wir sehen, dass die Samaritaner eklektisch verfuhren, und sich keineswegs sklavisch den LXX unterordneten. Dem hebräischen Texte kommt nach dem Urtheil aller besonneneren Kritiker der Vorzug grösserer Einfachheit und Unbefangenheit zu**); er gibt sich in den Zahlen als einen rein geschichtlichen zu erkennen.

Wenn wir solchergestalt die LXX von der ihnen imputirten Abhängigkeit vom Sam. Pentateuch an hervorragenden Stellen gereinigt haben, und dagegen das Eindringen der LXX in Palästina als den willkommenen Anlass der Modellirung des Sam. Pentateuches

---

*) Vergl. über die verschiedenen Berechnungen der zwei chronologischen Abschnitte (Gen. 5 u. 11) Augustinus, De civitate Dei l. XV, Cap. 12—15 und Capellus in der Walton'schen Polyglotte Th. I, Chronologia sacra S. 2; ferner Gesenius, De Pent. Sam. origine S. 48 f., dann Hottinger im Methurgeman, S. 152—155; endlich Bertheau in dem Jahresbericht der D. Morgenl. Gesellschaft 1845, S. 40 ff.

**) So urtheilen Capellus, Hottinger, Gesenius (S. 49, Not. 165). Selbst Tuch gesteht ein, dass die hebräische Geschlechtstafel das Astronomische ganz verwischt habe (s. den Comm. z. d. St.)

nach den LXX erkannt haben, so entfällt die oben zuerst genannte Erklärungsweise des Consensus beider völlig. Wir brauchen Kohn nun nicht mehr Schritt für Schritt zu folgen, der für die Abhängigkeit der LXX vom Cod. Sam. plaidirt. Seine ganze Bemühung um diesen Nachweis wird von vorn herein dadurch verdächtig, dass er eine Einwirkung der Samaritaner auf die LXX durch Vermittlung einer griechisch-samaritanischen Uebersetzung statuirt.

Er macht nämlich (S. 57) selber auf den Uebelstand aufmerksam, der durch die Annahme, die LXX hätten sich ohne Weiteres einer samaritanischen Textesversion bedient, entstehen würde.

Die alexandrinischen Juden konnten sich solchen Verstoss, dass sie nämlich einen fremden, samaritanischen Codex, statt des hebräischen, gebraucht hätten, nimmermehr zu Schulden kommen lassen. Kohn nimmt also an, die Samaritaner hätten schon zur Zeit, da der Pentateuch von den LXX übertragen ward, eine griechische Uebersetzung ihres hebräisch-sam. Pentateuches besessen, und diese sei von den LXX benutzt worden. Natürlich sei diese Uebersetzung weit älter, als das Σαμαρειτικόν der Kirchenväter.

Also unter Ptolemäus II. (286 v. Chr.) trugen sich die Samaritaner schon mit einer griech. Uebersetzung und wussten dieselbe den von Ptolemäus bestellten jüdischen Dollmetschern anzupreisen? Die Samaritaner wären wirklich die Vorgänger der Juden auf diesem spinösen Gebiet der Uebertragung des Pentateuches? Dazu gehört wahrlich ein starkes Vorstellungsvermögen, das aber gänzlich mit Luftspiegelungen zu thun haben würde. Wo hat Kohn auch nur einen Beweis für solches Vorkommen einer sam. griechischen Uebersetzung in so früher Zeit? Hatten doch die Samaritaner in der Heimath genug zu thun, um ihre eigene religiöse Sonderstellung um diese Zeit zu befestigen durch den, nach Josephus, erst unter Alexander concessionirten Tempelbau auf Garizim. Erst jetzt machten sie sich an die Verherrlichung des Garizim und Sichem's durch Abänderung der betreffenden Pentateuchstellen zu Gunsten dieser heiligen Stätten, während in den ersten Zeiten nach der Rückkehr der Juden die Stadt Samaria noch die Hauptstadt des

Landes war (s. o). Erst jetzt schwoll ihnen der Kamm, es in den göttlichen Dingen mit Judäa aufzunehmen und sich in allen Stücken als die wahren Nachkommen Joseph's zu documentiren, was vorher in solchem Masse nicht geschah. Sie hatten also noch um die eigene Existenz zu ringen, und eine samaritanisch-griechische Uebersetzung konnte in Alexandrien damals keine Autorität irgend welcher Art beanspruchen.

Woher aber kamen die Zusätze, welche die LXX im Vergleich zum hebräischen Original als einen Ueberschuss aufweisen? Bei dieser Frage müssen wir länger verweilen.

VII.

Die Quelle, aus der die Zusätze der Septuaginta geflossen.

A. Im Pentateuch.

Es bleibt uns zunächst die Hauptfrage zu erörtern übrig, woher denn die Zusätze, und zwar besonders die Bereicherung aus Parallelstellen, überhaupt geflossen sind, die sich also nach unsrer Ansicht zuerst in der Septuaginta finden und von da sich in den Cod. Samaritanus, freilich mit vielen neuen Ablegern, hinüberrankten, ja vereinzelt selbst bis in die späteren Targumim, die Peschito und die Vulgata hineinreichten? Wo ist die Quelle aller dieser Zusätze zu suchen: eine Frage, welche die Gelehrten von jeher ganz besonders in Spannung erhalten hat. Hier erinnern wir uns nun der oben angeführten, so lange über die Achsel angesehenen Mittheilung des Aristobul in seinem Commentar, den er dem König Philometor widmete (s. o. S. 48). Nach dieser Stelle, auf die wir jetzt ausführlicher uns einlassen müssen, steht Folgendes fest. Schon vor der Herrschaft Alexander's und der Perser*) war durch Andre (als die ptolemäischen Uebersetzer), sowohl Alles, was den Exodus der Hebräer anlangte, als auch alles Wundersame, was ihnen passirt, nebst der

*) Dass hier keine Aenderung des Textes nöthig, wie Valckenaer, Diatribe de Aristobulo S. 48 (384) wollte, sieht auch Zeller ein, in s. Werke: Die Philosophie der Griechen, Bd. III. S. 574. Anmerkung 1.

Einnahme des Landes und die ausführlichere Auseinandersetzung der gesammten Gesetzgebung g e n a u übersetzt (διηρμήνευται). Solche Erinnerung an eine vorptolemäische Uebersetzung konnte zur Zeit des Philometor (181 v. Chr.) sehr wohl noch lebendig sein *). Dass die Angabe auf einer Fälschung des Aristobul beruhen sollte, ist unglaublich. Es war ein zu delikater Punkt, den der Jude, der hier Angesichts des Königs und gleichsam dicht vor dem gelehrten Bienenkorb Alexandrien's (dem Museum) stand, zu erhärten unternahm. Er wollte nachweisen, dass Pythagoras viel „von dem Unsrigen" (der jüd. Lehre) herübergenommen, und Plato „unsrer (der jüdischen) Gesetzgebung gefolgt sei, und alles in ihr Enthaltene sorgfältig erforscht habe". Diese, so kurz hingeworfene, aber die griechische Eitelkeit tief verwundende Behauptung, hätte dem Aristobul die ganze Wuth der damaligen Gelehrten zugezogen, wenn sie nicht unwidersprechlich gewesen; Aristobul wäre nicht so in allen Ehren, als „der Lehrer" (κατ' ἐξ.) des ptolemäischen Königs, an sein Lebensende gekommen**), falls er in so notorischen Dingen eine freche Lüge sich erlaubt, statt die lautere Wahrheit zu reden. Man muss sich immerhin vor dem Gelächter der Mitwelt hüten, und zumal hatte ein Mann, der zwar Peripatetiker, aber zugleich ein prononcirter Jude und Apologet seines Gottesbegriffs war, auf diesem glatten Boden in Alexandrien alle Ursache, nicht Behauptungen zu wagen, die zum äussersten Widerspruch herausfordern mussten, wo sie nicht ganz unumstösslich waren***).

Wir bitten also, die Philosophen wollen †) die Thatsache nur registriren, dass Pythagoras und Plato mit Mose Behanntschaft gemacht,

*) Bei Späteren, wie Aristeas (S. 68 bei Merx im Archiv) und dem ihm folgenden Josephus Ant. XII. 2. 14, werden Theopompus und Theodektes als Solche genannt, die vom mosaischen Gesetz hätten Notiz nehmen wollen, aber durch eine höhere Hand zurückgehalten wurden. Beide lebten vor Ptolemäus II.

**) Vgl. 2. Makk. 1, 10: Ἀριστοβούλῳ διδασκάλῳ Πτολεμαίου.

***) Auch Ewald, G. J. IV, 289, sieht nicht ein, wie Aristobul das Dasein einer solchen Uebersetzung erdichten konnte.

†) Auf Grund der bei Stanley, Historia philosophiae T. I. S. 298 und T. II. S. 269 angeführten Beweisstellen.

so sauer ihnen das auch ankommen mag. Aber auch Plinius*) und Philostratus schreiben dem Pythagoras und Plato weite Reisen auch im Orient zu, um die Magie zu erlernen. Hanc (magicen) reversi praedicavere, hanc in arcanis habuere. Als eine Form der Magie nennt Plinius auch die Lehre des Mose (a. a. O.). Dass Pythagoras lange in Aegypten gelebt und sonst weite Reisen gemacht, sucht Zeller**) ganz vergeblich zu leugnen. Wenn derselbe Pythagoras nun wirklich aus der Vielheit der Götter die Einheit (ὁ θεός, τὸ θεῖον) stärker herausgehoben, als die gewöhnliche Volksreligion, und er also der monotheistischen Richtung nach Zeller zustrebte***), — so dürfte dies wohl aus dem Contact mit Israël's heiliger Urkunde geflossen sein. Wie sollte uns das stören, wenn doch ein Herodot (II, 123) die auf Pythagoras zielende interessante Bemerkung macht, dass mehrere Hellenen sich der Lehre von der Seelenwanderuug bedienten, ὡς ἰδίῳ ἑωϋτῶν ἐόντι, als ob sie ihr Eigenthum sei; er wolle aber ihre Namen nicht nennen, obschon er sie wisse. Der ehrliche Herodot war entrüstet, über die Wahrnehmung, dass er bei den Egyptern eine Lehre als Gemeingut Aller antraf, die in Griechenland gewisse Lumina als ihre eigenste Entdeckung vorgetragen. Wenn schon ein Grieche, Herodot, solche Bemerkungen nicht unterdrücken kann, so können wir es dem Juden Aristobul um so weniger verdenken, dass er seines Volkes Eigenthumsrecht auf manche pythagoräische und platonische Lehrsätze und Dogmen geltend machte, und zwar geltend machen konnte am Hofe des Ptolemäus VI., ohne sich dem Gelächter blosszustellen †).

*) Hist. Nat. XXX, Cap. 1 (S. 538 in der Froben'schen Ausg. v. J. 1525).

**) Die Philosophie der Griechen B. I.. S. 218, Anm. Das Zeugniss des Hermippus a. d. 3. Jahrh. v. Chr. (bei Josephus c. Apionem I, 22) lässt sich doch nicht durch eine blosse Verdächtigung des Aristobul beseitigen.

***) S. Zeller, a. a. O. S. 272.

†) Gelehrte, wie Heyne, De genio saeculi Ptolemaeorum S. 112, und Böckh in seinen Vorlesungen über die Antiquitäten erkennen den Zusammenhang griechischer Philosophie mit orientalischen Gedanken an (Böckh erinnert an Namen wie Kadmus und Kekrops).

Auch auf Plato legt Aristobul Beschlag; von ihm leugnet selbst Zeller nicht, dass er nach Aegypten und Italien gekommen; aber die Bekanntschaft mit jüdischen Männern und Schriften ist ihm eine augenscheinliche Erdichtung*). Sit pro ratione voluntas. Wir lassen uns aber in keinen Streit mit den Philosophen ein; uns kommt es, ganz abgesehen davon, ob die Griechen aus den Büchern Mose's Einiges entlehnt haben oder nicht, blos darauf an, zu constatiren, Aristobul habe von einer vorptolemäischen Version des Pentateuches gewusst. Dies war damals noch zu eruiren, ob es eine solche gegeben, oder nicht. Aristobul, aus priesterlichem Geschlechte entsprossen, war ein Jahrhundert nach dem Tode des Ptolemäus Lagi schon in voller Thätigkeit als Lehrer des sechsten Ptolemäus. Wenn nun aber Aristobul, um die Abhängigkeit griechischer Dichter und Philosophen von Mose zu erweisen, einem Orpheus, Linus, Homer und Hesiod Verse unterzuschieben wagte (Eusebius pr. ev. XIII, 12), so beirrt uns das nicht. Es war dies ganz im Geiste des alexandrinischen Zeitalters**), das den Synkretismus der Religionen liebte, nachdem alle Schranken zwischen Griechenland und dem Orient gefallen waren. Fehlte es nun an genügend deutlichen Beweisen, so half die Conjektur nach, und Homer muss schon vom 7. Tage reden, an dem die Schöpfung vollendet worden.

Von einer vorptolemäischen Version wissen auch Aristeas und Josephus.

Im Aristeasbriefe***) heisst es, dass Demetrius Phalereus vom Könige den Auftrag bekommen, sich an den Hohenpriester in Jerusalem zu wenden. Ueber diesen Auftrag äussert sich nun Demetrius nach Gewohnheit des ptolemäischen Hofes in einem besonderen protocollarisch gearteten Schriftstück, welches an den König gerichtet ist. Er sagt in demselben u. A.: „Die Gesetzbücher der Juden nebst etlichen wenigen anderen fehlten noch der (königl.) Bibliothek: *Τυγχάνει γὰρ Ἑβραϊκοῖς γράμμασι καὶ φωνῇ λεγόμενα, ἀμελέστερον*

*) S. Theil II. S. 296 f.

**) Vgl. Heyne, De genio s. Ptol. u. Bernhardy, Grundriss d. griech. Literatur, Th. I, S. 507.

***) Schmidt'sche Ausgabe (S. 19.)

δὲ, καὶ οὐχ ὡς ὑπάρχει, σεσήμανται, καθὼς ὑπὸ τῶν εἰδότων προςαναφέρεται· προνοίας γὰρ βασιλικῆς οὐ τέτευχε. Er meint: die Gesetzbücher seien zwar mit hebräischen Schriftzügen und in der (hebräischen) Sprache vorhanden, aber unsorgfältig, und nicht wie es (im Grundtexte) dastände übersetzt, wie solches von den Sachverständigen bestätigt werde; denn (diese Uebers.) habe sich keiner königlichen Fürsorge zu erfreuen gehabt. Eine Umschreibung und Verdeutlichung dieser Worte finden wir bei Josephus *). Dieser lässt den Demetrius in seinem Briefe an den König Folgendes sagen: *Χαρακτῆρσι γὰρ Ἑβραικοῖς γεγραμμένα καὶ φωνῇ τῇ ἐθνικῇ ἐστιν ἡμῖν ἀσαφῆ· συμβέβηκεν δ' αὐτὰ καὶ ἀμελέστερον σεσημάνθαι, διὰ τὸ βασιλικῆς οὔπω τετυχηκέναι προνοίας. ἔστι δὲ ἀναγκαῖον εἶναι καὶ ταῦτα παρὰ σοῦ διηκριβωμένα,* d. h.: „Die Gesetzbücher sind, weil in hebräischen Schriftzügen und in der Volkssprache aufgezeichnet, uns unverständlich; dazu kommt, dass sie auch unsorgfältig übersetzt sind, weil sie bisher noch keiner königlichen Fürsorge theilhaftig wurden. Es ist aber nothwendig, dass auch diese Sache durch dein Dazuthun in's Reine gebracht werde." Aristeas also und Josephus bezeugen hier das Vorhandensein einer solchen vorptolemäischen Uebersetzung, die aber nach dem Urtheile der Sachverständigen ungenügend erscheine, was ja gar nicht Wunder nehmen könne, weil sie ohne königliche Beihülfe, mithin auf privatem Wege entstanden.

Beide Autoren gehen aber darin einen bedeutenden Schritt über Aristobul hinaus, dass sie jene vorptolemäische Uebersetzung für eine unsorgfältige ausgeben. Davon sagt Aristobul kein Wort; vielmehr redet er von einer genauen**) Uebersetzung der mosaischen Schriften. Woher jene Zwei, die wir nur als Nachzügler im Vergleich zu Aristobul betrachten dürfen, solche Kunde hatten, ist nicht ersichtlich. Es kann das sehr wohl errathen sein, um einen Grund dafür zu finden, weshalb eine neue Uebersetzung (u. z. nur des Pentateuches nach Josephus) nöthig gewesen, wenn doch eine ältere im Griechischen bereits vorlag.

Wir halten uns lieber an das *διηρμήνευται* des Aristobul und erklären eben aus der guten Vorlage, welche die LXX zur Zeit des

*) Antiquitates l. XI, Cap. 2.

**) *Διηρμήνευται* sagt er; s. bes. Valckenaer a. a. O. S. 398 not. h.

Ptolemäus schon hatten, zunächst die grössere Güte der pentateuchischen Uebersetzung, zweitens aber auch die auffallenden Zusätze, welche die LXX gleichsam in den Kauf nehmen mussten, weil ihr Vorbild sie darbot.

Ewald *) leiht nur dem Eindruck, welchen die griechische Uebersetzung der Bb. Mose's auf den einsichtsvollen Leser macht, Worte, wenn er sagt: „Gerade die Uebersetzung des Gesetzbuches zeichnet sich meist durch treue Verständlichkeit und Gleichmässigkeit sehr vortheilhaft vor der der meisten anderen Bücher aus, und der (?) Uebersetzer muss vielen Zeichen zu Folge des Aegyptischen Alterthumes und der Aegyptischen Sprache sehr kundig gewesen sein; auch dies erklärt sich am leichtesten, wenn sie (die Septuaginta) unter öffentlicher Theilnahme (oder unter Beihülfe des Königs Philadelphus, nach S. 289) veranstaltet wurde, und vom Anfange an eine höhere Bedeutung haben sollte, so dass man sich nach den beglaubigtsten Handschriften und den fähigsten Uebersetzern umsah." Der Grund aber, weshalb die übrigen heil. Bücher weniger gut übersetzt wurden, wird von Ewald und vielen Aeltern darin gesucht, dass diese letzteren nach und nach übertragen wurden, nachdem einmal durch die Pentateuchübersetzung „ein glänzendes Beispiel gegeben und ein grosser Vorgang gegründet war" (Ewald). Dieser Gelehrte gibt nun der Uebertragung jener übrigen heiligen Bücher des A. Testaments einen Spielraum von über 100 Jahren, bis sie endlich in der zweiten Hälfte des zweiten Jahrhunderts v. Chr. alle ohne Ausnahme vorlagen und in beliebten Uebersetzungen viel gelesen wurden**). Als Indicium für diesen terminus ad quem gilt für Ewald der Prolog zum Sirach, dessen Autor aber eben nicht in die Regierungzeit des Euergetes II., sondern in die des ersten Euergetes zu versetzen ist, wie wir oben (S. 35 ff.) bewiesen haben. Damit beschränkt

*) Gesch. Isr. IV, S. 285.

**) Nicht einmal soviel giebt Frankel zu, Hodegetica in Mischnam S. 324, der als terminus ad quem der Uebersetzung der Thora das Jahr 130 v. Chr. (200 Jahre vor der Zerstörung des 2. Tempels) angiebt und für die übrigen heil. Schriften keinen terminus ad quem anzugeben wagt, nur mit der Einschränkung freilich, dass sie vor der Zerstörung des 2. Tempels allesammt übersetzt vorlagen.

sich der Zeitraum, innerhalb dessen die alexandrinische Uebersetzung entstanden, höchstens auf 40 Jahre. Nun erhebt sich mit doppelter Kraft die Frage: woher bei einem so kurzen Termin, wie wir ihn der Septuaginta anweisen, die augenfällige Verschiedenheit zwischen der Uebersetzung des Pentateuches und der folgenden heil. Bücher stamme? Man sollte doch vor allen Dingen eine ziemliche Gleichmässigkeit in der Güte der einzelnen Uebersetzungen erwarten, wenn die Zeitfrist, in der sie angefertigt wurden, wirklich nur auf 40 Jahre anzugeben ist. Die Lösung dieser Frage finden wir aber in dem Dasein einer guten Uebersetzung, welcher die ptolemäischen Uebersetzer beim Pentateuch folgten. Eine solche, wenigstens fragmentarische Uebersetzung vor der ptolemäischen, geben auch Ewald und Frankel zu, und Kohn sucht den samaritanischen Ursprung dieser Uebersetzung allen Ernstes zu beweisen*).

Fragt nun P. Wesseling**), welchen Zweck eine solche vorptolemäische Uebersetzung gehabt haben könne, so liegt die Antwort nahe. Schon lange vor dem ersten Ptolemäer lebte eine grosse Zahl von Juden in Aegypten und hin und her auf den Inseln des Mittelmeeres. Psammetich bediente sich ihrer, wie Aristeas***) erzählt, bei einem Kriege gegen die Aethiopen. Ja, schon zur Zeit des ersten Tempels muss die von vielen Juden projectirte und von Jeremia getadelte Flucht nach Aegypten (Jer. 42, 15. 16) mit ähnlichen Vorgängen aus der früheren Zeit zusammenhängen; es muss schon damals eine jüdische Colonie in Aegypten gegeben haben, die jene Juden nach Aegypten zog†). Selbst Jes. 19, 18 f. führt auf den gleichen Umstand hin; wenigstens nahm der Prophet das sporadische Vorhandensein von Israëliten in jenem Lande zum Ausgangspunkt seiner erhabenen, auf eine ferne Zukunft zielenden Zusage. Seitdem Psammetich (664 v. Chr.) Phöniken und Griechen

---

*) Kohn in s. mehrfach erwähnten Dissertation, S. 39.

**) In seiner Lectio de Aristobulo, S. 132 im 4. Theil der Gaisford'schen Ausg. des Eusebius.

***) a. a. O. S. 15.

†) In die Zeit nach dem Tode Jerobeam's II. will Juynboll, Comment. in hist. gentis Samaritanae S. 38 sogar eine Emigration nach Aegypten vom Zehnstämmereich aus verlegen.

den Zutritt im Lande so sehr erleichterte*), fand die griechische Sprache in Aegypten Eingang. Ausländer bekamen bedeutende Stellen im Staat und Heer. Die Griechen wurden in ziemlicher Anzahl in Unterägypten ansässig; die Milesier hatten 749 v. Chr. hier schon eine Factorei und das Fort von Naukratis gegründet. Dass das Griechische die Verkehrssprache war und die mit den Griechen handelnden Asiaten auch Griechisch lernten, ist gewiss. Man müsste aber den Eifer, Proselyten zu machen, bei dem Volke Israël in dieser Zeit auf's Niedrigste veranschlagen, wollte man die Möglichkeit, dass sie ihr göttliches Gesetz in die Sprache aller umliegenden Länder des Mittelmeeres, also in die griechische übersetzten, in Abrede stellen. Wo dies freilich vor sich ging, darüber fehlen uns die Nachrichten; vielleicht in Aegypten; vielleicht auf einer der Inseln des Mittelmeeres, welche zu besuchen die Juden gewiss frühzeitig Veranlassung fanden. Schon bei Joël C. 4 hören wir von Judäern, die durch die Phöniken und Philister den Griechen, das will sagen, auf die griechischen Inseln verkauft worden seien. Den ganzen Küstenstrich Palästina's entlang sprachen die Handelsleute gewiss sehr früh schon etwas griechisch. Pharao Necho, Psammetich's Sohn und Nachfolger, zeigt sich (2. Chron. 35, 20—25) mit dem Gotte Israël's vertraut. Jeremia nennt ihn einen Feind Jehova's C. 46, 10. Diodor berichtet uns (I, 67), dass Psammetich seine Söhne mehr in hellenischer als in ägyptischer Weise unterrichten liess. Wie nun, wenn Necho bei seinen übrigen kronprinzlichen Studien auch dem Studium eines griechischen Pentateuches obgelegen? Das Volk Juda war immerhin wichtig genug, um solches Studiums werth zu sein. Wir lernen aber aus der Stelle der Chronik, dass Necho das beste Mittel anwandte, um Josia zur Besinnung zu bringen. Entstanden ist eine solche Uebersetzung, als das Bedürfniss nach ihr lebendig wurde, sei es nun um in der Fremde sich über die einheimische Religion auszuweisen, oder um die Fremden von der Herrlichkeit des Gesetzes Gottes zu überzeugen. Ein solches hohes edles Streben lässt sich gerade in den lebendigeren Zeiten

*) Schlosser's Weltgesch. B. I, S. 74; Duncker, Gesch. des Alterthums I, S. 602 f.; Ebers, Eine ägypt. Königstochter, I. S. 197 f. 211.

des Volkes Gottes ganz wohl denken, wenn auch nicht das bestimmte Zeugniss des Aristobul zu solcher Annahme uns nöthigte.

Nun diese Uebersetzung, von welcher wir behaupten, dass aus ihr die in die Septuaginta eingestreuten Zusätze und die Bereicherung des pentateuchischen Textes aus Parallelstellen geflossen seien, von welcher Art war sie?

Da gibt sich nun dem aufmerksamen Leser innerhalb der Pentateuchübersetzung bei den LXX ein gewisser Dualismus kund, der uns auf die rechte Spur führt. Auf der einen Seite findet sich ein in der Abhandlung von Thiersch*) gut veranschaulichtes Streben der Uebersetzer nach Abwechslung und Eleganz; ein Bemühen, die Monotonie des Textes durch frischen Wechsel im Ausdruck zu heben. Und dicht daneben findet sich, wie besonders Töpler**) nachgewiesen, ein monotones Streben, den Text nach Parallelstellen zu ergänzen, Zusätze zu machen, die auf einen sehr kleinen Horizont des Lesers berechnet sind, gleichsam im kindlichen Uebereifer, dass nur ja für den Hörer kein Missverständniss sich ergebe. Es würde diese Beobachtung Stoff für eine besondere Schrift geben. Wir müssen uns kurz fassen. Etliche Beispiele aus der Genesis, die besonders hervorsticht in dieser Hinsicht, sind folgende. Es wird beständig Sodom und Gomorrha zusammen genannt; die sieben Völkerschaften Kanaan's werden Einem nirgendwo erspart; in Exod. 20, 17 wird das Begehren des Weibes nach der Analogie von Deut. 5, 21 vorausgestellt. Solche Ausgleichung des Textes nach den Parallelstellen ist im Leviticus auch zu bemerken, aber freilich lange nicht in dem Umfang, wie im Cod. Hebraeo-Samaritanus, wo die doppelt vorkommenden Gesetze beständig gleichgemacht werden, was man nicht so in Bausch und Bogen von den LXX behaupten darf. Selbige sind weit vorsichtiger und es leitet sie ein w a h r e s, wenn auch immerhin naives Streben, jeden Anstoss dem Leser aus dem Weg zu räumen. Ein auffallendes Beispiel solches naiven Zusatzes ist z. B. Gen. 4, 8: *διέλθωμεν εἰς τὸ πεδίον*, ein Satz, der sich in den Cod.

*) De Pentateuchi versione Alexandrina l. tres S. 52—57, 60—62

**) De Pentateuchi Alexandr. indole S. 11, vgl. Frankel, Ueber den Einfluss etc. S. 60—63 und sonst.

Sam. (schlecht übersetzt), die Peschito und Vulgata, sowie in das Targum Pseudojonathan oder Jeruschalmi verpflanzt hat, und so gleichsam unsterblich geworden. Das Gleiche gilt von Gen. 2, 24 (*οἱ δύο*). Mehrere solche ökumenische Lesarten hat Kohn, De Pentateucho Samar. S. 60 f. gesammelt. Aehnliche naive aber minder verbreitete Zusätze findet man Gen. 21, 16, wo freilich nach V. 17 das Schreien des Kindes zu erwarten stand; ferner C. 18, 28; C. 44, 4 u. a. m. Solche und ähnliche Einlegungen in den Text nun sind von den ersten vorptolemäischen Uebersetzern der Thora abzuleiten: sie tragen sämmtlich einen unschädlichen Charakter an sich.

Wir glauben zu solcher Annahme berechtigt zu sein, weil ein ähnlicher Eifer, nach Parallelstellen zu ergänzen, sich bei den LXX in den nichtmosaischen heil. Büchern nicht findet. Wohl werden auch hier auffallende Eingriffe in den Text gemacht; aber sie sind vereinzelt, meist exegetischer Natur, und nicht Ergänzungen von der Art, wie wir sie im Pentateuch finden*). Und doch hätten derartige Ergänzungen in den Büchern der Chronik nach den Parallelstellen der Bücher der Könige sehr wohl statt haben können, wenn dies die Manier der LXX gewesen wäre. Es ist dies aber nicht geschehen. Den Muth also, im Pentateuch soviel nach der Schablone der Parallelstellen zu ändern, ist den Vertenten von anderswoher gekommen, nämlich von der vorptolemäischen Uebersetzung. Diese war auf Klarheit und Wegschaffung aller Anstösse nach Möglichkeit bedacht, ohne doch aufzuhören eine strikte Uebersetzung zu sein. Die Abweichungen, welche diese Version sich vom Urtext gestattet, ist mehr stofflicher, als formeller Natur. Wörter, Sentenzen, ganze Perioden schaltet sie ein und geht weniger fehl in der Auffassung der Punktation. Sie stand hiefür dem lebendigen Verständniss des Textes noch zu nahe. Sie war jedenfalls im Interesse der Verdeutlichung des Grundtextes geschrieben; einzelne Stellen im Interesse klareren Verständnisses etwas weiter ausgeführt und viele mit parallelen Stellen in Verbindung gesetzt. Scheinbare Lücken, wie z. B. Gen. 4, 8 waren ausgefüllt; hie und da ein כל eingeführt (Deut. 21,

*) Vgl. eine passende Zusammenstellung solcher Zusätze in den Bb. Samuelis bei Thenius in der Einleitung zu den Bb. Samuelis S. XXVIII.

23; 27, 26), oder ein היום (Deut. 4, 2; 6, 2; 12, 32; 11, 22 nach den Parallelstellen Deut. 4, 10; 11, 13. 27); oder kleine Erleichterungen wie z. B. Gen. 2, 24 *οἱ δύο*. Sie stand auch dem Urtexte noch freier gegenüber: denn die ängstliche Sorgfalt für die richtige Uebertragung der heil. Schriften war ihr fremd, diese fällt bei den Juden erst in spätere Zeiten. Man schaltete noch freier mit dem heil. Texte, ähnlich wie es im zweiten Jahrhundert nach Christus geschah, wo ein Justin die *ὑπομνήματα* der Apostel in grösster Freiheit citirt und ausnützt, ohne die einzelnen Evangelien, wie wir zu thun pflegen, mit dem Namen anzuführen. Hieronymus berichtet uns, dass es Abschreiber des N. Testaments gab, die ein Evangelium aus dem anderen interpolirten und das scheinbar Fehlende also ergänzten*). Und so wollten auch die vorptolemäischen Uebersetzer keine ängstlich wortgetreue Uebertragung liefern, wie später ein Aquila, sondern sie standen gleichsam noch frei über dem Texte, dem sie allerlei Modificirungen bei der Uebertragung in's Griechische angedeihen liessen, wo immer es galt, dem der Sache ferner stehenden Proselyten oder den Fremden einen Anstoss aus dem Wege zu räumen. Es war also ein Bemühen, aus Liebe zum Fremdling hervorgegangen; und das ganze Unternehmen überhaupt kein Werk für die Gelehrten und Weisen, sondern für die Einfachen am Geiste und die Idioten. Durch die Dauer der Zeit befestigten sich nun solche Zusätze und nöthigten die ptolemäischen Uebersetzer, sie aus ihrer Vorlage herüberzunehmen. So kommt es, dass eine alte Bestrebung sich in die spätesten Zeiten fortgepflanzt. Sie erhielt sich und ging nicht unter, weil sie wohlgemeint und aus Liebe zum Nächsten entstanden. Die Masorethen haben sich wohl gehütet, die Gutmüthigkeit so weit zu treiben, dass sie diesen Zusätzen Eingang in den von ihnen festzustellenden textus rec. des Alten Testaments gestattet hätten. Sie waren klüger, als die Samaritaner, die sich von der Autorität, mit welcher diese durch das Alter geheiligten Zusätze innerhalb der Septuaginta auftraten, mitschleppen liessen.

*) S. J. D. Michaelis, Einleitung in die Bücher des A. Bundes S. 332.

B. Die Quelle der Zusätze in den übrigen heiligen Büchern.

Will man sich ein klares Bild von der Verschiedenheit der additamenta im Pentateuche einerseits, und in den übrigen heil. Büchern andrerseits verschaffen, so bedenke man Folgendes: Keinem besonnenen Kritiker würde es heutzutage einfallen, den Pentateuch nach den Zusätzen, die er in der Uebersetzung der LXX hat, zu emendiren. Ein Jeder sieht das Systematische dieser Zusätze und Parallelismen*), und dass sie künstlicher Art sind (corruptiones voluntariae, nicht accidentariae**). Bei den übrigen heil. Büchern dagegen sind die Aenderungen zum überwiegend grösseren Theil accidentielle (corruptiones accidentariae).

Stellen wir zuerst im Allgemeinen das Princip der Uebersetzer der übrigen heil. Bücher fest. Es waltet bei ihnen das Princip der wörtlichen Wiedergabe das Urtextes vor, wobei wir unzählige Irrungen freilich in den Kauf nehmen müssen. Dies ist besonders in den Bb. Samuelis, der Könige und der Chronik, nebst Esra und Nehemia ersichtlich. Auch die Uebersetzung des Jesaia will wenigstens dem Text *κατὰ πόδα* folgen, und nur gewisse Steine des Anstosses, die sich der richtigen Uebertragung hindernd entgegenstellten, unterbrechen wiederholt den ebenmässigen Fluss der theilweise schön dahinfliesenden Uebertragung. Die Wörtlichkeit ist auch das hervorstechende Princip bei den Psalmen, Koheleth, Amos und Ezechiel. Auch Esther ist wörtlich übersetzt, nur dass in der uns vorliegenden Recension der griech. Text bedeutend interpolirt erscheint, u. z. aus einem Machwerk, in welchem, wie bereits bemerkt wurde, dem notorischen Fehlen des Gottesnamens schon damals durch erdichtete Zusätze (bes. am Anfang und in Cap. 4) nach Kräften abgeholfen ward. Auf dem Boden des B. Esther wucherten später noch viele targumische Zusätze hervor. Das Hohelied ist auch wörtlich vertirt.

Im Allgemeinen ist ferner zu sagen, dass je schwerer der Gegenstand war, desto mehr geschah dem Princip der wörtlichen

*) Töpler, De Pentat. interpretum Alexandr. indole, hat an 600 solcher Stellen nachgewiesen, wo ein Vers nach dem anderen conformirt und ergänzt wurde.

**) Vgl. Hottinger, Methurgeman, S. 157, über diesen Unterschied,

Nachbildung des Textes Abbruch; jedoch wider Willen der Vertenten, die wirklich Wörtlichkeit anstrebten, aber freilich sehr oft, wo sie nicht durch die Thür in's Haus eintreten konnten, ein Fenster eindrückten, um nur zu Ende zu kommen mit ihrer Arbeit. Eine gewisse Eile ist dem ganzen Werk anzumerken und die Ursache der meisten Textveränderungen. Sie zerbrechen das Satzgefüge, und leimen es dann nothdürftig wieder zusammen, um nur weiter zu kommen; oft wird nur Einzelnes aus dem hebr. Context herausgepflückt (z. B. Jes. 37, 27), um sich schnell abzufinden mit dem Schwierigen. Ferner wird, was ihnen geradezu unlöslich ist, kühn emendirt: vgl. das Wort וְצִי (Jes. 33, 21,) was in כי (= ὁ γὰρ θεός) umgewandelt und zum folgenden Verse gezogen wurde. Es wird kühn emendirt und gerathen, etwa wie bei den schwierigen und unleserlichen Stellen der neuerdings entdeckten Keilinschriften, um nur einen erträglichen Zusammenhang in den Context zu bringen; vgl. Jes. 66, 9; 53, 2. (נִיַּעַ vielleicht von גָּלָה abgeleitet unter der Einwirkung des Schlusswortes in V. 1); Jes. 34, 15. 16; 35, 2. (גִּילַת וְרַנֵּ = τὰ ἔρημα*) τοῦ Ἰορδάνου); ibid. V. 7 statt גֹּמֶא conjicirt der Uebersetzer אָגָם; אֱוִיל V. 8, wird für διεσπαρμένος genommen, man weiss nicht, wesshalb. Man vergl. Jes. 44, 3: st. נוֹזְלִים liest er אוֹזְלִים (chald.); אֲצַק leitet er ab von צוּק. In Cap. 38, 11 weiss der Uebersetzer mit dem doppelten יָהּ Nichts anzufangen, und so liest er denn aus dem ersten יָהּ ein יְשׁוּעָה heraus und übersetzt τὸ σωτήριον τοῦ θεοῦ, und sodann schneidet er sich den Rest des Verses nach seinem Belieben zurecht. Um nur weiter zu kommen, wird der Text auf's Gerathewohl wiedergegeben, ohne darauf zu sehen, ob die Uebersetzung auch einen Sinn hat (Jes. 38, 8; 41, 2. 7. 21. 25). Ist der Text zu schwer, so wird auch die Auslassung beliebt (s. Jes. 38, 17 z. A. Cap. 40, 15: הֵן אִיִּים wird hier ausgelassen, weil mit dem הֵן Nichts anzufangen war; 40, 20 z. A.; 41, 25 ist das ויאת ausgelassen; vgl. ferner 48, 17; 57, 9, 19. 63. 6. 11). Zuweilen ver-

*) גִּילַת von einer Wurzel גלה s. v. a. kahler Ort.

lässt den Uebersetzer die Geduld, den Vers verbotenus durchzuübersetzen (Jes. 41, 20 ; 44, 9. 14); zuweilen geschieht eine derartige Auslassung aus Flüchtigkeit, z. B. 50, 4; 60, 13. Bei anderen Gelegenheiten verlässt er die Versabtheilung und verwirrt dadurch den Sinn (Jes. 50, 5; 54, 9. 10; 60, 5. 6; 43, 23. 24); das Gleiche geschieht innerhalb eines und desselben Verses (Jes. 47, 15; 59, 8. 11; 61, 10). Auch wird der Vers wohl verkürzt, und so die Schwierigkeit ohne viel Aufhebens zu machen umgangen (Jes. 51, 14; 57, 8).

Gerathen ist z. B. auch Jes. 51, 6 (ἐστερεώθη); V. 3 (δυσμὰς); V. 8 (χρόνος für עָשׁ); V. 12 (ἐξηράνθησαν, er rieth auf יִנָּתֵק). Wir haben hier nur Jesaia berücksichtigt, als besonders instruktiv; es liessen sich hundert andere Beispiele aus Jesaia und den übrigen Propheten noch beibringen, welche alle auf das Gleiche uns führen würden, nämlich auf eine gewisse Eile und Ungeduld, um zu Ende mit der Uebersetzung zu kommen.

Inwiefern der griechische Uebersetzer des Jeremia so recht den Charakter der alexandrinischen Flüchtigkeit und zum Theil selbst schon des afterkritischen Wesens an sich trage, das hat Johannes Wichelhaus gezeigt. In seiner trefflichen Schrift, De Jeremiae Versione Alexandrina (Halle 1847) weist er nach, wie die formellen und materiellen Aenderungen des Grundtextes bei dem Propheten Jeremia auf Rechnung des Vertenten kommen, der wie kein anderer unter den LXX mit kühner Hand an der hebräischen Urform kritische Aenderungen vornahm. Nicht übel wird (S. 178) auf die Aenderungen, welche der Alexandriner Zenodot am Homer vornahm, als auf ein Seitenstück zu dieser Kritik der LXX hingewiesen. Von ihm urtheile Wolf: plurimas eius lectiones tam esse improbabiles et a tanta temeritate judicii profectas, ut ita emendare vel tironem hodie pudeat; ἀθετήσεων autem tantam esse multitudinem ac licentiam, ut nonnullis visus sit Homerum prope ex Homero tollere.

Von den Missverständnissen, die sich die LXX aus Flüchtigkeit bei der Uebersetzung der kleinen Propheten und des Daniel zu Schulden kommen liessen, giebt uns Lightfoot einen Eindruck in den Versiones prophetarum minorum graeca et vulgaris, nec non Targum, cum hebraeo fonte collatae in den opp. posthuma S. 19 ff.

In den *Λειψανα* de rebus ad LXX versionem spectantibus, ebendas. S. 12 ff. wird auch eine Blumenlese von diesem ergiebigen Felde uns geboten, und zwar aus allen Büchern ohne Unterschied.

Ein weiteres Anzeichen für die den LXX charakteristische Eile liegt besonders schlagend in der Behandlung einzelner Worte zu Tage. Hie und da blieb ein hebräisches Wort unübersetzt; kein Späterer kümmerte sich um dieses todte Gestein mitten in einer blühenden Vegetation. Diese Erscheinung wiederholt sich durch die ganze Septuaginta hindurch (vgl. Frankel, Vorstudien, S. 192 Anm.) Wir machen besonders aufmerksam auf *θίβη* (Exod. 2, 3. 5) = תֵּבָה, das aber vielleicht ursprünglich ägyptisch ist; ferner 1. Sam. 6, 8; 21, 2 *Φελλανὶ Μαεμωνί*; ibid. V. 7 (das griechische Wort steht daneben, ebenso wie etwa 2. Sam. 23, 9); V. 9; Cap. 30, 15 *Γεδδούρ* für גְּדוּד Schaar); 2 Sam. 17, 19; 1. Kön. 7, 13; 2. Kön. 16, 17 (*μεχωνώθ*); 1. Kön. 8, 6 (*δαβίρ*); 14, 28 (*θεέ* = תָּא); 19, 4; 2. Kön. 3, 4 (*Νωκήδ*); 4, 39 (*ἀριώθ*); 5, 19 *Δεβραθά* (= כברת wie Gen. 35, 16 *Χαβραθά*); 6, 8 (*ἐλμωνί* = אלמני); 8, 15 (*μαχβάρ*); 9, 27 (*Βαιθγάν*); 10, 14 (*Βαιθακάθ*); V. 22 (*μεσθάαλ*); 11, 12 (*νεζέρ*); V. 8. 15 (*σαδηρώθ*); 12, 5 (*βεδέκ*); 14, 7; 15, 5. 10; 17, 3. 4. 6 (עור = *ὄρη*); 18, 17 (*Ῥαφίς*); 20, 13; 23, 4. 5; 25, 12. 14. 17. — Die Bücher der Chronik und die Propheten bieten ähnliche Beispiele (z. B, Jes. 66, 19). Die wunderlichsten Fehler sind einmal stehen geblieben, ein anderes Mal verbessert, dahin gehört besonders der Eigenname Gerson, der fast immer Gedson gelesen wird (s. Frankel, Vorst. S. 99 f.). Bei den schwierigsten Phrasen sind wir einmal auf's Wunderbarste überrascht durch die treffliche Uebersetzung, und dann stossen wir wieder auf die crudeste Ignoranz. Da ist שֵׁמַע den Vertenten der Thora meist unbekannt; sie übersetzen, abgerechnet Exod. 23, 1, als ob שֵׁם dastände (ebenso der Uebersetzer des Josua und von 2. Chron. 9, 1.); im Jesaia, Hosea und den Psalmen ist es dagegen richtig getroffen. Ein anderes Beispiel ist לָכֵן, was mehrere Thoraübersetzer (ausgenommen jedoch Numeri 20, 12) im Sinne von „deswegen" nicht kennen (s. z. B. Exod. 6, 6); und auch der Uebersetzer von 1. Sam. 3, 13; 2. Kön. 1, 4; 19, 32; 21, 12; 22, 20; 2. Chron. 18, 18;

Hiob, 20, 2 kannte es nicht. Ebenso ist מִקְנֶה (Vieh) von den Uebersetzern z. Gen. 31, 18; Psalm 78, 48 und 2. Chron, 14, 15 nicht verstanden; sie nahmen es im Sinne ven *κτῆσις* Besitz. Und doch ist es an vielen anderen Stellen richtig gefasst. Solche Schwankungen zeugen von der Eile, mit der man zu Werke ging, und dafür, dass gewiss keine Revision nach Abschluss der Uebersetzung vorgenommen ward. Man kann hieher auch die Unsicherheit in der Uebersetzung der zum Brandopferaltar gehörigen Bestandtheile ziehen in Exod. 27, 3 *) und 2. Chron. 4, 11 (wo מִזְרָקוֹת falsch mit *ἐσχάρα* wiedergegeben wird); desgleichen Jer. 52, 18.

Dass עָנָה die Bedeutung von „Singen im Wechselgesang“ habe, weiss keiner der Uebersetzer (vgl. Exod. 32, 18; Num. 21, 17; 1. Sam. 21, 11; Jes. 27, 2), überall steht das unpassende *ἐξάρχειν*. הֵן wird als Conjunktion genommen nach chald. Sprachgebrauch. (Jes. 40, 15; 41, 25; 58, 4. u. ö.) Verstehen die Vertenten ein Wort nicht, so sind sie nur allzuschnell mit einem Noth behelf zur Hand, den sie entlehnen von wo immer. Exod 10, 1, ist ihnen das gut hebräische שִׁיתִי = chald. שֵׁיתִי; aus dem Chaldäischen entlehnen sie gleichfalls die Bedeutung Sieg, Kraft für נֵצַח (Jes. 25, 8) oder die Bedeutung des דכא (Jes. 53, 10) im Sinne des chald. דְּכָא *καθαρίζειν*, vgl. Peschito zu Act. 11, 9; *Γειώρας* bei den LXX ist nichts anders als das chald. גיורא — hebr. גר oder richtiger griechisch *προσήλυτος* *); also die LXX bedienen sich stellenweise eines vulgären Terminus, weil sie keinen griechischen wissen; später besserte hier Niemand nach. Vielleicht gehört hieher auch das schwierige *Ἐργάβ* oder *Ἀργάβ* (1. Sam. 20, 19. 41). Es soll dienen, um die Wörter אֶבֶן und נֶגֶב des hebr. Textes unter einen Hut zu bringen. *Ἐργάβ* oder *Ἀργάβ* soll auf eine Radix רגב zurückgehen, und nach Castellus (Lex. hept.) wie Gesenius sind die רְגָבִים Hiob 33, 38 glebae, und also verwandt mit רגם (vgl. raġam tumulus). *Ἀργάβ* wäre demnach der Steinhaufe. Wenn der Uebersetzer nun נֶגֶב und נֶגֶד für identisch nahm, u. z. in der durch das Arab.

*) S. dazu Frankel, Ueber den Einfluss etc., S. 97.

**) Vgl. Credner, Beiträge II, 204.

gesicherten Bedeutung von terra eminentior, so brachte er אֶבֶן und זָנָב glücklich unter einen Hut, nämlich unter das Wort Ἀϱγάβ, was damals für Steinhaufen ganz wohl geläufig gewesen sein mochte. Solche exegetische Kunststücke dürfen wir unseren Uebersetzern schon zutrauen; es sind seitdem schon schlechtere der Art in's Publikum gebracht worden.

In Hosea 2, 23 (25) fassen die LXX das Hebr. רִחַם als gleichbedeutend mit dem Chald. רְחַם und übersetzen es durch „lieben". In Jes. 4, 2, wird היה צמח durch ἐπιλάμψει wiedergegeben, wie Gesenius*) vermuthet, nach dem Syrischen Zemcho d. i. Glanz, Abglanz.

פֹּרֵק in Psalm 7, 3 ist den LXX λυτϱούμενος (anders als 1. Kön. 19, 11), also nach dem chald. פְּרַק gerathen (vgl. auch die Vers. Pseudosaadia's). Dass sie auch ihre Kenntniss der ägypt. Zustände und Verhältnisse kund geben, indem sie öfter mehr ad hominem als richtig übersetzen, hat Hody nachgewiesen für den Pentateuch und Jesaia**), obgleich Frankel mit Recht Vieles beanstandet hat. — In Summa können wir sagen: Das Leichte ist meist gut, das Schwere mangelhaft übertragen. Aus allen diesen Anzeichen, die sich sehr vermehren liessen, wollen wir hier nur so viel entnehmen, dass die LXX eilig übersetzten; die Sache sollte sozusagen in Einem Wurfe gelingen; „Vorwärts" war die Parole; was nicht biegen wollte, musste brechen. Sie gleichen denen, die zuerst ein Terrain urbar machen wollen: sie sind die Pfadfinder und Bahnbrecher für alle Uebersetzungen des A. Testaments. Die Septuaginta ist eine wahrhaft ökumenische und volksthümliche Uebersetzung***); eine wunderbare providentielle Vorarbeit für Christus und die Apostel; eine treffliche Verbindungsbrücke zwischen dem immer unverständlicher werdenden hebräischen Alterthum und der

*) Der Prophet Jesaia S. 63.

**) De Bibliorum textibus orig. S. 116 ff., ferner Gesenius, Der Prophet Jesaia, S. 60 f.

***) So sagt C. J. Nitzsch, Akademische Vorträge über die chr. Glaubenslehre, S. 53.

seit Alexander griechisch redenden Welt. Aber gerade wegen dieser Eilfertigkeit hatten sie keine Musse, um mühsam den Text nach Parallelstellen zu vervollständigen; dazu gehört Zeit. Wo Derartiges sich findet, wie im Pentateuch, da ist es aus fremder Quelle herübergenommen, nämlich aus der vorptolemäischen Uebersetzung. Die Aufgabe, welche die LXX sich stellten, war in solchem Falle, das Vorgefundene treu zu benutzen; dasselbe aber nach dem Grundtext zu berichtigen, lag ihnen fern. Höchstens mögen sie ihre Vorlage in die hellenistische Sprache jener Zeit umgesetzt haben, so dass sie gleichsam mit der Feder in der Hand diese Vorlage durchgingen. So wurde denn freilich ein ganz Neues; aber wenn wir gegenwärtig die letzten Exoduscapitel auffälliger Weise fehlen sehen bei den LXX, oder doch nur einen allerdürftigsten Ersatz, gleichsam ein kurzes Referat statt einer wortgetreuen Version vorfinden, so ist die darin sich kundgebende Kühnheit gewiss nur durch den Vorgang älterer Autoritäten zu erklären. Die vorptolemäische Uebersetzung gab durch ihren Vorgang den LXX den Muth, solche Auslassung sich gleichfalls zu gestatten, eine Auslassung, die hier um so entschuldbarer war, weil die betreffenden Capitel lauter Repetitionen enthalten*).

Wir haben an etlichen Beispielen gesehen, dass Textesänderungen in den heil. Büchern entstanden sind aus Flüchtigkeit, kühner Conjectur, falscher Versabtheilung und Construction, kurz aus dem leicht erklärlichen Bestreben, nur schnell fertig zu werden, damit den Volksgenossen und dem Könige ein Genüge geschehe. Diese Aenderungen sind nicht systematischer Art (corruptiones voluntariae), sondern mehr accidentiell (corruptiones accidentariae). Wir werden jene Eile einerseits beklagen, andererseits aber hatte sie doch eine gute Seite. Denn was wäre geschehen, wo man nicht das Eisen geschmiedet, so lange es heiss war? Wie bald wäre das ganze schöne Unternehmen im Sande verlaufen, wenn der König Ptolemäus inzwischen gestorben wäre, und die Uebersetzung sich mehrere Jahrhunderte in die Länge gezogen hätte? Bildet man sich denn ein, dass zu solchen Unternehmungen jedes Jahrhundert tauglich sei?

---

*) S. Frankel, Ueber den Einfluss etc. S. 110—113.

Die Geschichte lehrt, dass zu einer wahrhaft volksthümlichen Uebersetzung nur ganz wenige Momente im Leben der Völker sich als die geeigneten erweisen. — Neben jenen accidentiellen Textesänderungen finden wir nun zwar auch aus gutem Vorbedacht entstandene Zusätze und Erweiterungen in den nichtpentateuchischen Büchern. Aber von diesen fragt es sich eben sehr, ob sie nicht ebensowohl, wie jene pentateuchischen Zusätze, den LXX abzusprechen und von einer späteren targumischen Hand, die an der Septuaginta arbeitete, abzuleiten sind. Wir glauben kaum, dass die LXX, wie Rabbi Asarja di Rossi *) uns glauben machen will, nach einem Targum, das von Esra herstammte, übersetzten. Wohl aber sind wir der Meinung, dass die Septuaginta in Palästina in die Volkssprache übersetzt, also zu einem palästinensischen Targum gemacht und nun hie und da mit targumischen Zusätzen bereichert wurde, die in die echte alexandrinische Uebersetzung sich nachmals einschlichen auf einem Wege, der weiter unten zu besprechen sein wird. Dies konnte um so leichter geschehen, weil der Urtext nicht mehr recht zugänglich war, und mancher Unberufene der guten Sache etwa gar einen Dienst zu leisten glaubte, wenn er vermeintliche Irrthümer brevi manu besserte. Dieses Volkstargum wurde mit der Zeit immer mehr herrenloses Gut, dem keine Masorethen die hülfreiche Hand boten. Und dennoch was für grosse Dinge sind durch diese Uebersetzung geschehen? Sie stand an der Wiege des Christenthums.

Fern aber sei es von uns, jene targumischen Zusätze, die die Septuaginta in Palästina erhielt, etwa in allerlei Midraschim, die dem Text octroyirt worden wären, zu sehen. Wir können Frankel hier nicht folgen, der die albernsten Midraschim **), die mit dem Targum Jeruschalmi wetteifern, schon bei den LXX finden will. Leicht möglich, dass ein Missverständniss der LXX den lieber durch Eierschalen hindurch, denn auf festem Boden sich bewegenden Juden einer späteren Zeit Anlass gab, um einen Midrasch zu er-

*) In Meor Enajim Perek 9 fol. 79b ff. der Wiener Ausgabe vom J. 1829. Siehe im Anhang II. den Auszug aus diesem Werk.

**) Gegen solche Annahme vgl. auch Geiger, Urschrift S. 161.

sinnen. So mag gar wohl das von den LXX falsch gelesene זָקֵף (gerade) st. זָקֵן (Greis) in 1. Sam. 28, 14 den spintisirenden Juden einer späteren Zeit zu der von Frankel zur Erklärung des *ὄρθιος* der LXX angeführten Haggada Anlass gegeben haben*). Für den Juden aus der Zeit der Mischna bestehen keine Schwierigkeiten; sie zu heben, producirt seine Phantasie im grössten Massstabe — und der Verstand ordnet sich ihr unter. Ebenso urtheilen wir von der Lesart der LXX zu 1. Sam. 20, 30**); das kühn Gerathene, die kühn escamotirte Schwierigkeit des Textes wurde der Anlass für eine lächerliche Haggada. Die Flüchtigkeitsfehler oder die Tollkühnheit der ersten Uebersetzer wurden also verhängnissvoll für eine späte Nachwelt***). Von einem midraschartigen Zusatz in dem Geschmack eines Jonathan oder gar eines Pseudo-Jonathan finden wir bei den LXX kein Beispiel. Man könnte etwa an 1. Kön. 13, 31 erinnern, wo der alte Prophet in Bethel im Grabe des von einem Löwen erwürgten judäischen Propheten begraben zu werden wünscht: *ἵνα σωθῶσι τὰ ὀστᾶ μου μετὰ τῶν ὀστῶν αὐτοῦ.* Diese Worte, so könnte man meinen, seien ein Hinweis auf die angehoffte Auferstehung des Leibes. Aber sie sind eine palästinensisch-targumische Erweiterung, anticipirend, was in 2. Kön. 23, 17. 18 als wirklich eingetreten berichtet wird, so zwar, dass der alte Prophet, was geschehen werde, schon vorhersagt.

Eine ähnliche targumische Erweiterung finden wir am Schluss des Hiob, in den Worten: *γέγραπται δὲ αὐτὸν πάλιν ἀναστήσεσθαι μεθ' ὧν ὁ κύριος ἀνίστησιν.*

Dieser Zusatz bei den LXX kann nur aus palästinensischer Quelle, nämlich der gleich darauf erwähnten Syrischen Bibel (s. u.) stammen. Die Tendenz desselben ist eine dogmatische, die ganz über den Horizont der ersten alexandrinischen Uebersetzer hinaus liegt, dagegen einen echt palästinensischen Charakter an sich trägt.

---

*) S. dieselbe bei Frankel, Vorstudien S. 188.

**) S. Frankel a. a. O. S. 187.

***) Ebenso verhält es sich mit Num. 32, 12, wo Jephunne auch noch griechisch durch *διακεχωρισμένος* wiedergegeben wird, was dann eine Haggada gebar (s. Frankel a. a. O. S. 188).

Am Schluss des Buches will der syrische oder genauer palästinensische Targumist feststellen, dass es mit Hiob nicht aus und vorbei war, als er nun endlich starb.

Es steht geschrieben, dass er wieder auferstehen werde unter denen, welche der Herr auferweckt, so lautet der oben stehende griechische Zusatz. Diese Hoffnung auf eine Auferstehung stand aber ja wirklich geschrieben in Hiob 19, 25 f., und hätten wir hier also ein sehr altes Zeugniss dafür, dass man jene Stelle von der Auferstehung des Leibes fasste. Ja, Hiob spricht an jener Stelle (V. 23) den Wunsch aus, dass seine Worte zum ewigen Gedächtniss auf ein Buch geschrieben werden möchten. In treuer Erinnerung an jenen Wunsch, führt nun der palästinensische Targumist am Schluss des Buches noch einmal Hiob's Hoffnung an, aber als Dogma, vielleicht mit Bezugnahme auf Ezechiel 37 und Daniel 12, 2. Uebrigens verlässt er bei dieser summarischen Angabe der Auferstehungshoffnung Hiob's wohl nicht ganz den Wortlaut des Targums zu C. 19, 25. Das Stichwort war wohl dort *ἀναστῆσαι*, und *ἀνίστησιν* nimmt es wieder auf. Die LXX z. 19, 25 übersetzen ohne Rücksicht auf die Interpunktion unseres masorethischen Textes und mit ziemlich grosser Licenz: *οἶδα γὰρ ὅτι ἀένναός ἐστιν ὁ ἐκλύειν με μέλλων, ἐπὶ γῆς ἀναστῆσαι**) *τὸ δέρμα μου* etc. d. h.: „Ich weiss, dass ewig ist, der mich erlösen wird, um meine Haut auf der Erde wieder aufzuerwecken". Diese Worte, in's Westaramäische übersetzt, lagen dem Targumisten vor: aus ihnen machte er sich den Schlusssatz des Buches zurecht und glaubte etwas sehr Passendes zu thun, wenn er solchergestalt am Schluss des Buches an jene Auferstehungsgedanken Hiob's erinnerte. Dieser targumische Zusatz schlich sich dann später in die echte alexandrinische Uebersetzung ein. Irgend ein Diaskeuast, der den targumischen Zusatz den LXX anzuheften wünschte, übersetzte die Worte des syrischen Targums in's Griechische.

Wir haben also an dieser Stelle und der Stelle 1. Kön. 13, 31 eine Einschaltung von palästinensischer Hand, mithin eine Probe, wie die Palästinenser mit der aus Aegypten überkommenen Septuaginta umgingen.

*) Sie conjicirten יָקִים und liessen וְאַחַר aus in Vs. 26 z. Anfang.

Derartige materielle Einschaltungen sind jedoch selten. Zahlreicher dagegen sind die formellen Nachbesserungen, welche die Hand der palästinensischen Targumisten sich bei den LXX gestattet. Doch auch diese sind nur hie und da wahrnehmbar; methodisch durchgeführt ist solche frühste Diaskeuase des Textes Seitens der Palästinenser meines Wissens nur in den Büchern Samuelis. Hier tritt ausnahmsweise eine förmliche kritische Manipulation mit dem Texte zu Tage, indem man diejenigen Aenderungen, die zu machen man am Grundtext sich nicht erlaubte, an der von Aegypten überkommenen Septuaginta vornahm. Und zwar ist zu sagen, dass in den Büchern Samuelis die nachbessernde targumische Hand oft wirklich feine Aenderungen vornimmt, wenn auch der hebräische Urtext unseres Erachtens immer sein gutes Recht behält: das Recht nämlich, welches ein Geschichtswerk aus alter Zeit stets für sich in Anspruch nehmen darf. Dasselbe besteht darin, die Anschauungen einer so frühen Zeit, der einfachern Natur dieser Zeit gemäss, kurz und bündig bis zum Missverständniss auszudrücken. Absehend von aller Kunst der Darstellung, copirt der hebräische Autor dieser Bücher die Ereignisse mit solcher dramatischen Unmittelbarkeit, dass man eigentlich des Autors Zeitgenosse sein müsste, um seine Meinung völlig zu verstehen.

Aber gerade d i e s e Unmittelbarkeit hatte Dunkelheit im Gefolge. Das fühlte man schon frühzeitig, und in Palästina mochte man, was beim Grundtext versagt war, an den Versionen auszuüben sich erlauben. Und diese Diaskeuase drängte sich dann später in die echte alexandrinische Uebersetzung ein, wodurch das Vorurtheil erweckt ward, dass die Bücher Samuelis nach einem besonderen, von dem masorethischen abweichenden Text übersetzt worden wären.

So werden, wie Wellhausen gezeigt, besonders in 1. Sam. 18 die Unebenheiten und Rauheiten des Urtextes mit Feinheit geglättet, n i c h t jedoch im Grundtext, an den der Kritiker sich nicht heranwagte, sondern nur an dem corpus vile der LXX werden solche Aenderungen vorgenommen. Ich weiss gar wohl, dass man diese Finessen des Diaskeuasten auf aparte hebr. Lesarten der LXX zurückzuführen liebt, wie solches nach Capellus' Vorgang Thenius gethan im Commentar zu den Bb. Samuelis und der Könige, und neuerdings

Wellhausen in seiner scharfsinnigen Schrift: Der Text der Bücher Samuelis. Wir glauben aber, dass diese künstlichen Textesänderungen in der Septuaginta die Signatur einer späteren Zeit an sich tragen, wo man, freilich in den Grenzen der Nüchternheit, targumisch dem Urtexte nachzuhelfen, ja ihn nachzubessern suchte, aber an dem corpus vile und auf dem Boden einer Uebersetsung. Man trieb Apologie; man wollte den Lesern alle Anstösse aus dem Wege räumen; aber man fegte vorsichtigerweise nur den Vorhof, nicht das Allerheiligste selber. Es ist das ein Versuch, dem Urtexte nachzuhelfen, dem wir nicht grollen dürfen. Der Urtext wäre ohne solche früheste exegetische Zurechtlegung nicht immerdar verständlich geblieben. Wellhausen selber citirt Stellen, die nach seinem treffenden Ausdruck das Wasserzeichen des Targums an sich tragen (S. 106); das Beispiel ist aus den LXX zu 1. Sam. 17, 36; ferner die Stelle 1. Sam. 14, 42 hält Wellhausen für einen Zusatz im Geist einer späteren Zeit, und erst aus V. 45. geflossen (S. 95)*). Wir möchten auch die Erweiterung der LXX in V. 41 auf solche targumische Ausfüllung des Textes, freilich eine ungeschickte, zurückführen. Eine ähnliche Ausfüllung findet sich C. 13, 15. Wenn ferner 1. Sam. 21, 10 das „hinter dem Ephod" aus Scheu weggelassen wird — was ist dies anderes als die targumische Manier? Ebenso wird 1. Sam. 18, 27 das Vorzählen der Vorhäute aus Anstandsrücksichten weggelassen, ganz im Sinne des nachbessernden Targums; dem Goliath werden nur 4 st. 6 Ellen beigemessen (1. S. 17, 5). Für die Majestät des irdischen Königs zeigt sich der Diaskeuast besorgt (1. S. 15, 12. 15; 11, 5), wie vielmehr dann für die des himmlischen. Diese wird in der folg. Stelle gewahrt. 1. Sam, 15, 29 nämlich wird das נֵצַח als minder passend für Gott (wie bei Onkelos) umgangen und *καὶ διαιρεθήσεται* gelesen, wenn nicht lieber blindes Rathen, das auf eine Radix חָצַץ führte, anzunehmen ist**). Die gleiche Hand verräth sich C. 1, 14, wo st. des Eli der Knabe des Priesters

*) Der Zusatz der LXX in V. 42 soll übrigens nach einem Schol. aus Theodotion mittelst Asteriskus eingefügt sein.

**) Vergl. Targ. Jonathan z. d. Stelle, das sich auch einer Umschreibung bedient.

der Hanna grob begegnet. Dieses ganze erste Capitel der Bb. Samuelis ist ein anderes Muster feiner targumischer Nachhülfe *). Man sieht, wie der Diaskeuast bemüht ist, Erleichterungen zu geben; Bindeglieder zu formen **); die Unebenheiten, welche sich bei der masorethischen Lesart ergeben, zu vermeiden, weil eben die oft barocke Kürze des Textes ihm wie vielen Anderen nach ihm Anstoss bereitete. Cap. 2, 10 geht die Feder mit ihm durch und er gibt eine Reminiscenz aus Jer. 9, 23 f.; ein ähnlicher Ballast findet sich in Cap. 3 a. E. u. 4, 14 f.; 2. Sam. 11, 22; 14, 30. Aehnlich ist 1. Sam. Cap. 5, 6; C. 6, 1: hier finden wir eine gut gemeinte Einschaltung der Mäuse (nach Vs. 5). Cap. 10, 1 wird am Schluss des hebr. Textes eine echt targumische Erweiterung angehängt, die bis in den 2. Vers hinüberwuchert; trefflich exegesirend, aber ohne Unterlage im Urtext; das Gleiche gilt von 2. Sam. 2, 5 (*καὶ Ἰωνάθαν τὸν υἱὸν αὐτοῦ*). Von der gleichen Hand wird das Cap. 12, 8 im Urtext stehende וַיֹּשִׁיבוּם (sie machten sie wohnen) bemängelt, was im Fluss der Rede ganz wohl zu ertragen, aber von strenger Targumistenhand und modernen Pedanten geändert und auf Gott bezogen wurde. Historische Zusätze finden sich von der targumischen Hand in 2. Sam, 8, 7(aus 1. Kön. 14, 25 ff.); ebenso V. 8; C. 14, 27; 24, 25. Wir schliessen eine Aufzählung aller Textesänderungen als zu weit führend aus und sagen zum Schluss: Alle Aenderungen fanden Statt, um gewissen Schwierigkeiten abzuhelfen; es sind das lauter Lesarten, die gar manchmal nicht übel gerathen sind, die aber doch nicht in die Zahl der variae lectiones des Grundtextes gehören. Mit den Büchern Samuelis hört die zum Theil fein nachbessernde Hand auf. Rohere Einflüsse machen sich dagegen geltend. Die Bücher der Könige haben allerlei grobdrähtige, historische und anderartige Zusätze (hinter 1. Kön. 2, 35; hinter 2, 46; hinter 8, 53; hinter 12, 24); aber sie haben keinerlei durchgehende Feilung im Text selber erfahren, so dass Thenius auch viel bescheidener hier auftreten muss, als bei den Bb. Samuelis. Er entblödet sich freilich nicht, zu behaupten, die LXX hätten solche Zusätze unmittelbar aus der Quellen-

*) V. 5. 6. 8. 11. 18. 21. 24.

**) Ein solches s. auch: 2. Sam. 24, 45.

schrift der Bb. der Könige geschöpft, indem sie, wo unser masorethischer Text abbricht, noch ein Stück weiter übersetzt hätten. Eine erheiternde Vorstellung von der glücklichen Lage der griechischen Dollmetscher! Aber die Sache ist diese: Thenius muss den Uebersetzer der Bb. der Könige möglichst hochstellen; damit eben sichert er sich die Gunst des Lesers auch für die Uebersetzer der Bb. Samuelis. Denn es muss den Kenner offenbar geniren, wenn er nicht in den Bb. der Könige das gleiche correctorische Verfahren dem Grundtext gegenüber einhalten kann, das ihm in den Bb. Samuelis so zur süssen Gewohnheit geworden. Das aber geht eben durchaus nicht bei diesen Königsbüchern, deren griech. Text vielmehr von Fehlern wimmelt und weitaus ungenauer ist, als derjenige der Bb. Samuelis. Wer möchte z. B. den Zusatz 1. Kön. 2, 13: *καὶ προσεκύνησεν αὐτῇ* für echt halten und so auch das *κατεφίλησεν* in V. 19? Man sieht hier deutlich die grobe Hand eines Diaskeuasten, der, was von Salomo V. 19 gesagt wird, dem Adonia zuschreibt, und um nun Salomo höher, als Adonia, zu setzen, ihm andichtet, er habe seine Mutter geküsst. Cap. 6, 1 —5 der LXX ist einer gewissen Ordnungsidee zu lieb Grundsteinlegung und Vollendung des Tempels zusammengeschoben. In Cap. 7 ist bei den LXX eine Versetzung des Hausbaues Salomo's an den Schluss des Capitels vorgenommen, um erst den Tempelbau zu Ende zu führen. Sinnlose oder ungehörige Zusätze s. C. 8, 53 (aus V. 11 u. 12) und Cap. 9, 9. Einschaltung und Auslassung wechseln nach Belieben (9, 15—25 fehlt im Cod. Vat.). Dann treten Versuche hervor, den Text concinner zu machen (in C. 11, 43 wird C. 12, 2 vorausgenommen; Cap. 12, 24 desgleichen ein Theil aus Cap. 14); ja eine Umstellung von Capiteln findet statt, indem Cap. 21 (Nabod's Weinberg) vor Cap. 20 gesetzt wird, deshalb wohl, weil bei Nabod Elia noch eine Rolle spielte, die letzte unter Ahab. Ein apologetisches *θεός* st. *θεοί* des Urtextes findet sich C. 21, 23. 2. Kön. 17, 27 ist ebenfalls in apolog. Tendenz die Hauptsache: „Einen der Priester" ausgelassen, und ebenso apologetisch ist das *αὐτὸν* in 2. Kön. 5, 18 statt *μὲ*. Desgleichen ist es Diaskeuastenmanier, wenn V. 33 ebendas. dem Könige von Syrien die Worte in den Mund gelegt werden: dass die Könige Israël's barmherzige Könige seien, und nicht, wie im Urtexte, den Knechten. Auch 2. Kön. 4, 41 ist die Hervorhebung des Gehasi nach spät-targumischer Manier. Die späteren Juden lieben diesen Edlen sehr; er soll eine Schule gebaut haben nach dem Midrasch. Eine subtile Textänderung im harmonistischen Interesse (nach der Aussage in Cap. 6, 33) findet sich 2. Kön. 7, 17. Diese und ähnliche Eingriffe in den Text zeugen davon, dass hier Diaskeuasten an dem edlen Leibe der LXX gewirthschaftet haben. Ihnen waren in Palästina die LXX gleichsam preisgegeben, und sie machten allerlei kleine Experimente mit dem Texte, ohne freilich viel dadurch zu schaden.

Neben diesen Eingriffen der Diaskeuasten erkennen wir dann wieder leicht den über kleinere oder grössere Steine des Anstosses hinwegstolpernden Uebersetzer aus der Ptolemäerzeit.

Wie wir oben an Beispielen aus Jesaia gesehen, charakterisirt ihn die Eilfertigkeit; die Sucht, nur fertig zu werden. Solcher leicht erklärlichen Eile entspringen dann Fehler, wie 1. Kön. C. 10, 8 a. 21b; desgl. 2 Kön. 9, 17. 18 (zweimal ἡ εἰρήνη für das fragende הֲשָׁלוֹם); 2. Kön. 1, 7 steht κρίσις sinnlos wörtlich; 3, 21 war ein Engpass für den Uebersetzer, in welchem er Fehler statt der Haare zurücklässt; C. 4, 3 ist das schwere אָסוּךְ völlig missverstanden, u. z. als Verbalform behandelt. V. 35 wird das dem Uebersetzer unbekannte יְזוֹרֵר (niesen) einfach ausgelassen; C. 6, 5 κεκρυμμένον für שָׁאוּל (entlehnt) gerathen. Cap. 9, 8 wurde וְאִבַּד leichter Hand in מִיַּד umgesetzt, aus purer Gedankenlosigkeit. C. 11, 14: κατὰ τὸ κρίμα ganz wörtlich, aber sinnlos; ebenso C. 14, 14 ist συμμίξεων gerathen nach dem Hebr., aber ohne Sinn; C. 15, 10 קָבָל-עָם: weil der Uebersetzer keinen Rath wusste, wurde es einfach durch Κεβλαάμ wiedergegeben, wie denn überhaupt (nach S. 124) derartige rudera oder testimonia paupertatis den ganzen Weg, den die LXX zurücklegten, bedecken, vor Allem aber in diesen 2 Königsbüchern. C. 17, weil vielfach schwierig, ist auch voll von Versehen. Cap. 18, 20 ist zwar wörtlich, aber ohne Sinn. C. 19, 3 wird מַשְׁבֵּר (matrix) umschrieben durch ἕως ὠδίνων, weil man den Sinn nur errieth.

Alle letztgenannten Irrungen sind echt septuagintisch und erinnern ganz an die vorbildliche Probe, die wir früher aus Jesaia gegeben. Wir könnten in dieser Analyse fortfahren und die verschiedenen Elemente, aus denen die Septuaginta zusammengesetzt ist, uns noch deutlicher vergegenwärtigen. Die Textesgestalt der Sprüche Salomo's würde dadurch in ein ganz neues Licht gestellt werden, da dieselben auch einerseits voll flüchtiger Umdeutungen unserer jetzigen Lesarten sind (z. B. C. 14, 14. 32; 16, 27); andererseits aber allerlei Erweiterungen, Umdeutungen und Umschweife mit sich führen, die das Wasserzeichen des Targums tragen, also auf Palästina und die daselbst erlittene Diaskeuase auch dieses Werkes schliessen lassen. Wir versparen diesen Nachweis für eine andere Gelegenheit, glauben aber aus dem Bemerkten schon jetzt folgendes sehr zur Sache gehörige Resultat ziehen zu dürfen.

Die Septuaginta trägt die Zeichen und Merkmale von Diaskeuastenhänden an sich, bei aller treuen Bewahrung eines sich gleichbleibenden Grundcharakters.

Beginnen wir mit letzterem, so ist zu sagen: dass die Septuaginta vom hohen Fels herunterhüpft wie ein frischer Bergquell, der schnell das seiner Kraft- und Wasserfülle entsprechende Flussbett sich zu bereiten weiss; nicht zu breit und nicht zu eng, nicht zu tief und nicht zu seicht. Sie meidet einerseits die Breite der späteren Targumim, die mit ihrem Redeschwall den Sinn des Urtextes möglichst zum Verständniss bringen wollen, andererseits aber vollendet sie nicht wie das enge Rinnsal des späteren Machwerkes Aquila's mit unerträglicher Klarheit und Wörtlichkeit ihren vorgeschriebenen Lauf. Vielmehr hält sie mit glücklichem Takt die goldene Mittelstrasse ein. Sie folgt mit gesunder jugendfrischer Ehrfurcht dem Grundtext, sucht im Vorbeigehen aufzuhellen, soviel als es ihr möglich ist, sucht das Schwere leichter zu sagen, und vergibt dabei doch nicht allzuviel der eigenen griechischen Sprache, der sich zu bedienen ihre Urheber von Jugend auf gewohnt waren. Denn sehr treffend sagt Bernhardy*): „Das Sprachgebiet (welches die LXX beherrschen) befremdet weniger durch seine Wörter und Formen, als durch innere geistige Verschiedenheit in Phrasen, bildlichem Ton, orientalischer Färbung und in dem Mangel eines ver-

*) Grundriss der griechischen Literatur, I. Theil, S. 502.

knüpften Satzbaues." — Die Verfasser der griechischen Bibel, so dürfen wir sagen, haben etwas Naives, Tendenzloses, Unbefangenes; und dem Einfältigen lässt es Gott gelingen. Wir, die auf ihren Schultern seit zwei Jahrtausenden stehen, sollten dieses ersten erhebenden, in Einem Wurfe doch ein Erkleckliches zu Stande bringenden Versuches stets mit Ehrfurcht gedenken. Ihre Eilfertigkeiten und oft vor dem Ziel ermattenden Anläufe wollen wir ihnen vergeben, — dagegen ihr Gedächtniss mit der gesammten christlichen Kirche in hohen Ehren halten.

Neben diesem Grundcharakter trägt die Septuaginta ausserdem die Merkmale einer über sie gegangenen Diaskeuase an sich. Diese Diaskeuase ist, abgesehen vom Pentateuche, bei dem sie schon von den ptolemäischen Uebersetzern vorgefunden und blos recipirt ward, besonders in den Königsbüchern, u. z. in den Bb. Samuelis vortheilhaft, dagegen minder gut in den speciell so genannten Büchern der Könige uns entgegengetreten. Charakteristisch für sie ist der den späteren Targumisten so besonders eigene Trieb, das Dunkle des Grundtextes zu erklären; das scheinbar Unpassende zu verdecken; durch eine Litotes das Harte zu vertuschen; kurz, dahin zu sehen: dass nur ja Niemand Anstoss nehme, vielmehr das betreffende heil. Buch im besten Lichte sich dem Leser präsentire.

Diese Leute betrachten Alles durch die Loupe des *θεοπρεπές*; was Gott, ja später sogar, was Israël und den heil. Männern anständig ist — wird der Kanon, wonach sie den Text glätten; oder in dem Interesse, Widersprüche zu heben, nehmen sie kleine Manipulationen am Texte vor; Schriftstellen durch Schriftstellen zu corrigiren, stehen sie nicht an. Was dem Propheten im einzelnen Fall ziemt, was dem gemeinen Mann und was dem Könige wohl ansteht, das wissen diese Palästinenser nach einem eigenen Kanon von vorn herein zu bestimmen. Zu solcher minutiösen Nachhülfe hatten nun aber die ersten Uebersetzer, die sogenannten LXX, keine Zeit. Derartiges muss einer späteren Zeitperiode zugeschrieben werden, der Zeit nämlich, wo die griechische Bibel in palästinensische Hände überging.

Und auch diese targumische Nachhülfe hat ihre Entwicklung und ihr starkes Wachsthum gehabt, wovon wir bald hören werden.

In der Septuaginta treten uns nur die ersten Spuren einer solchen Nachhülfe entgegen.

In Palästina aber war es, wo die Septuaginta mit jenen freilich ganz vereinzelten Spuren der Thora schbeal phe (der mündlichen Tradition) überladen ward, auf welche Frankel in seinen zwei wichtigen Werken*) aufmerksam gemacht. Es sind das jene haggadischen und halachischen Elemente, die z. B. ein Philo, der sich rein an die ägyptische Septuaginta hielt, noch durchaus nicht kennt, indem von einem Ende seiner Bücher bis zum anderen, wie Rabbi Asarja klagend ausruft, keine Spur davon zu finden sei, dass er die mündliche Tradition gekannt.

Während die LXX zuweilen schon palästinensische Gebräuche in den Text eintragen (z. B. zu Exod. 13, 13; 22, 7 (8); Lev. 23, 11; Deut. 25, 5; Jes. 1, 13; 1. Chron. 9, 31**), so kennt Philo nur den nüchternen Buchstaben und ärgert dadurch einen so guten Talmudisten, wie Rabbi Asarja***) nicht wenig. Daraus folgt, dass alle jene halachischen oder haggadischen Elemente, deren sich aber nur wenige bei den LXX, wie wir sie kennen, finden†), in Palästina dem Leibe der LXX angeschweisst wurden††).

Bei Onkelos ist dann die halachische Exegese schon ein ganz stehender Artikel in seiner Uebersetzung.

---

*) Vorstudien zu der Septuaginta und: „Ueber den Einfluss der palästinensischen Exegese auf die alexandrinische Hermeneutik", S. 42 ff., S. 89 ff.

**) S. Frankel, Ueber den Einfluss etc. S. 97 und Hodegetica in Mischnam, S. 11 u. 314 f.

***) S. Meor Enajim S. 64 f. der Wiener Ausgabe.

†) Frankel macht unseres Erachtens viel zu viel derartige Spuren im Pentateuche ausfindig.

††) Als solche Merkmale einer palästinensischen Hand nennen wir noch mehrere Psalmenüberschriften (z. ψ 24, 1; ψ 48, 1; ψ 66, 1); ferner wenn Jehova LXX z. Amos 4, 2 bei den Heiligen, also nach palästinensischer Unsitte schwört. In Hiob 20, 15 liest cod. C. ἄγγελος θανάτου; C. 22, 26 bieten die LXX echt jüdisch οὐρανός für Eloah. Hiob. 40, 14 (vergl. C. 41, 24) spielen die Engel mit dem Behemoth; nach ψ 104, 26 spielt Jehova mit dem Leviathan. Das Alles riecht nach jüdisch-palästinensischer Tradition.

In Alexandrien blieb nun zwar die echte LXX-übersetzung, welche auch ein Philo benutzte*), aber durch Brand ist die Bibliothek schon im alexandrinischen Krieg zerstört**). Es konnten also Originale nicht mehr vorgewiesen werden, um die echte Lesart in Evidenz zu erhalten. Abschriften***) kursirten genug; aber als nun später die palästinensische Septuaginta, also die im westaramäischen Dialekt geschriebene Volksbibel (der wir besonders im N. T. auch auf dem Boden der Praxis begegnen) in's Griechische retrovertirt ward, — da floss manches Element, das sich den LXX auf ihrem Wege durch Palästina hindurch angesetzt, zurück in die reineren alexandrinischen Exemplare. Zuletzt wurde Alles zu Einem dichten Conglomerat in der sogen. *κοινὴ ἔκδοσις* — und erst Origenes versuchte in der Hexapla diesem Chaos abzuhelfen, natürlich nicht immer mit Erfolg, besonders auch deshalb, weil nach ihm Andere durch Auslassung der Asterisken und Obeli neue Verwirrung in den Text der LXX brachten. Immerhin haben wir durch die Bemühungen des Origenes eine gereinigtere Septuaginta als vorher!

Aus dem Zusammenwirken folgender Faktoren ist demnach unsere heutige Septuaginta entstanden zu denken:

1. Im Pentateuch — aus der vorptolemäischen Uebersetzung, welcher die ptolemäischen Uebersetzer als einer Vorlage voll hoher

---

*) Dass Philo ganz und gar von den LXX abhängt, zeigt Rabbi Asarja in Meor Enajim, S. 59b ff.

**) Plutarch 49 und Aulus Gellius l. VI, Cap. 17; nach Letzterem verbrannten dabei 700.000 Bände.

***) Eine andere Bibliothek stand im Quartier Rhakotis in Alexandrien und war ein Theil des Serapeum. Sie war nach Epiphanius, De mensuris 11 später gegründet, als jene alte im Bruchium, u. z. von Cleopatra als Ersatz für jene erste. Hier war freilich auch die Septuaginta nach Epiphanius' Zeugniss; aber das *αὐτόγραφον* war offenbar verbrannt. Tertullian im Apolog. C. 18 sagt, dass hier die Septuaginta mit den hebr. Urschriften bewahrt würde. Auch Justin, Apol. 1 c. 31 weiss von dem Dasein dieser Septuaginta zu seiner Zeit, und auch Chrysostomus in d. Oratio contra Judaizantes erzählt das gleiche von seiner Zeit, denn die Bibliothek ging nur allmählich unter; die 391 durch christl. Fanatismus erregten Aufstände machten ihr den Garaus. S. Usserius De LXX int. Cap. 3.

Autorität sich bedienten, gewiss zur grössten Erleichterung der eigenen Arbeit.

2. Aus der Hand der ptolemäischen Uebersetzer selber, welche aber erst in den ausserpentateuchischen Büchern charakteristisch auftritt, wie wir oben gesehen.

3. Aus einer Diaskeuase, welche die LXX bei ihrem Uebergang in palästinensische Hände erfuhren, u. z. hie und da gemäss der traditionellen Richtung Palästina's, besonders aber im Interesse der Erläuterung schwieriger Textesstellen. Die Spuren dieser Bearbeitung flossen in die echte Septuaginta über zur Zeit, als man die hie und da palästinensisch gefärbte Septuaginta wieder in's Griechische zurücknahm, oder retrovertirte, beziehungsweise den echten griechischen Text nach den Zusätzen der palästinensischen Edition corrigirte.

CAPITEL III.

DIE TARGUMISCHE ENTWICKLUNG INNERHALB PALÄSTINA'S.

Wir reden von der targumischen Entwicklung innerhalb Palästina's, nicht etwa blos Judäa's, denn Samarien wird auch hier wieder unsere Aufmerksamkeit auf sich ziehen. Stehen wir aber zunächst eine Weile still und werden wir uns klar über das Wort und den Begriff Targum selber. Wir haben uns dieses Wortes bisher schon oft bedient, so dass es Zeit wird, Rechenschaft davon zu geben, was es bedeute. Wir begegnen diesem Worte zuerst in Esra 4, 7, wonach ein Brief von Palästinensern an den Grossen König geschrieben wurde in Aramäischer Schrift und übersetzt (näml. in's Aramäische, was der Text vorsichtig hinzufügt, die LXX aber dem Sinne entsprechend auslassen). Sie hatten also, was in ihrer Sprache concipirt worden, in die ostaramäische Reichssprache*) vertirt. Der Begriff des Uebersetzens wird nun jedenfalls so alt gewesen sein, als das Bedürfniss darnach**); Uebersetzungen haben wir schon auf den

*) S. Ewald, G. Isr. IV, S. 120 über die Verbreitung und Bedeutung dieser Sprache. Die neuesten Forschungen bestätigen dies.

**) Gegen Hengstenberg, Authentie des Daniel, S. 300.

Keilinschriften. Natürlich also, dass die Hebräer schon zu Esra's Zeiten einen Ausdruck für diesen Begriff geformt hatten.

Seitdem die hebräische Sprache der heil. Bücher in Palästina auf den Aussterbeetat gesetzt worden, ergab sich die Nothwendigkeit, neben der immerdar beibehaltenen Lektüre des Urtextes eine Uebersetzung im Landesidiom hinzuzufügen*). Diese Uebersetzung soll nach jüdischer Meinung ein besonderer מְפָרֵשׁ oder auch Meturgeman, d. h. Dragoman, gegeben haben. Genau den Zeitpunkt zu fixiren, wann mit diesen Uebersetzungen des Grundtextes in die Volkssprache begonnen wurde, ist wegen des Mangels an Quellen unmöglich. Aber dass von alten Zeiten her (ἐκ γενεῶν ἀρχαίων κατὰ πόλιν) Mose in den Synagogen gelesen ward, sagt uns die Apostelgeschichte C. 15, 21**); und dass seit Antiochus auch die Propheten verlesen wurden, ist eine bekannte Tradition***) und im N. T. als Praxis durch Luc. 4, 17 und Act. 13, 15 erwiesen. Dass nun das Verlesene sofort verdollmetscht ward in der Landessprache, ist alte Tradition; Alting und Vitringa haben die Stellen gesammelt †). Letzterer setzt den terminus a quo dieser aramäischen Uebertragungen in die Zeit nach Antiochus Epiphanes, weil dazumal jedenfalls die hebräische Sprache Volkssprache zu sein aufgehört. Der Talmud und die älteren jüdischen Lehrer ††) lassen diese Verdollmetschung von den Tagen des Esra beginnen. Der Talmud sagt schlechtweg: מְפוֹרָשׁ זֶה תַּרְגּוּם d. h. in der Stelle Nehemia 8, 8 sei מְפוֹרָשׁ s. v. a. תַּרְגּוּם oder Uebersetzung, und Esra habe damals das hebräisch Verlesene schon in's Aramäische verdollmetschen lassen †††). Im N. T. findet sich von diesem Institute keine Spur. Allein Paulus

*) S. Zunz, Die gottesdienstlichen Vorträge der Juden S. 5—10 und 330 f.

**) S. dazu Vitringa, De synagoga vetere S. 1010.

***) S. Zunz a. a. O. S. 5 f.

†) Vgl. Vitringa a. a. O. S. 1016 ff. und Zunz S. 8, der die Targumim fast so alt sein lässt als die Vorträge aus dem Urtext. S. ebendas. S. 331 und 357.

††) S. Rabbi Asarja in Meor Enajim S. 79 b.

†††) Vgl. dazu Zunz, a. a. O. S. 330.

scheint in 1. Cor. 12, 27. 28 auf diesen usus anzuspielen, wenn er auch für die Glossolalie der korinthischen Gemeinde einen διερμηνευτής fordert*). Die Vorschriften über das Institut der Dolmetscher sammelte zuerst Maimonides, ein Jude des Mittelalters**).

Man las also die heil. Schrift öffentlich vor, und zwar auch in der dem Volke verständlichen Sprache, d. h. also der westaramäischen. — Verkehrt ist aber die Meinung neuerer jüdischer Gelehrten***), dass die Targumim in Palästina nicht aufgeschrieben wurden, ja selbst das Targum Onkelos jahrhundertelang bloss mündlich fortgepflanzt worden sei. Viel richtiger sagt Zunz (a. a. O. S. 8.) „Von einem in der Regel eigens dazu angestellten Uebersetzer wurde der vorgelesene Text der Schrift, vers- oder paragraphenweise, auswendig der Gemeinde aramäisch übersetzt.“ Dies schliesst eine schriftliche Vorlage nicht aus. Man schliesst bei dieser Frage zu voreilig von dem Verbote, die Mischna niederzuschreiben, darauf, dass auch die Targumim nicht schriftlich aufgezeichnet werden durften. Aber der Unterschied zwischen beiden ist ein beträchtlicher. Die Mischna enthielt eine mündliche Tradition über das Verständniss und die Anwendung des göttlichen Gesetzes, die, wenn aufgeschrieben, zu Streit und Sectenbildung Anlass geben konnte. Aber das Gleiche gilt von den Targumim doch jedenfalls nicht; und sollte auch eine derartige Warnung vor dem Aufschreiben der Targumim wirklich alt sein, so wurde sie, wie Zunz †) bemerkt, doch gewiss nie genau befolgt. Denn man warnte, wie derselbe Gelehrte angibt, gegen das Aufschreiben der Targumim nur insofern, um zu verhindern, dass etwas Geschriebenes der Art kanonische Autorität (neben dem heil. Urtext) erwerbe. Es muss die Warnung selber

---

*) S. Vitringa a. a. O. S. 1021, der Lightfoot und Alting hierin beistimmt.

**) Bei Vitringa a. a. O. S. 1018, der die grosse Freiheit, die bei der Ausübung dieses Amtes zulässig war, hervorhebt. Es war kaum streng fixirt.

***) Luzatto im Philoxenus, S. IX; anders urtheilt Frankel, Zu dem Targum der Propheten, S. 20.

†) A. a. O. S. 62.

den abusus der Targumim zur Voraussetzung haben; der abusus postulirt aber den usus. Aehnlich warnt der römische Klerus vor dem Lesen der Bibel überhaupt, um allem Missbrauch vorzubeugen. Dabei setzt dieser Klerus das Dasein von Volksübertragungen der Bibel voraus. Die Natur der Sache selbst spricht nun für das Aufschreiben der Targumim. Dieselben hätten darunter gelitten, falls sie nicht aufgeschrieben worden wären. War die Uebersetzung des hebräisch Verlesenen dem jeweiligen Meturgeman überlassen, so musste wohl Alles schwankend werden; die Erbauung des Volkes ward abhängig von dem Belieben des Uebersetzers. So unpractisch waren die Männer der grossen Synagoge, oder später das Synedrium denn doch nicht. Zwar beruft sich Luzatto im Philoxenus S. IX auf den Talmud (Perek hakoreh omed), wonach nur die Bibel, nicht das Targum abgelesen werden durfte *). Aber der dort erwähnte Rabbi Samuel lebte 320 nach Christus und ist also eine sehr späte Autorität. Damals mochte es vielleicht Sitte geworden sein, wohl die heilige Schrift selber, aber nicht das Targum abzulesen, um eben den Unterschied zwischen beiden recht zu markiren. Wir haben aber als weit älteres Beispiel die Vorlesung des Propheten Jesaia seitens Jesu (Luc. 4, 16—18 vgl. dazu Lighfoot, Hor. Hebr.); diese geschah in der Synagoge und aus einer Buchrolle, und was Jesus las, war ein den LXX sehr nahestehendes Targum, nicht aber der hebräische Text.

Nach Frankel verhält es sich übrigens mit der Mischna ganz ähnlich **). Auch diese wurde, wie wir mit Frankel ***) sagen, frühzeitig schriftlich verfasst, noch zur Zeit Rabbi Jehuda's †); dabei wurde aber immer noch an der mündlichen Einprägung der Mischna festgehalten, weil ohnehin dieselbe nur in wenigen Exem-

---

*) Die Stelle lautet: Rabbi Samuel, Sohn Rabbi Isaak's, sah einen Vorleser, der sich eines schriftlichen Targums bediente. Zu diesem sagte er: „Gestattet ist dir nur, was mündlich überliefert, mündlich, was dagegen schriftlich, mit Hülfe der Schrift vorzutragen."

**) Auch mit dem Aufschreiben der Haggada's waren Manche aus Furcht vor Missbrauch nicht zufrieden, s. Zunz a. a. O., S. 172.

***) Hodegetica in Mischnam, S. 218.

†) Ebendaselbst S. 158.

plaren existirte. Ebenso mochte dies der Fall sein bei den Targumim, deren Anzahl auch nur eine geringere gewesen, weshalb dann der Meturgeman die Abschnitte auswendig zu lernen gehalten war.

Wir stimmen also Zunz *) vollkommen bei, wenn er sagt: „Geschriebene aramäische Uebersetzungen der meisten biblischen Bücher hat es sicherlich schon unter den Hasmonäern gegeben. Damals war das Aramäische Volkssprache, und wenn die Hellenisten sich die Schrift in's Griechische hatten übertragen lassen, so steht zu vermuthen, dass in Palästina und Babel dies hinsichtlich der dortigen Mundart der Juden bereits eben so früh geschehen sei."

Es gab also Vorleser des Gesetzes und der Propheten von alter Zeit her (ἐκ γενεῶν ἀρχαίων Apostelg. 15, 21), und diese bedienten sich geschriebener Uebersetzungen in der Landessprache, ganz wie sich unsere Prediger der kirchlichen Uebersetzungen bedienen.

Wann aber hob man ungefähr an, solche Uebersetzungen anzufertigen. Dieser Frage können wir nicht länger ausweichen. Der Trieb, ein Targum zum bestehenden Text zu liefern, ist in Israel sicherlich so alt, wie der Trieb, Proselyten zu machen. Ein erstes Beispiel gibt uns der griechische Pentateuch vor der Zeit Alexander's und der Perserkriege, von dem oben (S. 48 f.) gehandelt wurde. Aber wir wollen hier reden von der speziellen Färbung, die der Begriff der Uebersetzung innerhalb der jüdischen Landesgrenzen annimmt; also die specifisch jüdische Färbung des targêm, des Uebersetzens wollen wir kennen lernen. Das ist etwas ganz Eigenartiges: den Begriff der Uebersetzung im heutigen Sinn, also die Uebersetzung als Kunstwerk, kannte man nicht. Es war die Uebersetzung im jüdischen Sinne immer mehr oder weniger Paraphrase; der Trieb nach Verdeutlichung, der Trieb, dem Text unter die Arme zu greifen, ihm nachzuhelfen, dass er noch deutlicher zum Hörer rede, als er es schon thut — dies kennzeichnet die targumische Thätigkeit der Juden. Es war ein höchst ehrwürdiger Trieb, aus dem die Targumim entstanden: es galt durch das Wort Gottes Seelen zu erretten. Nun aber sind diese Seelen im Allgemeinen stumpf, oder gar wider-

*) A. a. O. S. 61.

willig! Was thut nun der zu ihrem Dienst bereite Targumist? Indem er die öffentliche Verlesung von Gesetz und Propheten, oder auch den Idioten und Heiden in's Auge fasst, kommt ihm unwillkürlich ein oder das andere Wort in die Feder, oder zunächst schon über dem Lesen in den Mund, das er in den Text einfliessen lässt; hie und da gestattet er sich eine leichte Umstellung; eine Litotes, eine Abfeilung der scheinbaren Härten, des adoucissements nach Renan's*) treffendem Ausdruck. Auch das Formelle des Satzes wird angetastet; das Verhältniss von Vorder- und Nachsatz alterirt, ein „Und“ eingeführt und dergl. mehr. Endlich für die archaistischen Benennungen des Grundtextes gestattet man sich eine modernere, der Gegenwart entsprechendere. Es nimmt dieses Streben dann aber grössere Dimensionen an. Während man zunächst aus einem gewissen kindlichen Uebereifer also verfuhr, so kommt dann später Methode in dieses Verfahren. Man machte Zusätze und gestattete sich Aenderungen nach gewissen, immer fester werdenden Principien, die einen Bezug auf Lehren über Gott, besonders auf das *θεοπρεπές*, ferner auf das, was Israël gezieme u. s. w. hatten. Man construirte den Text der h. Schrift nach den Zeitforderungen; die Interessen und Empfindungen der Gegenwart wurden in das Schriftwort hineingetragen**). So entfernte man sich allmählich immer weiter von der buchstäblichen Uebertragung, bis dann der Fluss der targumischen Uebersetzung so anschwoll, dass nun auch allerlei Sagen und künstliche Verbindungsglieder mit in den Text des Targums hineingerissen wurden und den ehedem, in der Nähe des Ausgangsortes, reinen Strom zu einem kurz vor der Mündung schmutzigen und trübe dahin fliessenden Gewässer machten.

Die Haupteinschnitte dieser targumischen Entwicklung bilden 1. die Septuaginta, resp. die in sie übergegangene vorptolemäische Uebersetzung des Pentateuches; denn die ptolemäischen Uebersetzer selber gehen nicht methodisch zu Werke; 2. die samaritanisch-chaldäische Uebersetzung; 3. Onkelos und das Targum Jonathan zu den Pro-

---

*) Les apôtres, S. 65.

**) S. Zunz a. a. O. S. 59.

pheten; 4. die jüngeren Targumim — wie das jerusalemische Targum *).

Geben wir etliche Beispiele von diesem allmählichen Anwachsen der targumischen (d. h. also specifisch-jüdischen) Uebersetzungsweise, die eben eine ganz aparte, bei keinem Volke in dieser Weise wiederkehrende ist. Wir nehmen hier als ein bei allen genannten Uebersetzungen durchschlagendes Beispiel die Vermeidung der Anthropomorphismen und Anthropopathien, wo es sich um das göttliche Wesen handelt. Diese Sucht, Anthropomorphismen zu vermeiden, zieht sich wie ein rother Faden bei den Uebersetzungen jüdischen Ursprungs durch die Jahrhunderte hindurch und lässt sich besonders gut verfolgen. Aber wie dünn ist dieser Faden in der Septuaginta, wie stark tritt er dagegen hervor bei Onkelos und Jonathan? Dazu kommt, dass dieser eingelegte Faden doch eigentlich n u r im Pentateuch ersichtlich wird; denn was für Anthropomorphismen die Uebersetzer der späteren heil. Bücher sich gefallen lassen, kann man nachlesen bei Frankel **); die Lust, das Anthropopathische zu meiden, ist ihnen nie ernst gewesen, sie ward nicht methodisch verfolgt; auch hiezu liessen sie sich nicht einmal die Zeit. Aber auch im Pentateuche ist von Frankel ***) noch viel zu oft als Anthropomorphismus angesehen, was nicht dahin gehört. Gen. 6, 6. 7 meiden die LXX den Ausdruck „Reue"; gleichwohl haben sie ἐνθυμέομαι übersetzt, was bei Aeschylus in den Eum. 213 „sich Etwas zu Gemüthe ziehen" bedeutet, und also ebenfalls zur hebr. Radix im Urtext passt; נחם ist: schnauben, stark athmen; Ni. für sich schnauben, den inneren Zorn durch heftiges Athmen an den Tag legen" †). „Reue empfinden" ist aber erst bei den Uebersetzern ausserhalb des Pentat. von Gott gesagt. Wir können an dieser Stelle nur in V. 6, u. z. hier in dem διενοήθη, eine entschiedene Litotes erblicken; ein erster Ansatz zur Vermeidung der Anthropopathien in der Septuaginta. In

*) Ueber die Identität des Targ. Jeruschalmi und des sogenannten Targ. Pseudo-Jonathan's s. Zunz, Die gottesd. Vorträge etc., S. 66—72.

**) Vorstudien, S. 178 und das Citat in der Anmerkung.

***) In seinem mehr erwähnten Werke: Ueber den Einfluss etc.

†) Vgl. Ewald, Ausf. Lehrb. der Hebr. Sprache, S. 282, 299 Not. 2.

Gen. 33, 20 waltet einfach ein Missverständniss des Vertenten ob, und nicht die Scheu, Gott in's Irdische herabzuziehen. Der Vertent begriff nicht, dass ein Ort hier „Gott" genannt wird, während doch ganz das Gleiche mit Bethel geschah, nach der daselbst dem Jakob zu Theil gewordenen Theophanie (Gen. 35, 7; vgl. Ex. 17, 15; Ezech. 48, 35 nach dem Cod. Alex, wo die LXX keinen Anstoss nahmen). Auch Gen. 18, 21 missversteht man das כָּלָה, wenn man es von Vernichtung deutet und dies nun Seitens der LXX aus zarter Scheu durch eine andere Uebersetzung umgangen sehen will. Die LXX wollen den Grundtext nicht gelinder machen; sie übersetzten correct.

Es ist ferner eine reine petitio principii, dass der Jehovaname deshalb mit *κύριος* übersetzt ward, weil die LXX schon dem jüdischen Aberglauben von der Unaussprechlichkeit dieses Namens gefröhnt hätten. Vor dieser Meinung hätte schon der Umstand behüten sollen, dass Origenes den Gottesnamen Jehova in den akkurateren Handschriften der LXX*) mit hebräischen Buchstaben (*ΠΙΠΙ* = Pipi) geschrieben fand. So ungenügend also fand man das *κύριος*, so sehr erschien es nur als ein Nothbehelf für die Griechen, dass man selbst das Anstössige nicht scheute, hebräische Buchstaben, die dann in griechische verzerrt wurden, mitten unter den griechischen erscheinen zu lassen. Als das allzu hinderlich wurde, so warf man die fremdartige Buchstabengruppe heraus und substituirte wieder *κύριος*, was dann aber doch noch durch das mysteriöse Pipi (*ΠΙΠΙ*) in vielen Codices am Rand notificirt wurde. Der Codex Marchalianus, aus dem der Jesaiatext, den Procopius Gazaeus commentirt, geflossen ist, hat das Pipi überall am Rande. Derselbe ist aus den Hexapla Origenis entnommen, und muss also jenes Pipi dort schon am Rande gestanden haben. Es genügte das *κύριος* nicht, um den Jehovanamen von den übrigen Gottesnamen zu unterscheiden**). So malte man denn, so gut man konnte, die ipsae literae hin und las etwa *κύριος*. Das *κύριος* ist also ein purer Nothbehelf, und nicht aus abergläubischer Scheu von den LXX gewählt worden.

*) S. Montfaucon, Origenis Hexapla T. I, S. 86.

**) Ueber dieses Pipi vgl. auch Joann. Curterius in seiner Ausgabe der epitome Jesaiae des Procopius Gazaeus, in der Vorrede.

In Exod. 24, 10 sind die Umschreibungen: *εἶδον τὸν τόπον οὗ εἱστήκει ὁ θεός* und: *τὰ ὑπὸ τοὺς πόδας* zur Vermeidung des Anthropomorphismus gegeben. Das Wohnen Gottes unter Israël und auf dem Sinai (Ex. 29, 45. 46; C. 24, 16) wird von den LXX aus der gleichen Scheu umschrieben, dennoch aber ohne Consequenz; Ex. 29, 43 sagen sie ein *τάξομαι* von Gott aus (also s. v. a. sistam me ibi). Wo Gott auf Mose eindringt (Ex. 4, 24), ist *ἄγγελος κυρίου* übersetzt *). Vieles von solchen Aenderungen ist gewiss auf Rechnung dessen zu setzen, dass man die heiligsten Angelegenheiten nicht dem Gelächter der Heiden und Proselyten aussetzen wollte. Dahin gehört Exod. 4, 20: *ῥάβδος ἡ παρὰ τοῦ θεοῦ*, nicht aber wie das Hebräische fordert, *ῥάβδος θεοῦ* **); ferner Ex. 19, 3: *εἰς ὄρος τοῦ θεοῦ*; V. 4 die Einfügung eines *ὡσεί* ***); vgl. weiter C. 14, 13; oder C. 4, 16 (*τὰ πρὸς τὸν θεόν*); C. 10, 16; 34, 28 (beidemal ein *ἐναντίον*). Dagegen findet sich die crasse hebräische Ausdrucksweise conservirt Ex. 7, 1 (wo Mose dem Pharao zum Gott gesetzt wird).

Wenn wir uns nun vor Augen halten, dass die Uebersetzer der anderen heil. Bücher mit Anthropomorphismen nicht sparen †), dass auch im Pentateuch selbst sehr unconsequent verfahren wird ††), und die Septuaginta weit hinter Onkelos in dieser Hinsicht an Consequenz zurückbleiben †††), so wird die Richtigkeit des oben Gesagten hervorleuchten: dass die Sucht, Anthropomorphismen zu meiden, bei den LXX, wo sie selbständig Hand an's Werk legen, ganz im Anfangsstadium ist. Den Unterschied aber zwischen den Uebersetzern des Pentateuches und denjenigen der anderen heil. Bücher können

*) Aehnlich Onkelos.

**) Aehnlich Onkelos.

***) Aehnlich Onkelos.

†) Vgl. z. B. Richter 10, 16; 1. Sam. 15, 35; Jer. 20, 16; 1. Kön. 19, 11.

††) M. vgl. besonders Exod. 33, 18, wo die LXX weiter gehen, als der Urtext, indem *σεαυτόν* gesetzt wird.

†††) Der Vergleich, den man auf Grund von Exod. 33, 12 — 23 zwischen den LXX und Onkelos anstellen mag, wird jeden Einsichtigen über den Unterschied, der hier obwaltet, sowie über den Zuwachs bei Onkelos belehren.

wir uns nur daraus erklären, dass auch diese Eigenthümlichkeit nicht auf dem Boden der LXX selbst gewachsen, sondern entlehnt ist aus der vorptolemäischen Uebersetzung. Wo diese sie verlässt, da geht es über Stock und Stein weiter; alles früheren vergessend, übersetzen sie d'rauf los — um nur zum Abschluss zu kommen. Es wäre dies, nebenbei gesagt, ein Beweisgrund mehr für die partielle Abhängigkeit der LXX von einer griech. Vorlage, die ja durch Aristobul historisch bezeugt ist. Dass schon in so früher Zeit ein solches Streben, das Anthropomorphische zu meiden, vorhanden gewesen, dürfte nur Denjenigen befremden, der es aus einer Art von rationalistischer Tendenz ableitet. Diese liegt aber keineswegs darin, sondern die Furcht, dem gemeinen Volke durch eine wörtliche Uebersetzung Anstoss und Anlass zum Missbrauch zu geben, war allein massgebend für jene vorptolemäischen Uebersetzer. Der wahre Gläubige findet sich bei solchen Ausdrücken leicht zurecht, aber der grosse Haufe konnte ihres Erachtens leicht geärgert werden.

Das zweite Glied in dieser targumischen Entwicklung, die von kleineren Idiotismen ausgeht, bis sie endet in der eingerosteten Manier der späteren Targumim, bildet die samaritanisch-chaldäische Uebersetzung. Wir wollen dieselbe hier nur beiläufig betrachten, um ihr eine Stelle im targumischen Entwicklungsgange anzuweisen.

Diese Uebersetzung steht vielfach unter dem Bann der hermeneutischen Tradition Judäa's, so dass man seit Eichhorn's Vorgang*) sogar annahm, der Uebersetzer hänge gänzlich von Onkelos ab. Diesem Wahne hat aber schon Winer**) widersprochen, und dass diese Version älter sei als Onkelos, werden wir nunmehr an einem und dem anderen Beispiele zeigen. Die Versio Sam. hält, wie Winer richtig gezeigt, ganz zu den LXX, was edle Einfachheit und Achtung vor dem Urtexte anlangt; sie schweift nicht so vom Text ab, wie die jüdischen Haupttargumim, und ist nicht sklavisch treu, wie Aquila***).

Leise Ansätze zu einer Vermeidung des Anthropomorphischen in Bezug auf Gott finden wir schon bei der Vorlage dieser samari-

---

*) Eichhorn, Einleitung in das A. T. I, §. 304.

**) De versionis Pentateuchi Samaritanae indole, S. 64 ff.

***) A. a. O. S. 48 f.

tanischen Uebersetzung, im Sam. Pentateuch selber. Num 22, 20; 23, 4. 5. 16 hat derselbe den Maleach Jehova, den Engel des Herrn, eingeschoben, um Körperliches von Gott fernzuhalten. Desgleichen substituirt dieser Pentateuch Gen. 20, 13; 31, 53; 35, 7; Exod. 22, 8, wo überall Elohim mit dem Plural des Verbums construirt wird, den Singular an Stelle jenes Plurals, um jeden Schein des Polytheismus zu meiden; Deut. 29, 19 ist diesem Codex Hebr.-Sam. das יֶעְשַׁן des Grundtextes zu stark für Gott, er substituirt also יחר. In solchen kleinen Ansätzen betritt also schon der samarit. Grundtext selbst die targumischen Pfade, welche dann sein späterer Uebersetzer mehr methodisch betrat, aber nicht in dem Masse wie Onkelos, und lange nicht in dem Masse, wie die ganz späte arabisch-samarit. Uebersetzung des Abusaid *).

Unser samarit. Uebersetzer schiebt also an Stellen, wo Gott zu sehr auf das menschliche Niveau herabgezogen erscheint, zuweilen den Maleach (Jehova, Elohim) ein, z. B. Gen. 3, 5 (wo Onkelos weitergehend רַבְרְבִין magnates übersetzt); 5, 1. 24; 9, 6; 17, 22**); 18, 33; ohne sich aber consequent darin zu bleiben, vgl. C. 18, 17. 19, wo er Jehova stehen lässt. Auch vermeidet er durchaus nicht ängstlich den Gedanken, dass Abraham vor Jehova gestanden: z. B. Gen. 19, 27: an den Ort, woselbst er gestanden vor Jehova (Vers. Sam.); wogegen Onkelos systematisch übersetzt: „wo er (Abr). im Gebet vor Jehova gedient" (vgl. Gen. 18, 22 in beiden Versionen). Ebenso lässt er es zu, dass Jakob den Jehova geschaut (Gen. 28, 13), wo Onkelos die יְקָרָא (δόξα) einschiebt. Desgleichen Gen 33, 30 und. 16, 14 zeigt sich die Vers. Sam. ganz einfach, wogegen Onkelos umschreibt. Unser Vertent behielt ferner ganz naiv, hierin von fast allen Uebersetzern abweichend, den Ausdruck Elohim bei, wo derselbe auf Menschen angewendet wird; Exod. 4, 16; 7, 1 (LXX θεὸν, Onk. רַב); C. 21, 6; 22, 8 (Onk. Richter und LXX κριτήριον). Doch Gen. 6, 2 ist er wieder dem Onkelos näher und

*) Vgl. Winer a. a. O. S. 60, Note 75.

**) Wo die Vers. Sam. angelus setzt, hat Onkelos das schon abgeblasstere יְקָרָא.

entfernt sich dagegen von den wörtlich übersetzenden LXX, indem er ברי שלטניה „Herren-söhne" bietet (= Onk.)

Was den Ausdruck der Gemüthsbewegungen, wo sie von Gott ausgesagt werden, anlangt, so steht die Samaritan. Uebersetzung dem Hebräischen Urtext weit näher, als dem Onkelos. In der wichtigen Stelle Gen. 6, 6. 7 wird von dem Samaritanischen Uebersetzer וַיִּנָּחֶם durch ואתנפח *) vertirt: er schwoll an (von Zorn), gewiss so stark, wie im Urtext; desgleichen ist יִתְעַצֵּב in 6b durch das synonyme אתעצר im Sam. wiedergegeben, d. h. also: „er quälte sich in seinem Innern".

Exod. 4, 24 lässt er den Jehova auf Mose stossen (פגע); während Onkelos dies dem Maleach Jehova überlässt. In Exod. 33, 17—22 zeichnet sich die Samaritan. Uebersetzung durch grosse Schlichtheit aus. Vs. 18 hat unser Uebers. das Hebräische כְּבֹדֶךָ einfach beibehalten, während LXX σεαυτόν und Onkelos יְקָרָךְ übersetzt. In V. 20 hat die Sam. Vers. (= LXX) einfach, wie im Hebr. למחזי אפי während Onkelos שְׁכִנְתִּי (die Schechina) hinzufügt. V. 22 hat die Sam. Uebersetzung (wie LXX) treu das Hebr. wiedergegeben, sie sagt: ואשדך כפי עליך **), während Onkelos hier die bekannte Memra figuriren lässt, damit Jehova keine Hand attribuirt werde. Ebenso wird V. 23 beim Sam. Uebersetzer schlicht nach dem Hebr. wiedergegeben, im Einklang mit den LXX, während Onkelos Umschweife macht, indem er übersetzt; וְאַעְדֵּי יַת־דִּבְרַת יְקָרִי d. h. ich werde wegnehmen das Wort meiner Herrlichkeit.

In Exod. 34, 5 heisst es in der Samaritanischen Uebersetzung im Einklang mit dem Urtext und den LXX: „Und Jehova stieg herab", während Onkelos wieder übersetzt: „Jehova liess vorüberziehen seine Schechina". V. 9 hat die Sam. Uebers.: „Der Herr möge doch mit uns gehen in unserer Mitte"; Onkelos dagegen: „die Schechina des Herrn". Desgleichen ist Num. 23, 21 voll edler Einfachheit beim Samaritaner: „Jehova Elaha ist mit ihm, und der König, d. i. Gott, lässt sich hören in ihm (Israël)", während Onkelos

*) Vgl. Buxtorf, Lexic. Chald. s. v. נפח.

**) שְׁדַךְ Chald. quievit, im Paël und Afel quietum reddidit.

übersetzt: das Wort (Memra) Gottes ist zur Hülfe seines Volkes, und die Schechina des Königs wohnet unter ihm." Das „Lärmen" des Grundtextes, weil auf Gott bezogen, erschien diesem späten Targumisten unpassend; weit naiver verfährt auch hier die Sam. Uebersetzung. Demnach ist ihr ein höheres Alter zu vindiciren, und möchten wir sie mit Walton vor Christi Geburt verlegen. Derselbe bemerkt in seiner Einleitung zu der Londoner Polyglotte*) mit Recht: eadem enim caussa, quae Judaeos impulit ad Targumim sive paraphrases suas lingua sibi nota conficiendas, quia scilicet desierat lingua Hebraica esse ipsis vernacula, etiam Samaritanos sine dubio movit, ut versionem hanc conficerent. Dieses Aufhören der alten heiligen Sprache versetzt er in eine von der Erbauung des Tempels auf Garizim nicht weit abgelegene Zeit. Er meint sogar: non multum post Esram et Nehemiam versionem hanc esse conflatam, worin wir ihm nicht folgen können. Dabei bleibt bestehen, dass wir diese Samaritanische Uebersetzung mannigfach verderbt überkommen haben, was sich u. a. aus der doppelten Uebersetzung eines und desselben hebr. Wortes (z. B. Gen. 1, 17: creavit et aptavit; Gen. 2, 3: cessavit, desiit; Cap. 14, 20, wo מִגֵּן durch clypeus und tradidit wiedergegeben wird), ferner aus der Eintragung moderner geographischer Namen statt der alten und überhaupt der falschen Schreibung vieler Nomina propria ergibt**).

Kommen wir nun zu Onkelos***), dem Uebersetzer des Pentateuches in die chaldäische (oder ostaramäische) Sprache, so finden wir hier alle jene Ansätze und ersten Triebe, denen wir bisher schon begegnet sind, in vollster Blüthe. Es ist schon ein ganz systematisch bearbeitetes Targum, das wir unter Onkelos' Namen besitzen. Es wurde in neuester Zeit (zuletzt von Frankel†) richtig erkannt, dass die Redaction des Targum Onkelos in Babylonien zu suchen, nicht aber, wie man früher annahm, im Zeitalter Christi.

*) Prolegomena ed. Lips. 1777, S. 550.

**) Vergl. dazu Hottinger, Methurgeman S. 122 und Winer a. a. O. S. 54 ff.

***) Die ältere, jetzt zum Theil ungenügende Literatur über ihn vgl. bei Winer, De Onkeloso ejusque paraphrasi chaldaica S. 5 (Note).

†) Zu dem Targum der Propheten S. 9.

Frankel zeigt ferner, dass der Name Onkelos ein Pseudonym sei, verdreht aus dem semitisirten Aquila durch Einschiebung eines Nun, wie bei Fremdwörtern nicht ungewöhnlich*). Der berühmte Aquila, der die bekannte griechische Uebersetzung lieferte, musste also seinen Namen leihen, um dem namenlos nach Babel gekommenen Targum einen Verfasser zu geben. Alle Materialien zur Herstellung eines vollständigen Targums zum Pentateuch in Babylonien lagen vor. Die Gelehrten redigirten dies Material, schieden die Zusätze aus und setzten besonders die palästinensische Mundart in's Babylonische um, änderten Ortsnamen des Grundtextes in die damals üblichen Namen um**); endlich legte man die Richtschnur des Systematikers an und brachte somit Charakter, festes Gepräge in das Ganze. So wurde in Babylonien die targumische Entwicklung zu einem vorläufigen Abschluss gebracht. Denn freilich, gänzlich stocken that diese targumische Bewegung noch nicht; die jüngsten Targumim sind erst um 600—700 n. Chr. Geb. zur Consistenz gelangt.

Mit dieser Ansicht, dass das Targum Onkelos das Becken ist, in dem sich ein durch die Jahrhunderte des zweiten Tempels mächtig dahinfluthender Strom sammelte, stimmt der ganze Charakter des Buches. Es ist von hohem Werthe, in klarer ostaramäischer Sprache geschrieben, meist mit wörtlicher Treue, ohne Fabeln und mit wenigen Zusätzen †). Eine Reinigung und Läuterung, aber auch eine systematische Durchführung der targumischen Eigenheiten, die durch Alles hindurchgeht, hat jetzt stattgefunden. Dass Onkelos überhaupt nur das alte, in Vergessenheit gerathene Targum, welches seit Esra's Zeiten bestand, restituirt habe, und zwar aus dem Munde (tradentibus) des R. Elieser u. R. Josua ist auch die Meinung des Talmud

*) Die Verbindung des Namens Onkelos mit dem berühmten Targum tritt erst spät auf; s Anger, De Onkelo quid memoriae sit proditum, partic. II, S. 4 Not. b.

**) Frankel, Zu den Targum der Propheten S. 4 und 8.

***) S. Beispiele bei Frankel, a. a. O. S. 26.

†) Solche paraphrastische Zusätze s. besonders in Gen. 49; Deut. 1, 1 u. C. 32; dann finden sich einzelne kurze Halacha's und Haggada's.

(s. Anger a. a. O. S. 8 u. 9 mit den Noten). Die Auslegung des Onkelos wird auch von alten Lehrern kurzweg mit dem Namen Masorah beehrt, also als Tradition hingestellt, (s. Buxtorf, De antiquitate punctorum, S. 105).

Luzatto hat in seinem sehr verdienstlichen Werke, Philoxenus*) betitelt, dem Targum Onkelos die eingehendste Aufmerksamkeit gewidmet und alle seine Eigenheiten in Classen vertheilt uns vor Augen gestellt.

Er zählt im ganzen 32 Modalitäten auf, in denen Onkelos von der h. Schrift abgewichen. Unter diesen ist die 2. — 4. Modalität (S. 2 ff.): die Aenderung der Sprache zu Ehren der Gottheit. Hiemit kommen wir in unser Fahrwasser und geben nunmehr etliche Beispiele dafür, wie consequent Onkelos verfährt in dieser Hinsicht; gegen ihn gehalten gehen die LXX und auch die Samaritan. Uebersetzung noch in den Kinderschuhen targumistischer Denkungsart.

Onkelos kennt neben dem verborgenen Wesen Gottes ein nach Aussen hin wirksames Wort Gottes (מֵימְרָא). An den Stellen, wo von Jehova allzu menschenförmige Dinge ausgesagt werden, schiebt er die Memra ein**). Gen. 3, 8; 15, 6; Deut. 33, 3 u. a. Dabei unterscheidet er dieses sprechende Wort Gottes sehr bestimmt von dem gesprochenen Worte Gottes, für welches er gewöhnlich den Ausdruck פִּתְגָּמָא ***) gebraucht. Besonders klar tritt dies hervor Deut. 5, 5, wo Mose sagt: Ich stand zwischen dem Wort Gottes (מֵימְרָא) und zwischen Euch, und verkündigte Euch die Rede Gottes (פִּתְגָּמָא). Neben dieser Memra tritt die Schechina Gottes zu dem Namen Jehova hinzu, die Onkelos besonders dort setzt, wo von einem innerlichen Verhältniss Gottes zu seinem Volke die Rede ist. Gen. 9, 27 heisst es: Er mache wohnen die Schechina in den Hütten Sem's; vgl. Exod. 20, 24 (statt שֵׁם), wie immer an ähn-

*) Hebräisch geschrieben und gewiss sehr werth, um von kundiger Hand übersetzt zu werden. Luzatto schrieb auch (italienisch) eine sehr vortreffliche Chaldäische Grammatik und eine zum Talmud, welche Dr. Krüger neuerdings deutsch herausgegeben.

**) M. vgl. Buxtorf, Lexicon Chald. s. v. מֵימְרָא.

***) Doch nicht immer, vgl. Exod. 15, 11; Deut. 33, 3 a. E.

lichen Stellen. Exod. 33, 14 heisst die mit dem Volke ziehende Gottheit Schechina. In Num. 23, 21 finden wir beide, die Memra und die Schechina, vereint als Umschreibungen des einfachen Jehova und מֶלֶךְ im Original. Der Unterschied zwischen beiden scheint folgender zu sein. Während das Wort Gottes (Memra) der objective Factor der Mittheilung Gottes an die Welt ist, stellt sich die Schechina als im Menschen wirkender Faktor dar; und während jenes dem *Λόγος* entspricht, würde diese dem Heiligen Geiste entsprechen. Diese Andeutungen von gewissen Gegensätzen im Wesen Gottes brachte dann die spätere Kabbala in ein förmliches trinitarisches System *).

Wir sehen also, die Sorge, doch ja der Geistigkeit Jehova's nicht zu nahe zu treten, treibt hier zur dogmatisirenden Paraphrase, deren innerliche Berechtigung die Trinitätslehre, mit der das N. T. überall rechnet, an's Licht gestellt hat. Denn natürlich, weder Onkelos, noch Jonathan (im Targum der Propheten) haben dies erfunden, sondern es aus der Tradition acceptirt und fixirt. —

Weiter ist nun Onkelos darauf bedacht, jeden Gedanken an Polytheismus vom Texte fernzuhalten. Der Plural הִתְעוּ in Gen. 20, 13 veranlasst Onkelos, eine Umschreibung anzubringen. Wo von fremden Göttern**) die Rede, da entfernt er den Ausdruck „Gott". In Gen. 31, 30 setzt er für das אֶת־אֱלֹהָי des Originals יַת דַחַלְתִּי gleichsam mein *σέβασμα*, und um nun dem Isaak (in V. 42) durch die Wiederholung des gleichen Wortes nicht zu nahe zu treten, setzt er für פַּחַד יִצְחָק die Umschreibung: דִדְחִיל־לֵיהּ י, welchen Isaak fürchtet, — Alles, Zeichen der systematischen Uebersetzung. Ueberall ferner, wo von אֱלֹהִים אֲחֵרִים im Urtext die Rede ist, da setzt Onkelos טַעֲוַת עַמְמַיָּא d. h. Irrthümer (idola) der Völker***), damit nur ja nicht der Gedanke aufkomme, es könne noch andere

*) Vergl. über diese Frage das Büchlein von Dr. A. Köster, Nachweis der Spuren einer Trinitätslehre vor Christo, Frankfurt 1845. Ferner Lücke, Ev. Johannis 1, S. 259, Hagenbach, Dogmengeschichte S. 89.

**) z. B. Exod. 23, 24 u. ö.

***) Ausgenommen im 1. Gebot, wo es augenfällig unzulässig wäre.

Götter, ausser dem Einen, geben. Zufolge dieser Scheu übersetzt Onkelos sogar mehrfach sehr frei, vgl. Exod. 23, 21: quoniam in nomine meo est verbum ejus (מֵימְרֵיה). Exod. 15, 11 („wer ist wie Du unter den Göttern") übersetzt Onkelos: „Es ist Niemand ausser Dir, Du bist der Eloha etc."; eine ähnliche Ausweichung findet sich Deut. 32, 17 (daemoniis, in quibus non est utilitas). Alles, was nur im Grundtext nach einem menschenförmigen Verfahren Gottes schmeckt, wird consequent zurückgewiesen, z. B. Gen. 6, 6 b. In Gen. 8, 21 erträgt er das Riechen Jehova's nicht und setzt קַבֵּיל בְּרַעֲוָא: Jehova nahm wohlgefällig an das Opfer. Wir wiederholen, dass dies nicht aus einer rationalistischen Tendenz geschah, sondern um dem Volk die grössten Anstösse aus dem Wege zu nehmen. Redet er doch ganz ungenirt vom Finger Gottes (Exod. 31. V. 18; Deut. 9, 10) und von seiner Rechten (Deut. 33, 3), weil eben Solches ganz unverfänglich und gleichsam ein universales Bild ist. — Wo dagegen von einem Herabfahren Gottes im Grundtext geredet wird (Gen. 11, 5. 7; Exod. 3, 8) setzt Onkelos אִתְגְּלִי d. h. er offenbarte sich; in Gen. 18, 21 ist: „ich will herabfahren und sehen" umgewandelt in: „ich will mich offenbaren und untersuchen (וְאֶדּוּן). Oder wo vom Herausziehen Jehova's (Exod. 11, 4) geredet wird, da wählt Onkelos gleichfalls das obige גְּלָא: „ich werde mich offenbaren mitten in Aegypten"; desgleichen wo vom Durchschreiten Aegypten's Seitens Jehova's die Rede ist (Exod. 12, 12). Ebenso wird vermieden, von einem Fuss Gottes zu reden (vgl. instar omnium Deut. 33, 3, wo „Wolke" an die Stelle tritt, und Exod. 2., 10, wo der Thron der Herrlichkeit den Füssen substituirt wird). Das Sehen Elohim's Seitens der Aeltesten Israël's fällt natürlich weg bei Onkelos; Exod. 24, 11 heisst es: „sie sahen die Herrlichkeit Jehova's". Auch das Antlitz Gottes wird umschrieben, wo es zu sehr in's Menschliche herabgezogen worden wäre, so z. B. Exod. 33, 11 (מְמַלֵּל עִם־מְמַלֵּל), denn das tertium comparationis ist hier ein Mensch („wie ein Mann redet mit seinem Nächsten"). Ebendas. V. 14 wird für פָּנַי die Schechina substituirt. Vor Gottes Antlitz kann man sich nicht verbergen, daher die Aenderung in Gen. 4, 14. Dass Gott mit den Seinigen ist, leidet Onkelos nicht, er substituirt die Memra z. B. Gen. 21, 20; 39, 2. Num. 11, 23 ist für ײ die Memra gesetzt, weil die Frage lautet: „Sollte des Herrn Hand zu kurz sein?“ Die Memra, nicht aber Gott, verträgt solchen Zweifel, obschon er negirt wird durch die Frage. In Exod. 17, 15 umschreibt Onkelos: Von Gott, dessen Wohnung auf dem Thron seiner Herrlichkeit ist (ist es beschlossen). Auch נֶפֶשׁ (Lev. 27, 11) muss, weil von ihr eine menschliche Affektion ausgesagt wird, der Memra weichen; und das hebr. גָּעַל dem unanstössigen chald. יְרַחֵק. Dass Gott sich die Leviten genommen (Num. 8, 16), wird durch Onkelos dahin umschrieben, dass er sie vor sich kommen liess; ähnlich Exod. 19, 4 a. E. — Exod. 19, 5 ist ihm besonders anstössig; er übersetzt daher: „ich liess Euch reisen, als ob ihr auf Adlers Flügeln wäret“, Alles in majorem Dei gloriam (s. auch Raschi z. d. St.). — Dass Israël Gottes Augapfel sei, will ihm nicht gefallen: er übersetzt Deut. 32, 10: „sie bewahrend wie ihren (des Volkes) Augapfel“. Er raubt dem Texte diese kostbare Perle, damit sie nicht vor die Säue geworfen werde*). Ja, wo Mose von den Israëliten das starke Wort braucht, sie seien Gottes Nicht-söhne, da dünkt ihm das zu despectirlich und er übersetzt (Deut. 32, 5): Sie verderbten sich selber, nicht Ihn, Söhne, welche den Götzen dienten“ (ebenso V. 19). Wo dagegen dieses innige Verhältniss Israël's zu Gott ohne Nachtheil für den Letzteren angeführt wird, da giebt er das Hebräische wieder (V. 6 ebend. „ist er nicht Dein Vater?)“

Ferner rectificirt Onkelos auch in den Reden Anderer Alles, was für Gott ehrenrührig sein könnte, damit nur ja keine geringschätzigen Redewendungen dem Gedächtniss des Volkes sich einprägen möchten. So darf Laban (Gen. 31, 30) nur fragen: „warum hast Du meine Gefürchteten gestohlen“, nicht aber: „meine Götter.“ Ebenso redet das Volk zu Aaron (Ex. 32, 1): „Mache uns Gefürchtete“. In Lev. 24, 11, wo von dem Flucher berichtet wird, umgeht Onkelos Alles für das Ohr des gemeinen Volkes Verletzende: „Und der Sohn des isr. Weibes erklärte (פָרֵישׁ) den N a m e n und erzürnte (וְאַרְגֵּיז) ihn, während im Urtezt vom Fluchen die Rede ist.

*) Dass dies die Absicht des Targum Onkelos in solchen Fällen gewesen sei, bemerkt auch Carpzov, Critica Sacra Vet. Test. S. 455.

— Auch jene Frage Abraham's (Gen. 18, 25): „Der Richter der ganzen Erde sollte Der nicht Recht thun?" ist ihm bedenklich; er setzt sie um in die Affirmation: „Der Richter der ganzen Erde wird gewiss Recht thun". Dass Rahel (Gen. 30, 8) mit Gott gerungen, behagt Onkelos nicht; er übersetzt: Gott hat mein Gebet erhört. Onkelos vermeidet auch den Ausdruck „Gott sah"; dies jedoch nur in den Fällen, wo ein durchdringendes Sehen, das mehr auf ein Urtheil hinauskommt, nicht aber ein blosses Wahrnehmen in Rede steht; in solchen Fällen setzt er גְּלִי קֳדָם: es wurde bekannt Angesichts Jehova's *).

Auch ist Onkelos so minutiös, dass er die vergangene Zeit und die Zukunft bei einer geistigen Thätigkeit Gottes meidet, offenbar weil dem Allerhöchsten nur eine ewige Gegenwart zieme. Das אֶזְכּוֹר des Originals wird umgesetzt in דְּכִיר אֲנָא (Exod. 6, 5), also das Futurum in's Participium. Desgleichen wird Gen. 50, 24 das Futurum mittelst eines Participiums und Infinitivums umschrieben (מִדְכַּר דְּכִיר). Das plötzliche Handeln wird von Gott ferngehalten in Ex. 33, 5.

Wir bemerken nachträglich noch, dass das spätjüdische Gepräge des Targum Onkelos trotz aller sonstigen Wörtlichkeit hie und da durchschlägt, und wollen zur Constatirung des Unterschiedes zwischen diesem Targum und den LXX Etwas näher darauf eingehen. Solche Beispiele sind: Gen. 12, 5 (alle Seelen, die sie dem Gesetz dienstbar gemacht in Haran); ferner Gen. 27, 40. In Cap. 25, 27 heisst es von Jacob, er diente im Lehrhause, war also eine Art Sopher. Gen. 49, 10 wird das מְחֹקֵק des Originals durch סָפְרָא d. h. Schriftgelehrter wiedergegeben (vergl. Deut. 33, 21). Eine Abschweifung, die den Stempel einer späteren Zeit trägt, findet sich Gen. 22, 14 u. Gen. 45, 27, sodann Ex. 15, 2 (ich werde ihm einen Tempel bauen). Die Gebetsriemen sind bei ihm schon bekannt (tefillin: Ex. 13, 16; Deut. 6, 8). Wenn es heisst Lev. 19, 32: vor dem grauen Haupt sollst du aufstehen, so übers. Onkelos: vor dem, der das Gesetz wohl kann, sollst du aufstehen. Exod. 12, 43

*) Vgl. Luzatto a. a. O. S. 4.

wird der Abfall vom israelitischen Glauben in den Text eingeschmuggelt mittelst des rabbin. Wortes אִשְׁתְּמַד (s. Buxtorf Lex.).

Alles, was der Nation oder dem einzelnen Helden derselben zu nahe treten möchte, wird umschrieben bei Onkelos. Gen. 33, 10 sagt Jacob: meine Verdienste sind zu gering etc. Gen. 38, 26 lässt Onkelos nicht zu, dass Thamar gerechter heisse, als Juda: er übersetzt: von mir ist sie schwanger. Gen. 39, 11 kommt Joseph in's Haus seines Herrn, um die Rechnungsbücher nachzusehen; dieser Zusatz will den Verdacht, dass Joseph willkürlich dorthin gegangen, ablehnen. Gen. 44, 5 wird Joseph von der Wahrsagerei reingewaschen: „gewiss wird er nach ihm forschen", sagt Onkelos. Gen. 27, 13: „es ist mir prophetisch verheissen worden, dass keine Flüche auf Dich kommen werden", weil der Grundtext zu hart klang; ebendas. V. 35: Jakob kam mit Weisheit, st. mit List (wie im Hebr.).

Simeon und Levi ist das Lähmen eines Viehs nicht anständig; es wird gegen den Vorgang der LXX umgangen (Gen. 49, 6). Ebendas. V. 11 eliminirt Onkelos gleichfalls Alles, was auf Thiere Bezug nimmt, und übersetzt: „er wird Israël zurückführen zu seiner Stadt" und lässt dann folgen: „sie werden seinen Tempel bauen", womit das Füllen und das Junge der Eselin des Urtextes glücklich beseitigt wird. Ebenso wird die Vergleichung der Israëliten mit Thieren in Num. 23, 22; Deut. 33, 17 vorsichtig umgangen. In Gen. 49, 15 wird Isaschar nicht tributär, sondern er nimmt von Anderen Tribut. Num. 12, 1 nahm Mose eine schöne Frau, nicht eine äthiopische (wie nach dem Hebräischen und den LXX); Onkelos will nicht, dass Mose eine Heidin genommen. Dieser Ansicht huldigt auch die samaritanische Uebersetzung: es war wohl eine alte Deutung des Textes. Die Kedeschot und Kedeschim (Deut. 23, 18) will Onkelos nicht gelten lassen in Israël, wie er denn überhaupt von allen gröberen Vorwürfen Israël entlastet: selbst נָבָל umgeht er, wo es von seinem Volke steht. Deut. 33, 8, wenn auf Aaron bezogen, ist eine Schmeichelei bei Onkelos; wird es dagegen messianisch ausgelegt, so enthält das Targum eine richtige Deutung. — Endlich wird späteren Institutionen ein Platz im Texte eingeräumt; bei der Blutrache hat das beth-dîn Ingerenz; Gen. 9, 6 wird die

Sentenz eines Richters als nothwendig eingeschaltet, denn Onkelos schränkt überhaupt die Blutrache ein. Wie er überhaupt dem Midrasch und der Halacha folgt, hat Luzatto gezeigt*) bei den Stellen Gen. 4, 10 (דְמֵי); Exod. 20, 5; Cap. 34, 7; Lev. 7, 19; Deut. 21, 8; 24, 16 (עַל פּוּם בְּנִין); 16, 2**) und 9; 26, 5 vgl. C. 18, 8. Zu den Beispielen einer geisttödtenden Prosa rechnen wir die Uebersetzungen des Onkelos z. Gen. 41, 44; Exod. 24, 11 a. E.; Num. 14, 9 („sie sind unser Brot" wird umschrieben). In Deut. 30, 6 wird das Beschneiden des Herzens umgesetzt in: Jehova wird wegnehmen die Bosheit deines Herzens. Vgl. ferner Deut. 32, 13. 17. 22. Der Sinn für das Naturwahre und für Poesie ist diesem Targum ganz abhanden gekommen; der erstickende Brodem der Synagoge, welche Christum verworfen, schreckt stellenweise förmlich von der Lectüre ab.

Eine ganz dogmatische Auslegung findet sich bei Onkelos zu Deut. 33, 6: Ruben lebe im ewigen Leben, und sterbe nicht den zweiten Tod. Das Umgekehrte des hier Gesagten bietet Jonathan zu Jer. 51, 39. 56: sie werden sterben den zweiten Tod, und die kommende Welt nicht sehen. Zu diesem Jonathan gehen wir jetzt über, nachdem wir zur Genüge gesehen, wie gross der Abstand zwischen dem Targum Onkelos einerseits, und den LXX, wie nicht minder der

---

*) Philoxenos S. 17. 19 f. 24 u. a. a. St.

**) Onkelos übersetzt hier, wie Luzatto anmerkt, nach der Halacha: „Und Du sollst Passah schlachten vor Jehova Deinem Gott von den Lämmern und heilige Schlachtopfer von den Rindern an dem Orte, wo es Jehova gefallen wird, seine Schechina wohnen zu lassen." Demnach waren die eine Species der Passahopfer Lämmer, die andere Species der Passahopfer waren Rinder. Letztere Species heisst auch die Chagiga; dieselbe wird aber mitsammt dem eigentlichen Passahlamm unter dem Begriff Passah zusammengefasst. Daraus erhellt, wie Johannes (Cap. 18, 28) am Tage nach dem Abend, wo das Lamm bereits genossen war, noch von einem in Aussicht stehenden Genuss des Passah Seitens der Juden reden kann. Ein Widerspruch findet sich demnach hier nicht zwischen Johannes und den Synoptikern. Vgl. im Allgemeinen über diese Frage Wichelhaus, Versuch eines ausführlichen Commentars zur Leidensgeschichte S. 220 ff., wo aber dieser Hinweis noch fehlt.

chaldäisch-samaritanischen Uebersetzung andererseits ist. Wir werden bei ihm die gleiche Erfahrung machen.

Dem Targum Jonathan zu den Propheten hat neuerdings Frankel eine Monographie gewidmet, die sehr schätzbar ist und die Manier dieses Targumisten in ein helles Licht stellt. Es ist auch dieses Targum*) ein Produkt der vorausgegangenen targumischen Entwicklung, die wie ein mächtiger Strom dahinfluthet und nun endlich, im römischen Exil der Juden, zu einem vorläufigen Abschluss auch für die Propheten (d. h. die geschichtlichen Bücher — mit Ausnahme des Pentateuches — und die eigentlich so genannten Propheten) gelangt. Der Name Jonathan ben Usiel ist für das vorliegende Targum zu beanstanden; der Schüler Hillel's und Mitschüler Gamaliel's würde westaramäisch, nicht aber ostaramäisch geschrieben haben; endlich ist das unter seinem Namen verbreitete Targum von Onkelos abhängig, aus welchem ganze Stellen unverändert aufgenommen sind**).

Der Talmud citirt nirgendwo eine Uebersetzung Jonathan's, wohl aber Stellen unseres heutigen Targum Jonathan unter dem Namen des Rabbi Joseph. Die Sache wird so liegen, dass der zu Anfang des vierten Jahrhunderts lebende Rabbi Joseph, Oberhaupt der Akademie zu Pumbedita, das Targum der Propheten redigirte. Er verfuhr jedenfalls ähnlich, wie die Redactoren des Onkelos, er sichtete die alten Uebersetzungen und änderte an den für jüdische Ohren delicaten Punkten den Grundtext ganz systematisch. Dass er nur lückenhafte Uebersetzungen vorgefunden, ist eine pure Behauptung Frankel's; er fand gewiss eher zu viel des Guten, als zu wenig. Dass nun an diesen alten Uebersetzungen ein Jonathan ben Usiel einen besonderen Antheil gehabt, ist ja ganz glaublich. Der Talmud nennt ihn öfter und erzählt von ihm die bekannte Fabel von den Vögeln, die todt niederfielen, wenn sie über ihn hinflogen zur Zeit, wo er das Gesetz studirte***). Ja, der Talmud schreibt ihm eine Paraphrase der Propheten zu, nur dass er dem keine weitere Folge gibt und jene Paraphrase auch wirklich citirt.

*) Vgl. auch Zunz, Die gottesdienstlichen Vorträge etc. S. 332.

**) S. Zunz, a. a. O. S. 63 Anm. d; Frankel a. a. O. S. 13.

***) S. Leusden, Philologus Hebraeo-Mixtus, Dissert. V, S. 37.

Indem wir nun die Redaktion dieses Targum so spät ansetzen, so setzen wir damit das Alter der in ihm verarbeiteten Dogmen und Gedanken nicht etwa herab. Schon dass dieses Targum völlig übereinstimmt mit der zur Zeit Christi nach dem Neuen Testament üblichen Erklärung der Messianischen Stellen, zeugt für ein höheres Alter der im Targum bewahrten Ueberlieferung.

In späterer Zeit würden die Juden solche Exegese nicht unnöthiger Weise sich aufgeladen haben, wenn nicht eben ein embarras de richesse die Redaktoren zwang, messianisch auszulegen, was seit Jahrhunderten nun einmal messianisch erklärt wurde und was der mächtige Strom der traditionellen Erklärung herbeischwemmte. An sich waren die Juden eher in dem Fall, den messianischen Sinn der prophetischen Stellen möglichst zu vertuschen, und nicht, wie in unserem Targum geschehen, recht absichtlich das Messianische hervorzukehren, ja, es dort einzutragen, wo es nicht einmal das Original erforderte. Will man übrigens des Targum Jonathan recht froh werden, so lese man das spätere Targum Pseudojonathan (oder das Targ. Jeruschalmi) zum Pentateuch. Von solcher Ausartung, wie sie hier zu sehen, weiss unser Targum Nichts, wenn auch die Haggada zuweilen sich geltend macht, und Anläufe zu Umschreibungen, ja auch recht nette Muster derselben, sich finden*). Eine Charakteristik unseres Targums hat Frankel**) gegeben.

Lenken wir nun in unser altes Fahrwasser ein, so müssen wir sagen: Jonathan umgeht, wie Onkelos, und zuweilen ängstlicher noch, als Onkelos, jede Aussage des Originals, welche dem Gottesbegriffe nicht angemessen ist. — Er wendet vor Allem, wie Onkelos, die Ausdrücke Memra (מימרא), Schechina (שכינתא) — vgl. instar omnium Richt. 6, 12. 13 16; Jes. 30, 20 und יקרא (δόξα) 1. Kön. 22, 19; Ez. 3. 12, an. Er schiebt den Maleach ein, wo im Text vom Sehen Gottes die Rede, z. B. Richt. 13, 22. — Jonathan geht so weit, die Schleppen in Jes. 6, 1 zu eliminiren und die יקרא zu substituiren. Den Zorn Gottes in der schlagenden Stelle Jes. 10, 6 („Volk meines Zornes") entkräftet er: „Das Volk, das mein Gesetz

*) Vgl. z. B. Targ. Jonathan zu 1. Sam. 2, 1—10; 15, 29.
**) A. a. O. S. 12 ff.

übertreten, will ich heimsuchen". Hier wird dem Texte Gewalt angethan, indem st. עֶבְרָתִי (m. Zorn) עֲבֵרָה (Sünde) conjicirt wird, um nur ja Schickliches von Gott auszusagen. Solche sprachwidrige Deutung des Textes gestattet sich Onkelos nicht; bei Jonathan dagegen findet sie sich nicht selten.

Wenn Gott und Mensch im Grundtext als die Subjekte einer und derselben Handlung, oder auch als Objekte einer solchen verbunden sind, so hält Jonathan beide auseinander und gibt in seiner Weise Gott, was Gottes ist, und dem Menschen, was des Menschen ist. Beispiele sind Richt. 7, 20 („Hie Schwert des Herrn und Gideon's"), wo Jonathan übersetzt: Schwert vom Angesicht des Herrn zu tödten, und Sieg mit Hülfe Gideon's. Aehnlich ist Richt. 9, 9. 13; 1. Sam. 2, 26; C. 12, 18; 15, 24. Wo es nach dem Grundtext scheinen könnte, als ob Gott auf Rache bedacht sei und nachtrage, eliminirt Jonathan solche Worte, ja ändert sie in ihr Gegentheil. Instruktiv ist Jer. 15, 4: „Und ich mache sie zum Schreckbild allen Königreichen der Erde wegen Manasse's, des Sohnes Hiskia's"; hier übersetzt Jonathan: „Ich mache sie zum Schreckbild allen K. der Erde, weil sie sich nicht bekehrt wie Manasse". Aehnlich ist Jes. 40, 2; Ezech. 21, 8, 9; Micha 4, 6; auch Josua 24, 19 gehört in diese Classe der freien Umbiegungen des Textes (Jon.: „vor Seinem gerechten Forum wird Er eure Verschuldungen und Sünden nicht vergeben").

Ebenso streng wie Onkelos meidet er alle Ausdrücke, die dem Gedanken Vorschub leisten, es könne noch andere Götter, ausser dem Einen, geben. Beispiele sind: 2. Sam. 7, 23; Jes. 42, 8; ja er meidet in diesem Falle selbst die Aenderung des Textes nicht, z. B. Jes. 40, 25; 43. 13. Desgleichen setzt Jonathan in den Stellen, wo אֵל abusive von Göttern oder Menschen steht, wie Onkelos דַּחֲלָא z. B. Jes. 44, 10. 15; C. 45, 20; Ezech. 28, 2, 9. In Jesaia 43, 10 findet er die Worte: „Ich bin es; vor mir ist kein Gott gebildet, und nach mir wird Keiner sein" anstössig; er umschreibt: „Ich bin der von Anfang gewesen, und dessen die Aeonen der Aeonen sind, und ausser mir ist kein Gott". Das ist pure Aengstlichkeit eines späteren Zeitalters, wo die Dogmatik auf die Uebersetzung

Einfluss übt! 1. Sam. 28, 13 setzt er für Elohim den Maleach Jehova ein, und V. 15 übersetzt er „Elohim ist von mir gewichen" durch „die Memra Jehova hat mich verworfen", offenbar exegesirend; denn es folgt die sehr charakteristische Uebersetzung: „und er nimmt mein Gebet nicht mehr an, weder durch die Hand der Schriftgelehrten (סַפְרַיָּא), noch durch Träume." Wenn es Jes. 55, 6 heisst: „Suchet den Herrn, da er zu finden ist", so umschreibt Jonathan: „Trachtet nach der Furcht des Herrn, so lange ihr lebet; bittet von Ihm, während ihr hier seid". Die traulichen Worte Jer. 31, 20: „Seit der Zeit, da ich genugsam ihn angesprochen (um Ephraim geworben) habe, muss ich immer seiner gedenken, darum geräth mein Inneres für ihn in Bewegung" übersetzt Jonathan ganz im Geiste einer späteren, nachchristlichen Zeit: „Denn da ich ihm die Worte meines Gesetzes in's Herz legte, dass er sie thun sollte, gedenke ich seiner stets, ihm ferner Gutes zu thun u. s. w. — Auch Jona 2, 4 wird der hochpoëtische Ausdruck: „Alle Deine (Gottes) Wogen und Wellen gingen über mich" zurückbezogen auf das zuvor genannte Meer; „seine, des Meeres, Wogen". Aehnliche Decenz im Ausdruck findet sich Hab. 1, 3; Ezech. 6, 9*).

Wir sind auch mit Jonathan in eine ganz andere Atmosphäre eingetreten. Hier ist schon der enge Geist der späteren Synagoge, die bleiche Systematik der talmudischen Zeit im Anrücken und werfen ihren Schatten vor sich her in diesen Targum's. Wir fühlen uns beengt; es ist nicht mehr der frische, freie Geist, der die LXX beseelt, sondern es herrscht hier schon der bleichmachende Buchstabe, der auch die Seele und zuletzt das Gebein ausdorrt und die Verstockung eines Volkes vollendet, das mit dem Blut des Messias sein frischestes Lebensblut dahinströmen liess.

Will man von dieser Atmosphäre noch deutlichere Eindrücke bekommen, so muss man zur letzten Stufe der targumischen Entwicklung vordringen, welche das Targum Jeruschalmi zum Pentateuch einnimmt. Jerusalem'sches Targum ist der von Zunz**) für dieses späteste Targum in sein altes Recht wieder eingesetzte Name.

*) S. Frankel a. a. O. S. 23.

**) A. a. O. S. 66—82; vergl. Geiger. Urschrift u. Uebers. d. Bibel, S. 451 ff. 455.

Dasselbe erstreckt sich zunächst über den Pentateuch. Wir sind gewöhnt, hauptsächlich von einem Targum Jonathan (oder Pseudojonathan) zum Pentateuch zu reden, und so finden wir es auch in den Polyglotten. Damit ist aber überdies nur auf ein Pseudonym fremdes Gut übertragen, und es ist dieses unser Jonathans-Targum zum Pentateuch das eigentliche hierosolymitanische, oder palästinensische Targum, zu dem das bisher sogenannte, nur bruchstückweise vorhandene Targum Jeruschalmi bloss die Varianten bildet.

Dieses jerusalem'sche Targum ist jedoch nicht auf den Pentateuch beschränkt, sondern nach vielen Anzeichen*) muss es zu den sämmtlichen prophetischen Büchern ein vollständiges jerusalem'sches Targum gegeben haben. Von diesem sind uns höchst werthvolle Bruchstücke in dem alten Reuchlin'schen Codex, welchen Lagarde**) jüngst herausgegeben, bewahrt worden. Endlich bezieht Zunz***) mehrere hagiographische Targumim in diesen Cyclus des Jeruschalmi ein, so dass die Existenz eines aus Palästina stammenden umfassenden Targums damit nachgewiesen wäre.

Dieses jerusalem'sche oder palästinensische Targum hat seinen Ursprung in der talmudischen Zeit, und wurde erst vollendet in der Geonäischen Epoche. Es verhält sich, wie Zunz (S. 72) sagt, zum Onkelos wie Midrasch zum schlichten Wortverständniss: Onkelos ist nur zuweilen Ausleger, die Hierosolymitaner sind nur zuweilen Uebersetzer. Das Targum der letzteren ist ein Werk, in welchem die Auslegung der Schrift, ganz den herrschenden Ideen entsprechend, ebensowohl den Erfordernissen der halachischen Accommodation als der haggadischen Amplification Genüge leistet. Die Sprache ist ein palästinensischer Dialekt des Aramäischen, jener der früheren Hierosolymitaner am nächsten stehend, aber unterschieden von der des Onkelos und Jonathan†).

Was nun den Eindruck anlangt, den dieses jerusalem'sche Targum auf uns macht, so müssen wir in aller Kürze Folgendes

---

*) S. Zunz a. a. O. S. 77 ff.

**) Prophetae Chaldaice, 1872 in der Einleitung. S. o. S. 70.

***) S. Zunz a. a. O. S. 79—82.

†) S. Zunz a. a. O. S. 73.

bemerken. Es lässt seinen theologischen Neigungen völlig die Zügel schiessen. Hier ist alles voll von Fabeln und jüdischem Aberwitz, so dass es stellenweise kaum ernsthaft zu lesen ist*). Wo nur Gelegenheit sich bietet, schärft er das Studium des Gesetzes ein (Gen. 3, 15; C. 49, 1, wo die Söhne Jakob's sich erst reinigen müssen; V. 10: Sopherim, die das Gesetz lehren, werden Juda nicht abgehen). Dabei ist auch im Pseudojonathan die Messianische Auslegung immer noch bewahrt und resp. in den Text eingetragen; letzteres bes. Gen. 35, 21, wo aus Micha 4, 8 eine Beziehung auf den Messias bei der Erwähnung des Thurmes Eder herbeigezerrt wird (s. im Allgemeinen Gen. 49, 10; Ex. 40, 9. 11; Num. 23, 21; 24, 17. 20; Deut. 25, 19; 30, 4**).

Das sogen. Targum Jeruschalmi oder die zweite Recension des jer. Targum fällt gleich mit der Thür in's Haus; Gen. 1, 1: Durch die Weisheit schuf Jehova. Damit hört der erste Vers auf, wie denn überhaupt in diesem Targum viele Lücken sind. Grosse Abschweifungen finden statt: z. B. Gen. 3, 22. 24 (Rede der Memra Gottes an die Engel und Erschaffung der Gehenna); C. 4, 8 (eine lange Rede Kain's an Abel).

Dass nun beide Recensionen jenes Streben haben, von Gott das Menschenförmige fernzuhalten und also die Memra u. dgl. m. einzuflechten, lässt sich denken. Man vergl. Targum Pseudojonathan Gen. 8, 1: und er gedachte in seinem guten Erbarmen. Exod. 16, 13. 14 heisst es: Und Hagar dankte vor dem Herrn, dessen Memra zu ihr geredet, und sprach also: „Du bist es, der da lebt und bleibt; der da sieht, und nicht gesehen wird; weil er gesagt: Siehe gewiss ist hier die יְקָר שְׁכִינְתָּא דַיְיָ, die Glorie der Majestät Gottes, offenbar geworden nach dem Sehen." S. ferner die Umschreibung in Gen. 20, 18: die Memrah Jehova's hatte fest verschlossen den

*) Vgl. den sogen. Pseudojonathan zu Gen. 1, 16. 21. 26. 27. Exod. 26, 9 nennt er die 6 Theile der Mischna; Num. 24, 19 gedenkt Constantinopel's und Cäsarea's im Text, Vers 24 sogar Lombardia's.

**) Vergl. über den Charakter des Targums, Carpzov, Critica sacra N. T. S. 457—460. Winer, Specimen und Petermann, De indole paraphraseos pentateuchi, quae Jonathanis esse dicitur.

Mutterleib etc. (ebenso Jeruschalmi); ferner s. die Abschweifung Gen. 49, 1; Exod. 3, 8: ואתגליתי יומא דין עלך בגין די במימר לשיזבותהון: und ich erschien dir (st. ich stieg herab) an jenem Tage, auf dass ich mit meiner Memra sie errette. Vs. 19: „sondern damit mit meiner Memra ich ihn bestrafen soll mit schwerer Strafe". Vgl. ferner Exod. 19, 7 (Memra); Num. 16, 26; Deut. 18, 7; Deut. 26, 3. An allen diesen Stellen hat Onkelos die betreffende Umschreibung keineswegs; es ist also eine Weiterentwicklung eingetreten. Ebenso verfährt das Targum Jeruschalmi, die zweite Recension des eben genannten Targums, z. B. in Gen. 3, 9: Und die Memra Jehova's rief den Adam; ebenso V. 22; Gen. 16, 13: Hagar betete im Namen der Memra Jehova's; Gen. 19, 24; Exod. 12, 42 (ein grosser Zusatz); 13, 18: „Und es führte die Memra Jehova's das Volk auf dem Wege zur Wüste" u. s. w.; ebenso 14, 15, 25; 20, 1.

Jedoch sind die Fesseln der Systematik hier andererseits schon wieder gelockert. Pseudojonathan paraphrasirt zu Exod. 20, 2: Als das erste Wort hervorkam aus dem Munde des Heiligen, dessen Name gelobt sei etc., während Onkelos z. B. Num. 3, 16; Deut. 8, 3 den Mund Jehova's umschreibt und auch Jonathan z. B. Jes. 1, 20; C. 62, 2 für „Mund Jehova's" die Memra setzt.

Wir brechen hiemit diese höchst belangreiche Untersuchung über die targumische Entwicklung ab und ziehen das aus ihr sich ergebende Resultat.

Wir haben die targumische Entwicklung mit Hülfe der in majorem Dei gloriam vorgenommenen Abänderungen des Textes durch die Jahrhunderte hindurch verfolgt. Wir sehen: an der Spitze steht die vorptolemäisch-griechische Uebersetzung, in der sich die ersten Regungen targumischen Geistes zeigen. Dann folgt die Septuaginta, die im Pentateuche aus dieser Quelle trinkt, in den übrigen Büchern aber ganz unsystematisch, u. z. getreuer nach dem Grundtexte vertirt. Die chaldäisch-samaritanische Uebersetzung steht mehr auf der Seite der LXX. Einen enormen Schuss nahm die targumische Entwicklung in den nach der Zerstörung des zweiten Tempels redigirten Targumen des Onkelos und Jonathan, und zu einem stehenden Sumpfe wird diese ganze geistige Bewegung in dem spätesten

Targum, im Targum Jeruschalmi zum Pentateuch und den Propheten. So haben wir also die festen Punkte dieser ganzen Entwicklung targumischer Behandlung der h. Schrift gewonnen. An irgend einem Punkte dieser Entwicklung müssen nun die neutestamentlichen Autoren eingegriffen haben, denn aus dem Hebr. Urtext haben sie nachweislich nicht citirt. Welches ist dieser Punkt? Wir könnten behufs der Beantwortung dieser Frage dazu übergehen, die Gestalt des Textes, aus dem die alttestamentlichen Citate im Neuen Testamente geflossen sind, aus den Citaten selber zu eruiren, und so a posteriori den Punkt der targumischen Entwicklung ausfindig machen, in den die Autoren des N. Testaments mit ihren Citaten eingriffen. Zuvor aber wollen wir diesem Text seinen historischen Namen zurückgeben, und damit beweisen, dass unsere Abhandlung sich durchaus nicht auf dem Boden der Hypothese bewegt. Durch eine von dem Bisherigen unabhängige Betrachtung werden wir auf das Gleiche hingewiesen, was schon im Verlaufe der Untersuchung sich uns aufdrängte. Wir werden auf den Umstand hingewiesen: dass die Septuaginta ein palästinensisches Gewand erhielt und damit ihr ein Parallel-Targum erwuchs, welches mit Recht als alter ego der in Alexandrien bewahrten Ptolemäischen Uebersetzung zu bezeichnen sein wird. Zugleich werden wir, nachdem wir den historisch feststehenden Namen unseres bisher noch anonymen Targums gewonnen, über die Sprachverhältnisse in Palästina nach der Rückkehr aus Babel das Nöthige beibringen. Letztere bestätigen den Namen des Targums.

CAPITEL IV.

DIE SYRISCHE BIBEL.

Die Nachschrift des Buches Hiob bei den LXX lautet: *οὗτος ἑρμηνεύεται ἐκ τῆς Συριακῆς βίβλου, ἐν μὲν γῇ κατοικῶν τῇ Αὐσίτιδι — προϋπῆρχε δὲ αὐτῷ ὄνομα Ιωβάβ*; d. h. „Von diesem (Hiob) wird aus der Syrischen Bibel mitgetheilt, dass er im Ausitischen Lande wohnte — — und dass vormals sein Name Jobab gewesen sei“; und dann folgt die aus Gen. 36 ergänzte Genealogie des Hiob, als eines im fünften Gliede nach Abraham lebenden. Dieser Zusatz zur echten Septuagintaübersetzung ist alt. Theodotion hat denselben; Hieronymus*) kennt ihn; desgleichen der Cod. Syr. hexaplaris**). Was aber wichtiger ist, auch Aristeas in seiner „Geschichte der Juden" und Polyhistor erwähnen diese Abstammung des Hiob von Abraham und Esau; ersterer mit ganz ähnlichen Worten***), so dass man sieht, er hatte diesen Zusatz in der Syrischen Bibel bereits vor sich. Auch Philo kennt diese Abstammung Hiob's; endlich Olympiodor in den Catenae und Origenes in der ihm gemeiniglich zugeschriebenen Epistola ad Africanum. Polychronius Antiochenus erkennt diesen Zusatz schon als ein durch Verwechslung des Hiob mit Jobab (Gen. 36, 33) entstandenes Einschiebsel oder Scholion, das vom Rande in den Text der LXX gekommen wäre (s. Hody a. a. O. S. 323).

Was ist hier die Syrische Bibel? Es ist das palästinensische Targum, das sich solchen Zusatz gestattete und somit die Nachwelt über die Abstammung des Hiob irreführte. Wir reden hier noch nicht von dem Verhältniss dieses Targums zur LXX, sondern constatiren blos den Namen desselben: Syrische Bibel, u. z. speciell das Vorhandensein eines Targums z. Buche Hiob. Eines solchen wird auch im Talmud†) aus der Mitte des ersten Jahrhunderts bestimmt Erwähnung gethan, wie Zunz (a. a. O. S. 62) bemerkt; vergl. de Wette, Einleitung §. 57. Und da begegnen sich nunmehr unsere Resultate. Oben wiesen wir a priore der Septuaginta den Rang eines palästinensischen Targums zu, und hier finden wir a posteriore eine Stelle, die gebieterisch das Dasein eines solchen Targums fordert. Wüssten wir nicht schon von einem solchen, so müssten wir auf Grund dieser Stelle ein Targum erfinden, das bei den Hellenisten den Namen „Syrische Bibel" trug, ähnlich wie wir von einer

*) Quaestiones Hebraicae ed. Lagarde S. 45.

**) S. Field, Origenis Hexapla Tom. II, Fasc. I. S. 82.

***) S. die Citate bei Eusebius, Praep. evang. l. 9, C. 25.

†) Tosefta Sabb. C. 14; j. Sabb. C. 16, §. 1; Sabb. fol. 115 a; Tr. Soferim 5, 15. Zu diesen Citaten fügt schon Zunz (S. 63, Not. a) die Nachschrift des Hiob bei den LXX hinzu, als auch eine Beweisstelle für das Dasein eines solchen Targums.

Deutschen, Böhmischen oder Englischen Bibel je nach der Sprache des Volkes, das sich ihrer bedient, reden. Da man nun aber (wie Zunz treffend sagt) nicht mit Hiob in Palästina den Anfang gemacht haben wird, so lässt sich mit Wahrscheinlichkeit für die ersten Uebertragungen des Gesetzes ein noch höheres Alter voraussetzen. In der That wird noch viel älterer Targumim gedacht z. B. zu Esther (s. Megilla f. 3a), und eine Probe aus einem Targum der Psalmen gibt Vajikra rabba 174c.

Ein wunderliches ἐπίβλημα, wird Mancher denken, hat sich aber diese Syrische Bibel gestattet. Gewiss ist dasselbe wunderlich, aber es gibt zugleich einen Fingerzeig, was wir etwa bei jener Syrischen Bibel zu erwarten haben. Wir haben bereits oben (S. 128) aus dem kurz vorausgehenden Zusatz unsere Schlüsse gezogen. Der Zusatz war aber jetzt so gross und schien so wichtig: dass der Diaskeuast sich diesmal nicht enthalten konnte, offenherzig die Quelle anzugeben, woher er seine Weisheit, die er den LXX zu Gut kommen lassen wollte, habe. Wir danken dieser seiner Offenherzigkeit die Constatirung des hochwichtigen Faktums, dass eine Syrische Bibel da war, welche mit solcherlei Zuthaten ausgestattet war, und, wie aus ihrer Erwähnung im so engen Anschluss an die LXX zu schliessen ist, dazu noch in einem Verwandtschaftsverhältniss zu der ptolemäischen Uebersetzung gestanden haben muss.

Es scheint nämlich aus diesem merkwürdigen ἐπίβλημα des griechischen Hiob mit Evidenz zu folgen, dass es Diaskeuasten gegeben, die die Syrische (oder palästinensische) Bibel mit der echten ptolemäischen Uebersetzung auszugleichen bemüht waren. Von diesem Bemühen ist hier einmal ausnahmsweise Akt genommen worden. Man sah eben beide, die Septuaginta und die Syrische Bibel, als zu einer Familie gehörig an; legte sie kühn nebeneinander und emendirte das hellenistische Machwerk nach der dem wohldenkenden Juden jedenfalls höher stehenden Syrischen Bibel. Dass man nicht irre ging mit solcher Annahme einer Verwandtschaft beider Uebersetzungen, steht für uns fest. War doch die Syrische Bibel der Hauptsache nach nichts Anderes, als die auf ihrem Durchgang durch Palästina zum Targum oder zur kirchlichen Uebersetzung gewordene LXX; und wenn sie mit der Zeit auch nicht mehr völlig identisch mit dem zu Alexandrien aufbewahrten Septuaginta-Original war*), so behielt sie doch immer die Aehnlichkeit, die der Schmetterling mit der Raupe, das Wasser des Flusses in der Ebene mit dem Wasser der Quelle hat.

Von der Hand des gleichen Diaskeuasten rühren übrigens auch die unmittelbar vor diesem längeren Zusatz zum Buche Hiob stehenden Worte. Diese Worte lauten: γέγραπται δὲ αὐτὸν πάλιν ἀναστήσεσθαι μεθ' ὧν ὁ κύριος ἀνίστησιν. Wo steht dies geschrieben? Doch wohl auch in der Syrischen Bibel? Gewiss! Wir kennen, wie S. 129 ausgeführt ward, diese Art von Zusätzen aus der Stelle 1. Kön. 13, 31 (ἵνα σωθῶσι τὰ ὀστᾶ μου μετὰ τῶν ὀστῶν αὐτοῦ). Wir bekommen hiedurch, wie schon früher bemerkt worden, eine Vorstellung davon, wie die Bereicherung des alexandrinischen Textes durch die Diaskeuasten vor sich ging. Diaskeuasten besserten den einen Text nach dem anderen, die LXX nach der Syrischen Bibel, damit das ohnedies schon Gleiche womöglich noch gleichartiger werde. Die aus der Septuaginta herausgewachsene Syrische Bibel bedachte ihr alter ego in Alexandrien mit einer Fülle von Zusätzen, zum Theil Nachbesserungen, zum Theil Zuthaten, wie die zwei soeben genannten in der Nachschrift des Hiob und 1. Kön. 13, 31. Erleichtert wurde diese Ausgleichung der Septuaginta-Uebersetzung mit der Syrischen Bibel wohl besonders dadurch, dass die letztere von geschäftigen Händen in's Griechische retrovertirt und nun als eine Art von Zwillingsschwester neben der Septuaginta auftrat. Da konnte es nicht ausbleiben, dass die Lesarten bunt sich mischten — und von daher schreibt sich auch das Gewirr der Septuagintalesarten. Hinc illae lacrimae. Doch davon später.

Es sei uns für's Erste genug, erkannt zu haben, dass die Syrische Bibel das wiederaufgefundene vorchristliche Targum ist. Die Nachschrift des Buches Hiob bei den LXX ist uns Bürge dafür. Wir haben hier ein festes historisches Zeugniss für die Existenz eines Targums zum A. Testament, das auch dem Aristeas, der doch

*) Wir haben oben zu zeigen versucht, welcherlei Nachbesserung und welche Zusätze die LXX bei ihrem Durchgang durch Palästina erhielten, die dann zurückgeflossen in den echten LXXtext; s. S. 128 ff.

zuversichtlich vor Christi Geburt lebte, dem Wortlaute nach schon bekannt ist. (Vgl. das Citat bei Eusebius a. a. O. l. 9, C. 25).

Was den Namen Syrisch anlangt, so will er offenbar etwas anderes besagen, als Hebräisch. Man muss sich hüten, dies für eine weitschichtige oder laxe Benennung des hebräischen Originals zu halten. Der Aristeasbrief, vielleicht ein Product aus dem 2. Jahrhundert vor Christi Geburt, weiss eine deutliche Scheidung zwischen Syrisch und Hebräisch zu machen. Er lässt den Demetrius*) von den jüdischen Gesetzen Folgendes sagen. Dieselben bedürften einer Uebersetzung, denn man bediene sich im jüdischen Lande eigener Schriftzüge, wie auch die Aegypter sich ihrer besonderen Buchstabenstellung bedienten; und dazu hätten sie (die Juden) auch eine eigene Sprache. Man halte wohl dafür, dass sie der Syrischen**) sich bedienten; das sei aber nicht der Fall, sondern es sei eine andere Mundart (*ἕτερος τρόπος*). — Somit ist Syrisch und Hebräisch im Aristeasbriefe deutlich unterschieden, obgleich die Meinung verbreitet war, die Juden sprächen syrisch. Letztere verbreitete Meinung hatte einen guten Grund; der Volksdialekt Palästina's war in der That ein westaramäischer oder syrischer***), und nur von dem in Rede stehenden Originale des Gesetzbuches Mose's kann der Aristeasbrief behaupten, es sei dasselbe in einer anderen Mundart als der syrischen geschrieben. Von der gleichen weitverbreiteten Ansicht redet der in den Fussstapfen des Aristeasbriefes einhergehende Bericht des Josephus über diese Dinge (Antiq. XII, Cap. 2). Hier wird gesagt: es habe seine Schwierigkeit mit der Uebersetzung der Gesetzbücher der Juden. Zwar meine man, dass ihre Schriftzüge mit der Eigenart der Syrer übereinkämen, und ihre Sprache gleich Jener Sprache sich anhören lasse, aber doch habe sie (die hebr. Sprache) ihre ganz besondere Eigenart (*ἰδιότροπον δὲ αὐτὴν εἶναι συμβέβηκεν*). Also auch hier einerseits die Meinung von

---

*) Schmidt'sche Recension in Merx's Archiv, 3. Heft, S. 14.

**) In ihrem Thora-original, um dessen Uebersetzung es sich handelt.

***) Syrisch heisst er kurzweg im Talmud (s. Meuschen, N. T. ex Talm. p. 11). Syrisch ist eine spätere Benennung; in älteren Zeiten hiessen die Syrer Aramäer; vgl. Roediger, De origine et indole arabicae librorum V. T. hist. interpretationis S. 23 not.

der Idendität der beiden Dialekte, andererseits aber die richtige Behauptung einer deutlich hervortretenden Verschiedenheit beider, wenn man auf die Erzeugnisse der Literatur, wie den Pentateuch, Rücksicht nimmt und nicht bloss nach dem Gehör sich richtet. In der That mochte ein griechisches Ohr zwischen beiden Dialekten keinen besonderen Unterschied wahrnehmen, sowenig wie ein Franzose das Vlämische vom Holländischen zu unterscheiden vermag. So mochte ein Grieche von dem, was er hörte, auf die Literatur einen Schluss machen und den hebr. Pentateuch für in syr. Sprache geschrieben halten. Gleichwohl ist der Unterschied da. Das Hebräische der heiligen Bücher ist eine Sprache des goldenen Zeitalters, die syrisch-chaldäische Volkssprache Palästina's ist eine Sprache aus einer schon gesunkenen Zeit, eine Sprache der Idioten, deren sich, wie wir oben (S. 19) sahen, viele der späteren Lehrer der Juden aus Hochmuth schämten.

Wie aber kam es, — diese Frage drängt sich hier gebieterisch auf — dass man von der Sprache der heiligen Bücher abwich und zur Volkssprache das Syrische erhob? Deutliche Quellenbelege können wir nicht angeben, aber die Sache selber ist evident.

Es steht fest*), dass schon zur Zeit des Exils die Juden sich an das in Babylonien gesprochene Chaldäische gewöhnt und es von dort mitgebracht haben. In Palästina wurde es bald die allgemeine Landessprache, allerdings aber auch sofort mit Hebraismen und Syriasmen (dem Aramäischen der umwohnenden Völker) vermischt. Schon dass Daniel, Esra und Nehemia in ihren Büchern ganz ungescheut von dem einen Dialekt zum anderen überspringen, zeigt das Zusammenbestehen beider in Babylonien sowohl, als auch in Palästina. Zur Unterhaltung des im Exil erlernten Dialekts diente auch der Verkehr mit den in Babylonien zurückgeblieben Exulanten, der ein

*) Ueber diese Frage ist zu vergleichen Leusden, Philologus Hebraeo-Mixtus S. 34; Gesenius, Geschichte der hebr. Sprache und Schrift §. 13; Renan, Histoire des langues semitiques (2. ed.) S. 145 ff. und besonders Zunz, Die gottesdienstlichen Vorträge der Juden S. 6 ff., der die Ursachen der Wandelung des Hebräischen in's Aramäische treffend zusammenstellt.

reger war (Sacharja 6, 10—15; C. 8, 20 ff.); ein stets neuer Zufluss von Israëliten aus der aramäisch redenden Diaspora fand statt. Die Gelehrten, und gewiss auch viele der Eifrigen im Volke brachten natürlich die genauere Kenntniss des Hebräischen aus dem Exil mit und bewahrten dieselbe als ein Kleinod*). Die drei nachexilischen Propheten schrieben noch in treuer Nachfolge der alten Propheten Hebräisch und konnten also gewiss darauf rechnen, verstanden zu werden.

Wir müssen uns also die Sache so vorstellen: das der chaldäische und hebräische Dialect längere Zeit noch nebeneinander bestanden, dann ein allmählicher Assimilationsprocess in der Weise eintrat, dass das Chaldäische dem Hebräischen, das einem längst vergangenen goldenen Zeitalter seine Ausbildung verdankte, immer mehr Terrain abgewann, bis es dasselbe nahezu verdrängte. Aber bei diesem Assimilationsprocess büsste das Chaldäische von seiner bei Daniel, Esra und Nehemia wahrnehmbaren Eigenart Vieles ein, und es entstand ein Drittes, ein Mischdialekt, der zwischen dem alten Chaldäischen und der hebräischen Sprache in der Mitte stand, gleichsam ein Reflex des Chaldäischen auf der Folie des Hebräischen. Von diesem Dialekt haben wir nur ganz wenige Reste; einige nannten wir schon oben aus dem N. T. und Josephus. Dieser Dialekt schwang sich aber jedenfalls schon vor der Hasmonäischen Periode zur Volkssprache empor, so dass alle Akte des bürgerlichen Lebens, Sprüchwörter, für das Volk (Ungelehrte, Weiber, Kinder) bestimmte Formulare, populäre Bücher und amtliche Sachen in dieser Sprache abgefasst wurden oder in Umlauf kamen**).

Renan***) nennt diesen Dialekt nicht übel un patois provincial, den man nur in dem unter dem Namen Syrien befassten Ländercomplex verstand, und dessen die Gelehrten bei ihrer Schriftstellerei sich nicht einmal bedienten. Die Art dieses Dialekts ist aus dem

*) S. Zunz a. a. O. S. 8. und bes. Buxtorf im Lex. chald. u. d. A. גליל.

**) S. die Belegstellen bei Zunz a. a. O. S. 7.

***) Les Apôtres S. 111.

jerusalemischen Talmud und dem freilich späten Targum Jeruschalmi*) oder Pseudojonathan zu ersehen. Es ist das weder reines Hebräisch, noch auch das Chaldäische des A. Test. Es war eine Art Jargon, die Sprache der Idioten, wie diese aramäische Volkssprache im Talmud heisst**).

In Anwendung auf die heil. Schriften und deren Vorlesung vor dem Volke mag dieser Process etwa folgendermassen verlaufen sein. Anfangs las man wohl noch hebräisch. In Nehemia 8, 8 legen wir nicht mit dem Talmud das מְפֹורָשׁ von einem chaldäischen Targum aus, sondern verstehen es mit allen neueren Exegeten im Sinne von „deutlich***)". Das וְשׂוֹם שֶׂכֶל bedeutet: sie legten die rechte Meinung der verlesenen Worte des Gesetzes dem betrübten Volke aus; sie gaben einen *λόγος παρακλήσεως* in der Weise etwa, wie Solches auch Act. 13, 15 geschieht und dort als feste Einrichtung erscheint. Im Laufe der Zeit natürlich fing man unwillkürlich an, zu dem gemeinen Volk immer mehr in ihrer Sprache zu reden. Die Liebe zum Volke gebot dies, und so entstand neben der hebräischen Vorlesung des Textes ganz ungesucht und allmählich eine 2. Vorlesung aus dem Gesetz und den Propheten, die eines Targums.

Ganz ähnlich muss übrigens der Verlauf der Dinge in Samarien gewesen sein. Das schon erwähnte Auftreten der chald.-samaritanischen Uebersetzung ist für uns ein Leitstern für die Beurtheilung der analogen Vorgänge in Judäa. Auch die Samaritaner sahen sich einige Zeit nach ihrer Festsetzung in Sichem und der Errichtung des Heiligthums auf dem Garizim in die Nothwendigkeit versetzt, dem Volke das unverständliche Hebräische ihres Codex Hebr.-Samaritanus in das Volksidiom zu übertragen. Wir haben oben gesehen, wie sehr diese Uebertragung sich an Einfalt des

---

*) S. besonders die bei Lagarde, Prophetae Chaldaice in der Vorrede abgedruckten, zum Theil gewiss alten und höchst interessanten Bruchstücke aus dem Targum Jeruschalmi zu den Propheten. Auch die Megillath-Taanith ist in der aram. Volkssprache verfasst.

**) j. Jebamoth 15, 3. j. Kethub. 4, 8. Baba mezia f. 104 a. und dem Hebräischen entgegengesetzt in j. Sanhedrin 7, 12. Vgl. Zunz a. a. O. S. 8. Anmerk.

***) S. Bertheau im Commentar z. d. St.

Sinnes und hinsichtlich der Unterwerfung unter die ipsa verba des hebräischen Textes vor Onkelos auszeichnet. Das Targum Onkelos ist eine systematische Uebersetzung, die versio chald.-samaritana eine noch frischere Volksübersetzung; die letztere trägt mehr den Charakter der LXX, das erstere ist von beiden (den LXX und der Samarit. Uebersetzung) durch seinen mehr schulmässigen Charakter streng geschieden. Wir könnten dies bis in's Einzelne durchführen, begnügen uns aber an dem oben über die Anthropomorphismen und Anthropopathien Gesagten (S. 149 ff.). Soviel steht aber fest für uns: Wir haben an dem blossen Dasein dieser chald.-samaritanischen Uebersetzung ein sicheres Unterpfand, dass auch in Judäa zu Nutz und Frommen des Volkes eine Volksübersetzung im palästinensischen Vulgärdialekt schon vor derjenigen des Onkelos (die im babyl. Dialekt geschrieben) bestanden habe. Der Geist ferner, der in dieser chald.-samaritanischen Version waltet, ist uns ein sicheres Pfand für den besseren Geist, der auch in der Volksbibel Judäa's noch vorherrschte. Von der bekannten Grösse der sam. Uebersetzung aus, schliessen wir ganz a priore schon auf die zunächst minder bekannte, oder doch näher zu constatirende Grösse, nämlich die palästinensische Volksbibel, welcher sich Jesus und die Apostel bedienten. Auch diese Schlüsse führen zu dem Resultat, dass die zur palästinensischen Volksbibel gewordene Septuaginta die Quelle gewesen, aus der Jesus, die Apostel, endlich auch die Gemeinden, zu einer Zeit, wo es noch kein sogen. Neues Testament gab, allesammt getrunken.

CAPITEL V.

DIE QUELLE DER ALTTESTAMENTLICHEN CITATE IM NEUEN TESTAMENT.

Wir haben jetzt alle Prämissen zur sicheren Beantwortung der an der Spitze des Werkes uns gestellten Aufgabe erledigt. Wir gehen nun auf die direkte Beantwortung der Frage ein, welches die Quelle gewesen, aus der die neutestamentlichen Schriftsteller ihre alttestamentlichen Citate schöpften. Diese Quelle war nicht das hebräische Original, sondern ein Targum, aber ein Targum der besten Art, nicht ein Petrefakt, sondern ein solches, in dem die LXX den Grundstock bildeten. Es war eine lebendige Volksübersetzung, die durch providentielle Leitung zu Stande gekommen und für die Zeit der relativen Unzugänglichkeit des Urtextes bestimmt war. Es war, um es kurz zu sagen, eine Uebersetzung, die den Bedürfnissen der Gemeinde Gottes dienen sollte. Sie war nicht für Gelehrte, sondern für das Volk; erstere hatten noch immer den freilich sehr erschwerten Zugang zum Grundtext; letzteres musste sich an eine Uebersetzung halten, sollte es nicht ganz von dem rechten Grunde verschlagen werden.

Das Wort „an ihren Früchten sollt ihr sie erkennen", nöthigt uns nun, dieser Volksbibel die grösste Hochachtung zu zollen. Durch sie hat es Gott gefallen, die Seelen vieler Tausende und Millionen Jahrhunderte lang zu nähren und selbst die christlichen Gemeinden mit ihrer Hülfe zu gründen und längere Zeit hindurch zu erbauen. Sie hat sich also bewährt, und wir werden nicht nachträglich an Pfeiler, die Jahrhunderte lang allen Stürmen Trotz geboten, mit der Frage herantreten, ob sie auch wohl fest genug gewesen seien. Die Kritik und die Arbeit der Gelehrten in allen Ehren; — aber es fragt sich eben: ob das Volk auf die Resultate der Schule warten kann, oder nicht vielmehr die ihr gebotene Uebersetzung als das zeitweilig Beste frisch benutzen und zum Ankerplatz für das Seelenheil machen muss? Ist doch eine vollkommene Uebersetzung, wenn sie überhaupt möglich, nie der Anfang, sondern stets nur das Endziel aller Studien*). Alle Uebersetzungen sind Stückwerk, bis die vollkommene erschienen. Nun aber ist es ein Akt der göttlichen Akkommodationen, und so auch Jesu und der Apostel, dass man mit der unvollkommenen Uebersetzung sich zufrieden gab und arbeitete, so lange es Tag war. Denn nur allzu bald kam die Nacht, da Niemand arbeiten konnte, wo man dem Volke die Bibel mehr und mehr aus der Hand nahm und es an etliche Cisternen führte, in denen es Stillung für seinen Durst vergeblich suchte.

Und sind wir Deutschen, sind nicht alle Völker in dem gleichen Falle, wie Israël zur Zeit Christi? Mussten und müssen nicht

*) Vergl. Spiegel, Avesta-Uebersetzung 2, S. XII.

alle Völker sich solcher Uebersetzungen zur Auferbauung bedienen, die **nicht** vollkommen, aber doch für ihren Zweck ausreichend sind? Wir wollen hier von der Itala, der hieronymianischen Version, der Vulgata des Mittelalters und der der Neuzeit, die sich einander ablösten, gar nicht reden; wir blicken auf die protestantischen Uebersetzungen hin. Obgleich da also die Bibel Luther's, mit dem Grundtext verglichen, ihre Mängel hat, so trägt sie doch so sehr das Gepräge des Geistes Gottes und ist unter so viel Gebet und Anfechtungen entstanden, ja hat die Seligkeit so vieler Tausende gewirkt, dass eine Veränderung des Lutherischen Textes noch heute selbst kirchlichen Notabilitäten nicht immer rathsam erscheint. Man fürchtet nicht mit Unrecht, dass durch solche Aenderungen das Zutrauen des Volkes zu der heil. Schrift gemindert werden wird. Wie leicht dürfte das Volk fragen: Haben unsere VoräItern eine gefälschte Bibel gehabt? Sollen wir nicht mehr mit dem auskommen können, was Jenen genügte? Besser ein Werk aus Einem Gusse, als das Flickwerk aus den Schulen der Gelehrten. Halte, was du hast, auf dass dir Niemand deine Krone raube. Auch in den Niederlanden begnügte man sich bis zur Dortrechter Synode (1619) mit allerlei Uebersetzungen, die bald aus der Lutherischen geflossen, bald auch älteren Ursprungs waren, bald endlich von Reformirten und Mennoniten angefertigt worden. Und doch war gerade die Zeit bis zur Dortrechter Synode, nach welcher erst die Berichtigung der Bibelübersetzung vorgenommen wurde, die Blüthezeit der reformirten Kirche in den Niederlanden*).

Erinnern wir uns nun, unter welchen Umständen die Septuaginta laut S. 90 ff. nach Palästina gelangte. Die Septuaginta kam unter königlicher Flagge in's Land. Einfluss erhielt sie durch die damals für sie günstige Constellation, dass das griechische Wesen in Palästina die Oberhand hatte. Sie erstreckte ihren Einfluss besonders

*) Vergl. über die verschiedenen Bibelübersetzungen der Niederlande: J. Le Long, Boekzaal der Nederduytsche Bybels. Amsterdam 1732, S. 295. 381. 493 f. 512. 703, endlich den Katalog aller niederdeutschen Bibelausgaben, die der Staatenbibel vorausgingen s. S. 864; er gibt über 500 Nummern an.

auch auf Samarien und wirkte auf die Feststellung des dortigen Pentateuches ein *). Ja, es scheint, dass die Leiter des Volkes, im Sanhedrin vereinigt, später diese Uebersetzung für den Volksgebrauch autorisirten, und dass die LXX daher sogar ihren Namen bekamen **). Das Sanhedrin bestand im letzten Jahrhundert vor der zweiten Zerstörung des Tempels aus 71 Mitgliedern ***), die aber wohl mit der runden Zahl der 70 oder 72, welcher wahrscheinlich ein höheres Alter zukommt †), benannt wurden. Wir irren wohl kaum, wenn wir annehmen, dieses Sanhedrin habe die ptolemäische Uebersetzung derartig patronisirt, dass sie den Namen der 70 κατ᾽ ἐξ. erhielt, ähnlich wie die holländische Bibelübersetzung, die im Auftrag der Dortrechter Synode verfasst ward, die Staatenbibel hiess. Mit dieser Zahl 70 spielten dann Spätere, wie z. B. Aristeas ††), und knüpften daran die Sage von 72 Dollmetschern, die vom Hohenpriester Eleazar zum Ptolemäus gesandt seien, um die Uebersetzung zu verfertigen. Dass nämlich die Leiter des Volkes Israël diese Uebersetzung gebilligt und als ehrenvoll für Israël betrachtet, ja den Urhebern den göttlichen Beistand zu diesem Werk vindicirt hatten, haben wir oben gesehen, und Rabbi Asarja †††) geht selbst so weit, jene entgegenstehende Sage von dem Fasten, das man an dem Tage, wo die LXX übersetzt worden, abhielt, zu Gunsten der LXX zu deuten. Er sagt: „Jene Weisen, die erwählt wurden, um zum König Ptolemäus zu reisen, sagten ein Fasten und einen Fest-

*) Wir vergleichen noch die Behauptung des Usserius (im Anhang zu seinem Syntagma de LXX interpretibus S. 215), wonach unser Samarit. Pentateuch einen aus den Lesarten des Hebr.-jüdischen Textes und der Version der LXX zusammengesetzten Text enthielte.

**) Eichhorn, Einleitung in das A. T. §. 162 leitet die Sage von 72 Uebersetzern davon ab, dass das Synedrium zu Alexandrien (?) eine Revision der LXX für den Gebrauch bei öffentlichen Vorlesungen veranstaltete.

***) Mischna Sanhedrin 1, 5. 6; 2, 4. S. Frankel, Hodegetica in Mischnam, S. 16.

†) Vgl. den betr. Abschnitt bei Hody a. a. O. und Ewald, Gesch. Isr. IV, S. 196.

††) S. Ewald a. a. O. S. 286.

†††) In Meor Enajim Cap. 8.

tag der ganzen Gemeinde an, so wie es Esther machte, als sie zum König ging". Auch dass Finsterniss das Land an dem gedachten Tage bedeckt habe, will er dahin erklären, dass diese Finsterniss auf den Angesichtern der Juden gelegen habe, die für ihre (zum Uebersetzungswerk) Delegirten fürchteten, sie möchten beschämt werden, und solches dann dem eigenen Volke zum Unfall gereichen. So sehr hielt sich jener R. Asarja von der Hochachtung, die die alten jüdischen Weisen der ptolemäischen Uebersetzung bewiesen, überzeugt. Und dass dieser Mann, der im Reformationsjahrhundert blühte, den Talmud kannte, wird Niemand leugnen wollen.

Nun aber der Beweis, dass die Syrische Bibel, oder das zur Zeit des zweiten Tempels gebrauchte Targum wirklich die Septuaginta gewesen — wo liegt der, werden Manche unserer Leser mit Ungeduld fragen!

Wir antworten, der Beweis liegt einfach in dem Factum, dass die neutestamentlichen Autoren einen Text citiren, der im grossartigen Massstabe mit den LXX stimmt*). Der a priore wahrscheinlich gemachten Thesis: dass die LXX in Judäa Bürgerrecht erhielten, kommt hier a posteriore eine andere Thesis auf halbem Wege schon entgegen, dass unsere Evangelisten und Apostel die Septuaginta citiren, als ihren textus receptus, gleichsam als die Vulgata jener Zeit, die, ob sie nun griechisch oder westaramäisch (syrochaldäisch) citirt wurde, immer die Vulgata blieb — ein von Allen anerkannter Text, auf Grund dessen die höchsten Lebensfragen entschieden wurden.

Es gehört ein starker Glaube zu der Annahme, dass die Evangelisten und Apostel mit doppeltem Masse und Gewichte hätten messen müssen, also bei den Hebräern etwa einen Text, der — wie man doch annehmen muss — durch das Targum Onkelos und Jonathan repräsentirt wird, bei den Hellenisten dagegen die LXX citirt hätten. Das wäre ein Keil der gefährlichsten Art gewesen, den

*) R. Asarja, Meor Enajim S. 82 der Wiener Ed. fragt: „Haben nicht ihre Apostel und Evangelisten, welche Juden waren, und im Lande Israel lebten, wenn sie einen Vers der Schrift citiren, sonder Zweifel denselben nach der Vulgärsprache, welche chaldäisch oder syrisch war, citirt?" Hierauf führt er etliche Beweisstellen an.

keine junge Kirche erträgt, dass nämlich das Alles entscheidende Religionsbuch hüben anders, als drüben, ja, was sage ich, oftmals in einer und derselben Gemeinde doppelsinnig und an vielen Stellen zwiespältig gewesen wäre. Welch eine Fülle von Anstössen hätte sich da ergeben, Anstösse, die den Gemeinden ebenso im Wege hätten liegen müssen, als später der Gewissensfall von der strikteren oder minder strikten Beobachtung des Gesetzes Mose's, der in Antiochien zum Ausbruch kam (Act. 15, 1).

Versetzen wir uns also einmal auf das Apostelconcil (Act. 15). Hier sind die Säulen des jungen Gebäudes vereint; Paulus und Barnabas stehen in ihrer Mitte. Da soll nun die schwierige Frage, wie weit die Heiden auf das Gesetz Mose's zu verpflichten seien, entschieden werden. Das Wort Gottes wird zur Hand genommen. Wird da nun erst deliberirt, nach welchem Bibeltexte die genannte Frage zu entscheiden sei, ob nach dem Targum in der Landessprache, oder nach der hellenistischen Septuaginta? Glücklicher Weise nicht! Die Bibel wird von Jacobus, den man nicht für einen Hellenisten halten wird, citirt. Aber aus seinem Munde fliessen Worte der LXX, und nur diese. Ja, gerade die vom Grundtext abweichenden Worte der LXX sind in dieser Rede das in die Augen springende Beweismoment. Der Herr will die verfallene Hütte David's wieder aufrichten — damit der Ueberrest unter den Menschen den Herrn suche, und alle Heiden, über die mein Name genannt ist (V. 16. 17). Dass dieser Septuagintatext gebraucht ward, geschah nicht aus Akkommodation an die Hellenisten, dieselbe war hier gar nicht am Platze. Denn es galt ja hier vor Allem, mit den Hebräern in's Reine zu kommen, die diese ganze Frage mit argwöhnischen Augen verfolgten. Es war hier auch nicht der Ort, um den Knoten zu zerhauen durch Herbeisuchung einer durch die LXX garantirten Uebersetzung. Man konnte auch nicht die Hebräer in der Vesammlung dadurch zur Ruhe weisen, dass man ihnen bei etwaigen Bedenken über diese Form des Citats lange Reden hielt über den Werth der LXX, wie etwa die Exegeten neueren Datums zu thun lieben. Es gibt hier nur ein Entweder — Oder. Entweder war die Frage, welches der textus receptus sei, durch die lange Gewohnheit zu Gunsten der LXX schon entschieden — oder die

LXX durften hier nicht citirt werden, bloss damit man um so schneller die vitale Frage nach der Verbindlichkeit des göttlichen Gesetzes für die Heiden zur Entscheidung bringe. Dass also ein Jacobus die Septuaginta citirt, sollte uns genügen, dieselbe und resp. die Syrische Bibel, dieses alter ego der LXX, für den textus receptus zunächst in Palästina zu halten. Denn dass Lucas aus Akkommodation an seine Leser diese angezogene Stelle aus Amos nach den LXX gegeben, kommt uns als ein arger Nothbehelf, ja als eine petitio principii vor, die wir endlich durch die hier angestellten Untersuchungen aus der Welt schaffen möchten. Man hat sich lange genug bei den Gegnern des Wortes Gottes Duldung erbettelt mit solchen Phrasen wie: die LXX war eine providentielle oder epochemachende Uebersetzung, die Apostel waren genöthigt, sich ihrer zu bedienen. Es fragt sich eben, ob die neutestamentlichen Autoren die Wahl hatten, sich der Septuaginta unterzuordnen oder nicht, und ob, wo sie Kritik zu üben scheinen an der Septuaginta, ihre Lesart nicht vielmehr auf deren alter ego, der Syrischen Bibel nämlich, ruhte. Denn eben in der Lage befanden sich die genannten Autoren, dass sie, die Hebräisch dachten und Griechisch schrieben, auch eine doppelte Uebersetzung vor sich hatten, eine Syrische, die ihren Gedanken entsprach, und eine Griechische, die dem Ausdruck ihrer Gedanken, der eben in einer Weltsprache zu geschehen hatte, zu Hülfe kam. Die Syrische Bibel war das Regulativ für diese Autoren, und die LXX das Modell, wonach sie ihren Gedanken eine griechische Form gaben. Die Abweichungen der neutestamentlichen Citate von der Septuaginta erklären sich nun vortrefflich aus diesem Uebergange von dem einen Sprachgebiet in das andere, von dem syrischen in das griechische. Bei diesem Uebergang geschah es, dass der nach der Syrischen Volksbibel sich richtende Gedanke den Wortlaut der LXX zum Oeftern modificirte. Denn so ähnlich wie beide Versionen sich auch sahen, sie deckten sich doch nicht vollständig. Geben wir ein und das andere Beispiel, zunächst aus den paulinischen Briefen.

Im ersten Corintherbrief 15, 54 citirt Paulus die Stelle Jes. 25, 8: *Τότε γενήσεται ὁ λόγος ὁ γεγραμμένος Κατεπόθη ὁ θάνατος εἰς νῖκος;* die LXX aber übersetzten wörtlicher: *κατέπιεν ὁ* θάνατος ἰσχύσας. Wie entstand diese Differenz? — Paulus hatte auf der einen Seite die Syrische Bibel vor sich und las etwa: אתבלע מותא בנצחן*), d. h. „verschlungen ist der Tod mit Sieg"; und auf der anderen Seite bot sich die obige Septuagintaversion ihm dar, die ihm aber nicht so einleuchten mochte. Da konnte er sich leicht bestimmt fühlen, den Gedanken des Propheten selbständig Griechisch zu formen und für בנצחן seiner Bibel εἰς νῖκος zu setzen. Erstlich gab ihm diese Bedeutung der Chaldäische Sprachgebrauch an die Hand; ferner konnte er auf den Vorgang der LXX selber sich berufen, die fünfmal das Wort לָנֶצַח durch εἰς νῖκος wiedergeben. Aquila und die Peschito z. d. St. übersetzen auch „Sieg", denn es schien ihnen ein Verschlingen Seitens Gottes, und zwar ein ewiges unpassend**). Solche Gedanken leiteten aber nicht unsern Apostel. Dieser vielmehr, zwischen zwei Texte gestellt, den Syrischen und den Griechischen, wählt mit kühnem Griff diejenigen Redewendungen, durch welche er beiden Theilen möglichst gerecht ward. Vielleicht schlug er nicht einmal immer die LXX nach, oder er citirte auch die Syrische Volksbibel aus dem Gedächtniss: dann entstanden Compromisse zwischen der Griechischen und Syrischen Bibel, die aber immer den Stempel des Meisters trugen, der sich zwar für niedriger stehende Buchstabenknechte Anfangs zu irren s c h e i n t, bis man bei näherer Prüfung den kühnen Wurf des Genius zu bewundern anhebt. Der Genius rechtfertigt sich nicht selber; dies überlässt er der Nachwelt. Aber das halten wir auch bei dem Heidenapostel fest, dass seine Liebe ihn bewog, nicht von der väterlichen Syrischen Bibel und sodann auch möglichst wenig von ihrem alter ego, den LXX, abzuweichen. Seine Briefe waren

---

*) Vergl. die Peschito, welche besokû übersetzt hat, aber noch mit dem Zusatz „in Ewigkeit"; soku oder sokuto bedeutet S i e g (Jes. 3, 26; Luc. 1, 51). Auch das Wort בלע wird passivisch von der Peschito wiedergegeben. Ueber jene doppelte Uebersetzung vgl. Gesenius, Der Prophet Jesaia I, S. 87.

**) Vergl. Kautzsch, De N. Test. locis a Paulo apostolo allegatis S. 105.

auch für die Christen aus den Juden, und zwar durchaus nicht immer die hellenisirten Juden, sondern der Brief an die Römer z. B. hat sicher auch mit Hebräern aus den Hebräern zu thun. In den Synagogen Rom's, aus denen die Judenchristen des Römerbriefes hervorgegangen, las man sicherlich auch die Hebräische und Syrische Bibel; denn wie sollte man glauben, dass die gewiss aus Palästina zum grossen Theil sich recrutirende jüdische Colonie in Rom durchweg sich hellenisirt hätte und Palästina's sofort vergass, wenn sie den Boden Italien's betrat? Nein, ein Theil behielt den hebräischen Gottesdienst bei, und bediente sich der Syrischen Bibel, während ein anderer sich auch in kirchlichen Dingen hellenisirte *). Man stelle sich nun den Zank vor, der entstanden wäre, wenn Paulus nicht beiden Theilen, dem hebräischen und dem hellenistischen, aus welchen doch die nicht von ihm gestiftete grosse Christengemeinde bestand, gerecht geworden wäre.

Welche Klippen zu umschiffen, welche Rücksichten der Apostel bei solcher Lage der Dinge zu nehmen hatte, können wir ahnen. Nur die gewaltige Liebe zu den heilshungrigen Gemeinden mochte den richtigen Takt verleihen und verhindern, dass der Apostel nicht den Muth verlor; — oder sagen wir es nur heraus: der Geist Gottes leitete die Apostel, den damals Allen verhüllten **) Hebräischen Text auf Grund der Syrischen und Griechischen Version zu reproduciren, und glücklich, schlagend, grossartig zu reproduciren, so dass die Verehrer des Apostolischen Citats nicht geärgert, sondern zu seiner Rechtfertigung vollauf in den Stand gesetzt wurden.

Nehmen wir ein anderes Beispiel. Gal. 3, 13 heisst es in einem Citat aus Deut. 21, 23: *Ὅτι γέγραπται Ἐπικατάρατος πᾶς ὁ κρεμάμενος ἐπὶ ξύλου*; die LXX z. Deut. 21, 23 übersetzen: *ὅτι κεκατηραμένος ὑπὸ θεοῦ πᾶς κρεμάμενος ἐπὶ ξύλου* ***). Zunächst hatte

*) Vergl. die interessanten Bemerkungen über das Verhältniss der hebr. Juden zu den hellenistischen in Rom den Artikel von Heidenheim in s. Vierteljahrschrift V, 2, S. 163.

**) Wenigstens doch derartig verhüllt, dass man auf Grund desselben mit den einfachen Leuten der Urgemeinden nicht verhandeln konnte.

***) Nach dem Cod. Vat. und dem Hexaplarischen Text; s. Field, Orig. Hex. I, S. 304.

Paulus die Syr. Volksbibel vor Augen, die vielleicht wie Onkelos die Härte zu lindern trachtete. Onkelos übersetzt: „weil er (der Sünder), darum, dass er sich vor Gott verschuldet, aufgehängt wurde" (ähnlich Symmachus: propter blasphemiam Dei *). „Ein Fluch Gottes ist der Gehängte", wie es im Urtext lautet, mochte also in dieser Schroffheit umgangen sein von der Syr. Bibel, und zwar ganz in gleicher Weise wie im paulinischen Citat. Paulus lässt das harte *ὑπὸ θεοῦ* der LXX fahren, weil er ohnedies den Fluch durch das Gesetz nach dem Context vermittelt denkt, und acceptirt dann das *πᾶς* und *ἐπὶ ξύλου* der LXX **), wahrscheinlich Alles im Einklang mit der Syr. Bibel.

So umgehen wir Reuchlin's Auskunft, der, den Knoten zerhauend, sagt: bei diesem Dissensus sei es Paulus, quem nos rectius sequimur praeceptorem nostrum supra quam dici queat fidelem ***). Hieronymus quält sich im Commentar z. d. St. über die Massen ob dieser Abweichung Pauli vom hebräischen Text. Er meint sogar, ein Späterer habe die Worte *ὑπὸ θεοῦ* im Text des Galaterbriefes gestrichen, als minder passend in diesen Zusammenhang (NB!).

Auf diesem Wege erledigt sich relativ leicht das Citat aus Ps. 68, 19 in Epheser 4, 8: *Διὸ λέγει Ἀναβὰς εἰς ὕψος ἠχμαλώτευσεν αἰχμαλωσίαν [καὶ] ἔδωκεν δόματα τοῖς ἀνθρώποις*. Die LXX z. Psalm 68, 19 übersetzen: *ἀναβὰς εἰς ὕψος ἠχμαλώτευσας αἰχμαλωσίαν, ἔλαβες δόματα ἐν ἀνθρώποις*. Bemerken wir vor Allem, dass im hebr. Original eine Prägnanz in dem W. לָקַחְתָּ liegt, wie sie in den Stellen 1. Sam. 30, 11; Ps. 22, 22; Ps. 30, 4; Jes. 38, 17; Jer. 14, 2 (s. die Commentare z. d. St.) zwar bei anderen Verbis, aber in ähnlich unvermittelter Weise vorkommt. Wir dürfen die Prägnanz des hebr. Textes etwa so auflösen: Du hast genommen Gaben (um sie zu bringen) unter die Menschen. Denken wir uns nun, dass die Syrische Volksübersetzung, wie ausserdem die Peschito und das uns vorliegende Targum der Hagiographen, übersetzte: יְהַבְתָּא לְהוֹן מַתְּנָן d. h. Du hast ihnen Gaben gegeben etc., so war

*) S. Hieronymus, Opp. ed. Vallarsius, tom. VII, S. 435.

**) Woher die LXX solche Zusätze haben, darüber s. oben S. 110 ff.

***) Rudimenta hebr. S. 469.

ja Paulus ganz im Recht, ohne Weiteres ἔδωκεν zu sagen und dann im Uebrigen dem Wortlaut der LXX sich anzuschliessen.

Bemerkenswerth ist das Zusammentreffen des Paulus und der Peschito, sowohl hier in der ähnlichen, aber nicht identischen Auflösung der Prägnanz des hebr. לָקַחְתָּ, als auch in der Wiedergabe des נֶצַח in Jes. 25, 8 und in dem unten zu behandelnden Citat aus Jer. 31, 15 (in Matth. 2, 18). Der Apostel wie die Peschito erscheinen hier als auf derselben exegetischen Tradition ruhend, welche nach Credner durch ein Targum vermittelt ward, u. z., wie wir hinzufügen, durch das Syrische, das palästinensische alter ego der LXX. Man vindicirt bekanntlich der Peschito zum A. T. überhaupt eine einfache Wörtlichkeit und Nachfolge des hebr. Textes. Sollte beides nicht aus einer Benützung der palästinensischen Volksbibel Seitens des nach Gesenius' Annahme christlichen Autors der Peschito zu erklären sein? Daraus würde sich auch die von Gesenius*) beobachtete Uebereinstimmung dieser Peschito mit dem Targ. Jonathan erklären. Beide waren von der gleichen Quelle abhängig, die in der paläst. Volksbibel am reinsten vorlag.

Auch Matthäus, dieser echte Palästinenser, behandelt seine alttestamentlichen Citate gerade so, wie Paulus. Wo er von den LXX abweicht, da hat er sich nach der Syrischen Bibel gerichtet. Sein Evangelium schrieb er, um die Juden aus dem Alten Testament zu überführen, dass Jesus der Christ sei. Zwölfmal hat er Stellen des A. T. als in Christo, dem Könige Israëls, erfüllt nachgewiesen: Stellen, die man gar wohl als die cardines seines Evangeliums bezeichnen darf. Matthäus war offenbar sehr mit den Heiligen Schriften Israël's vertraut und mochte etwa schon als Zollbeamter, der natürlich Griechisch verstehen musste, beide Uebersetzungen, die einheimische syrische und die griechische, gelesen und mit einander verglichen haben. Mit der Landessprache mehr als Lucas wenigstens vertraut, hat Matthäus am wörtlichsten den palästinensischen Ausdruck in's Griechische übertragen. Wenigstens zeigt die Vergleichung seines Evangeliums mit der Peschito, das das Griechische des Matthäus am Treuesten das palästinensische

*) Gesenius, Der Prophet Jesaia I, S. 83

Colorit wiedergibt. Sein Evangelium schrieb er zunächst für seine Landsleute, aber auch für die Hellenisten. Denn dass die Spaltung zwischen Juden- und Heidenchristen auf einer Spaltung der apostolischen Schriften und Lehrbegriffe ruhe, und also die kanonischen Schriftsteller des N. Testaments selber diese Spaltung unterhalten und vergrössert hätten, ist eine Lehrmeinung, die jenen Schriftstellern aufgedrungen ist. Matthäus hat einen so weiten Blick, wie nur immer Lucas; in der Genealogie Jesu (Cap. 1) wird dem jüdischen Stolz nicht geschmeichelt, sondern auch derjenigen Frauen gedacht, vor denen jedes jüdische Gemüth einen Widerwillen empfand. Matthäus ist es, der die Magier zur Krippe Jesu als Erstlinge aus den Heiden geführt werden lässt (Cap. 2); und der C. 8, 12 allein die Stelle mittheilt, dass die Kinder des Reiches (Israël) ausgestossen werden würden. Weiter hebt er Galiläa besonders hervor und referirt über das Wort Jesu, dass der Greuel der Verwüstung an heiliger Stätte stehen werde (C. 24, 15).

Blicken wir nun auf die alttestamentlichen Citate unseres Evangelisten. Da finden wir, dass nur eins derselben genau dem hebräischen Original entspricht, nämlich C. 2, 15 vgl. Hosea 11, 1; alle anderen sind zum mindesten nach der Septuaginta modellirt. Denn auch dort, wo er sich mehr dem hebräischen Original anzunähern scheint (C. 8, 17 vgl. Jes. 53, 4; — C. 12, 18—21, vgl. Jes. 42, 1 ff; — C. 27, 9 f. vgl. Sacharja 11, 12 f.) tritt er von der Septuaginta nicht in dem Masse zurück, dass er sie völlig aus den Augen verlöre. Wo er kann, da lenkt er in ihre Fussstapfen wieder ein. An etwa 11 Stellen folgt er der Septuaginta ganz wörtlich: Matth. 4, 7; C. 5, 21. 27. 43; C. 19, 18. 19; 21, 16. 42; 22, 39; vielleicht auch C. 9, 13; C. 12, 7, wo die Lesart der LXX nicht feststeht. Zu diesem Zeugniss für seine Vertrautheit mit der Septuaginta kommen noch sehr viele Anspielungen auf dieselbe, welche R. Anger in seinen höchst verdienstlichen Programmen mit bündiger Kürze zusammengestellt hat*). Aus der sorgfältigen Untersuchung Anger's über die Citate des Matthäus ergibt sich: dass der

*) S. Anger, Ratio, qua loci V. T. in ev. Matthaei laudantur etc. part. I. S. 21 f. Not. 3.

Evangelist, wo es nur immer möglich, bei dem Wortlaut der LXX verbleibt; wo er dagegen abweicht, da hat er seine Gründe. Als einen Hauptgrund, den aber Anger nicht hervorhob, mit dem wir aber es in dieser Schrift ex professo zu thun haben, machen wir die Rücksicht, die der Evangelist auf die Syrische Bibel zu nehmen hatte, namhaft.

Mit grosser Gemüthsruhe ist bisher*) von den Auslegern statuirt worden, Matthäus habe den hebräischen Urtext und die LXX vor Augen gehabt, und bald auf den Text, bald auf die griech. Uebersetzung blickend, hier so, dort wieder anders seine Citate geformt. Das Verständniss des alttestamentlichen Grundtextes war aber, wenigstens was die prophetischen Theile desselben angeht, sogar für die damaligen Meister in Israël etwas überaus Schwieriges, wo nicht Unerschwingliches**). Besonders aber war die grosse Masse des Volkes an eine Uebersetzung gewiesen, und wo dem heilsbegierigen Leser dieselbe nicht anstand, da musste er den rechten Sinn durch Divination erhaschen. Der Geist der Wahrheit wird Euch in die ganze Wahrheit führen, so hatte es Jesus (Joh. 16, 13) seinen Jüngern verheissen. Diese Verheissung hatte sich erfüllt. Und da geht es nun dem heilsbegierigen, aber ungelehrten Forscher gar eigen. Das Wort Gottes hat er vor sich, in einer oder auch in mehreren Uebersetzungen. Dieselben sind Menschenwerk. Er sucht nach dem Urbild, das ihm verhüllt ist, und dabei dienen ihm die Uebersetzungen gleichsam als Hülfsmodell, um zum Ideal, zur ipsa veritas hindurchzudringen. Sie dienen dem Leser als Handhaben und Handleitung, um den wahren Sinn, nach dem er tastet und der seinem innern Sinn auch bereits vorschwebt, zum Stehen zu bringen, dass er Gestalt gewinne für die Seele.

---

*) Schon seit Hieronymus in der Ep. ad Algasiam, ed. Vall. tom I. S. 849, wo er sagt: Matthäus habe sich nicht an die LXX gebunden, sed quasi Hebraeum ex Hebraeis et in lege Domini doctissimum ea gentibus protulisse, quae in Hebraeo invenerat. Aehnlich äussert sich schon Eusebius, Demonstr. evangelica l. 9, 4 über das Citat aus Hosea 11, 1 bei Matthäus (C. 2, 15).

**) Wir müssen darin R. Rothe, Zur Dogmatik S. 190 f. beipflichten.

Der Geist Gottes, der in Jesu und seinen Jüngern mächtig war, liess sie das Richtige kraft einer hohen Divinationsgabe anticipiren.

Ganz so verhielt es sich auch bei unserem Matthäus. Er hatte, als er schrieb, seine Syrische Volksbibel und die LXX vor sich. Da galt es nun, für die Flucht Jesu nach Aegypten ein Motiv im Alten Testament zu finden. Die Stelle Hosea 11, 1: „Aus Aegypten habe ich meinen Sohn gerufen", bot sich dar, die vielleicht durch Jesu Lehrvortrag irgend einmal so verwendet war. Die Uebersetzung der LXX: *καὶ ἐξ Αἰγύπτου μετεκάλεσα τὰ τέκνα αὐτοῦ* taugte nicht zur messianischen Verwendung; doch wer sagt uns, dass die Syrische Volksbibel nicht besser übersetzte? Die Septuaginta erfuhr bei ihrer Umgestaltung zur Syrischen Volksbibel gewiss hie und da Verbesserungen. Und bei allen solchen Citaten ist doch immer im Auge zu behalten, dass sie als Zeugenaussagen für Jesu Messianität nothwendig auf einen textus receptus zurückgehen mussten, damit nicht die einfachen Seelen, die ihre Bibel, oder abgeschriebene Theile derselben nachschlugen, geärgert würden. Dieser textus receptus war aber die Syrische Volksbibel, die damals kirchliche Autorität in Palästina hatte. Betete doch Jesus aus ihr den Anfang des 22. Psalmes, und zwar am Kreuze*) (Matth. 27, 46).

Jedoch wir haben überdies ein weit früheres, ganz stringentes Zeugniss dafür, dass es einen textus receptus gab, welchen sogar die Gelehrten des Sanhedrin bei ihren officiellen Gutachten benutzten. Dieses Zeugniss finden wir bei Matthäus in Cap. 2, wo Herodes auf die Anfrage der Magier, wo der geborene König der Juden sich befinde, das Synedrium consultirt und eine sehr deutliche Antwort empfängt (Matth. 2, 6): *Καὶ σὺ Βηθλεέμ, γῆ Ἰούδα, οὐδαμῶς ἐλαχίστη εἶ ἐν τοῖς ἡγεμόσιν Ἰούδα· ἐκ σοῦ γὰρ ἐξελεύσεται ἡγούμενος, ὅστις ποιμανεῖ τὸν λαόν μου τὸν Ἰσραήλ.*

LXX Micha 5, 1 im Cod. Vat.: *καὶ σὺ Βηθλεέμ οἶκος Ἐφραθά ὀλιγοστὸς εἶ τοῦ εἶναι ἐν χιλιάσιν Ἰούδα· ἐκ σοῦ* (a. L. *ἐξ οὗ*) *μοι ἐξελεύσεται τοῦ εἶναι εἰς ἄρχοντα τοῦ Ἰσραήλ.*

---

*) Aus diesem Faktum zieht Gesenius, Geschichte der hebr. Sprache S. 73, den Schluss, dass zur Zeit Christi schon Targum's in Palästina gleichsam als kirchliche Uebersetzungen recipirt waren. De Wette Einl.

Der messianische Gebrauch, welcher hier von der Stelle des Micha gemacht wird, geht nach V. 4 und 5 nicht zunächst von dem Evangelisten aus, sondern von den Mitgliedern des Synedriums*). Schon Hieronymus im Commentar zu Micha 5 bemerkt: Quod testimonium nec Hebraico nec LXX interpretibus convenire, me quoque tacente perspicuum est, et arbitror, Matthaeum volentem arguere scribarum et sacerdotum erga divinae scripturae lectionem negligentiam, sic etiam posuisse, ut ab eis dictum est. Rufinus tadelte zwar den Hieronymus wegen solcher kühnen Behauptung, aber R. Simon (Hist. Crit. N. T. cap. 22) und in der neueren Zeit Credner (Beiträge II, 148) sind wieder auf das Gleiche gekommen. Credner meint, die Stelle des Micha sei durch Vermittlung eines Targums (wir sagen: der Syrischen Volksbibel) zu ihrer messianischen Bedeutung gekommen: dasselbe habe כִּזְעֵיר gelesen und dadurch der negativen Wendung bei Matthäus den Anstoss gegeben. Auch für das ἡγούμενος des Matthäus habe das Einschiebsel des Targums, מְשִׁיחָא nämlich, den Anlass gegeben, während der Syrer das später im Urtext folgende מוֹשֵׁל vorausgenommen hätte. Die Anführung bei Matthäus endlich habe den Zweck des Zusatzes אֶפְרָתָה trefflich gefasst, indem sie γῆ Ἰούδα dafür setzt, um es von anderen gleichnamigen Orten zu unterscheiden. Minder fein als Credner will Pococke im Commentar z. Micha 5, 1 und in der porta Mosis Cap. 2 צָעִיר in der Bedeutung von „gross" nachweisen. Andere, wie Capellus, vermuthen eine Lesart: צָעִיר לֹא הָיִיתָ, ein Beweis, mit welcher Waghalsigkeit Capellus die Kritik ausübte. Drusius und Grotius endlich lesen die Worte bei Micha in fragender Weise, welche den affirmativen Sinn der Worte in den negativen umwandelt: „Bist Du?" für „Du bist ja nicht."

Die Meinung des Hieronymus, Richard Simon's und Credner's hilft aber allen Schwierigkeiten ab. Wir brauchen dabei gar nicht

in das A. T. §. 57 nennt diese Gebetsworte eine Spur targumischer Uebersetzung.

*) So fasst es auch bereits Justin im Dial. cum Tryphone, Cap. 78. S. 266 der Otto'schen Ausg. auf.

mit Credner zu einem fingirten Targum die Zuflucht zu nehmen, wo die Annahme so nahe liegt, dass von Seiten des Synedriums aus der Syrischen Volksbibel, die dem Idumäer Herodes allein zugänglich war, citirt wurde. Die Frage, welche Semisch*) hier aufwirft: auf welchem Wege der Text (den die Synedristen citirten) genau in dieser wörtlichen Fassung bis zur Kenntniss des Evangelisten gelangt sein sollte, beschwert uns nicht. Matthäus war an dieselbe Syrische Bibel gebunden, wie jene von Herodes befragten Sanhedristen. Den Wortlaut der Anführung also auf Rechnung des Matthäus zu setzen, wie Semisch will, erscheint uns unnöthig, zumal da sie sich nicht einmal durch ihren Inhalt vor der Fassung der LXX besonders empfiehlt.

Geben wir ein anderes Citat des Matthäus**). Matth. 1, 23 heisst es: *ἰδοὺ ἡ παρθένος ἐν γαστρὶ ἕξει, καὶ τέξεται υἱόν καὶ καλέσουσι τὸ ὄνομα αὐτοῦ Ἐμμανουήλ·* — LXX Jes. 7, 14: *ἰδοὺ ἡ παρθένος ἐν γαστρὶ ἕξει καὶ τέξεται υἱόν, καὶ καλέσεις τὸ ὄνομα αὐτοῦ Ἐμμανουήλ.* — Die einzige Abweichung des Matthäus von den LXX liegt darin, dass er den Singular *καλέσεις* der LXX in den Plural *καλέσουσι* wandelt. Die Syrische Bibel las nun etwa קָרְאִין und fasste das קָרָאת des Originals als die zweite Person fem., wo dann „man nennt" oder „sie nennen" die einzig mögliche Uebersetzung ist***).

Dies stimmte am Besten mit dem Gebrauch, den Matthäus von der jesaianischen Stelle machen wollte, wird man einwenden. Gewiss; aber das erschöpft die Sache nicht; er musste auch seine Uebersetzung auf eine anerkannte Version stützen können, sonst gerieth sein Beweis in Gefahr, nicht durchschlagend zu sein.

In Cap. 2, 18 hält sich Matthaeus wieder an seine Syrische Bibel und verfährt eklektisch gegenüber den LXX. So möchten wir das eigenthümliche *πολύς* bei Matthaeus, für welches nirgend sonst

---

*) Die apostolischen Denkwürdigkeiten des Märtyrers Justinus S. 113.

**) Zu diesem Citate ist zu vergleichen Gesenius, der Prophet Jesaia. Einl. S. 64: „Matthäus geht einige Male auf den hebräischen Text zurück, den er auf andere Art, vielleicht nach den damals im Umlauf befindlichen chaldäischen Versionen, erklärt."

***) Vergl. auch Gesenius a. a. O. S. 64.

eine Spur zu entdecken, aus der Syr. Volksbibel ableiten, der die drei Asyndeta des Grundtextes zu viel wurden und die daher den Begriff „bitter“, der im Urtext durch ein Substantiv: תַּמְרוּרִים gegeben war, adjektivisch zu בְּכִי hinzutreten liess. Gerade so verfahren das heutige Targum*) und die Peschito**). Dabei ist aber Anfang und Schluss des Citats in Worten der LXX gegeben, und auch das *καὶ* ist den LXX entflossen, wohl weil dies Alles mit jener syrischen Vorlage stimmte. Der Cod. Alex. der LXX liest übrigens theilweise dem Text des Matthäus entsprechender.

In Cap. 12, 18—21 verdolmetscht sich Matthäus seine Syrische Bibel auf eigene Faust. Vielleicht widerstanden ihm hier die LXX wegen ihrer nicht-messianischen Fassung des Capitels; er überlässt sich wenigstens, wie sonst nie, der selbständigen Wiedergabe des Citats in griechischer Sprache. Trotzdem hat auch dies Citat der Spuren genug, dass die LXX dem Evangelisten als Modell bei der Formung des Citats gedient. Dies erhellt besonders aus den Schlussworten, wo Matthäus das לְתוֹרָתוֹ des Originals ebenso frei wie die LXX durch *τῷ ὀνόματι αὐτοῦ* wiedergibt. Dies war eine der freien Uebersetzungen der LXX, die ihren ökumenischen Charakter constituiren, und in der naiveren vorchristlichen Zeit, der des zweiten Tempels, auch ihren Platz in der Syrischen Volksbibel behauptet hatten. Sonst aber lässt Matthäus die Zusätze *Ἰακώβ* und *Ἰσραήλ*, die bei den LXX dem Ganzen eine schiefe unmessianische Richtung geben, aus, und im Zusammenhang damit modificirt er noch Mehreres, im Einklange mit der Syrischen Volksbibel. Matthäus wählt *εὐδόκησεν* für אתרעי der Syrischen Uebersetzung, s. Targ. Jon. Auch das *ἐν ταῖς πλατείαις* ist wohl der Syrischen Volksbibel entsprechender geformt; auch im Hebräischen sind חוּצוֹת Strassen (s. Gesen. thes. I, 456); die Peschito hat ebenfalls beschûko, d. h. auf der Strasse (s. Targ. Jon.). Für das Hebr. יוֹצִיא mochte Matthäus יְגַלֵּי finden in der Syr. Bibel und übersetzte also ganz wörtlich *ἀπαγγελεῖ*. Auch die futurische Fassung des נָתַתִּי, wie sie sinngemäss an

*) „Geheul und bitter Weinende.“

**) „Geheul und bitteres Weinen.“

sich ist, mochte in der Volksbibel sich finden, wie sie denn wirklich im Targum Jonathan vorliegt, das hier auch die Messianische Fassung als die traditionell-jüdische zu beglaubigen dient*). Für das Hebräische יצעק fand er etwa יְצַוַּח und gab es sinnreich durch ἐρίσει wieder, und nicht durch das κεκράξεται der LXX, denn von Jesu konnte nicht gesagt werden, dass er nicht geschrieen hätte**), wohl aber, dass er nicht in hadernder Weise geschrieen, wie z. B. jenes Weib in 2. Kön. 4, 1, wo das Targum auch מְצַוְּחָא hat; m. vergl. Jes. 33, 7, wo das Targum noch das Prädikat במרר (bitter, contumaciter) hinzusetzt. Das Syrische zevochto bedeutet vociferatio, querela; ähnlich im Samaritanischen. Was endlich den Satz: ἕως ἂν ἐκβάλῃ εἰς νῖκος τὴν κρίσιν betrifft, so zieht derselbe zwei Bestandtheile des Grundtextes in Eins zusammen. Er dient zur Wiedergabe des: לֶאֱמֶת יוֹצִיא מִשְׁפָּט (zur Wahrheit bringt er aus das Recht) und des: עַד־יָשִׂים בָּאָרֶץ מִשְׁפָּט (bis er das Recht fest gründe auf Erden). Zur Zusammenfassung dieser beiden Gedanken hat der Evangelist jedenfalls die trefflichsten Worte gewählt; denn wenn das Recht Wahrheit wird und eine feste Stätte findet auf Erden, so ist ihm zum Sieg verholfen. Dass Matthäus für יוציא das griech. ἐκβάλῃ wählt, ist im Hinblick auf den starken Widerstand, welchen der Messias finden wird, geschehen (vgl. Cap. 9, 38). Wir stehen nicht an, zu behaupten, dass Matthäus diese verkürzte Fassung des jesaianischen Textes in seiner Syrischen Bibel fand. Er las etwa: עַד דְיַפֵּק דִינָא לְקוּשְׁטָא oder לְנִצְחָן. Die alten Uebersetzer gestatten sich, wo der Text sich ihnen zu lang hinausspinnt, einmal Etwas überzuschlagen, wie wir das bei den LXX im Jesaia gesehen haben***). Es liegt also nach reifer Ueberlegung nahe, für die Lesarten des Matthäus, in denen er abweicht von den LXX, die Syrische Volksbibel als Quelle anzunehmen. Wir

*) Vgl. auch sonst Targum Jonath. zu Jes. 10, 27; 14, 29; 16, 1; 28, 5; 43, 10; 53, 10 und viele andere Stellen der Propheten, wo sich die alte Messianische Fassung bewahrt findet.

**) S. dagegen Joh. 7, 28. 37.

***) S. o. S. 122 ff.

entgehen damit der Verlegenheit, behaupten zu müssen: Matthäus habe ein Citat zum Beweis für seine Leser angeführt, das er sich aber erst selber zurechtmachte. Nach unserer Meinung ruht es auf guten, aber auch für Alle ersichtlichen Grundlagen, wenn die Neutestamentlichen Autoren loca probantia anführen.

Natürlich dürfen wir die Evangelisten in ihrer Freiheit nicht allzusehr beschränken. Matthäus so wenig wie seine Genossen waren sklavisch an die Volksbibel gebunden. Er fängt das Citat wohl einmal dort an, wo es ihm gerade passend erscheint; er verkürzt es und pflückt oft nur einzelne Blumen heraus, die ihm am Geeignetsten erscheinen, wie denn zu allen Zeiten solche freie Stellung dem heiligen Texte gegenüber üblich war. Ein Beispiel hiefür ist die Stelle Matth. 21, 5 aus Sach. 9, 9: *εἴπατε τῇ θυγατρὶ Σιών· ἰδοὺ ὁ βασιλεύς σου ἔρχεταί σοι πραῢς καὶ ἐπιβεβηκὼς ἐπὶ ὄνον καὶ ἐπὶ πῶλον υἱὸν ὑποζυγίου.*

Die LXX Cod. Vat. übersetzen die Stelle Sach. 9, 9 also: *χαῖρε σφόδρα θύγατερ Σιών, κήρυσσε θύγατερ Ἱερουσαλήμ· ἰδοὺ ὁ βασιλεύς*) ἔρχεταί σοι δίκαιος καὶ σώζων, αὐτὸς πραῢς καὶ ἐπιβεβηκὼς ἐπὶ ὑποζύγιον καὶ πῶλον νέον.*

Das erste Sätzchen der LXX ist von Matthäus ausgelassen; das zweite: *κήρυσσε θύγατερ Ἱερουσαλήμ* war in der Syrischen Volksübersetzung etwa dahin missverstanden worden, dass es für *κηρύσσετε* genommen und eine dem entsprechende palästinensische Redewendung gewählt worden. Es ist in der That das *κήρυσσε* der LXX hart, denn es soll doch hier der Tochter Jerusalem ein Trostwort erst gebracht werden. Aus diesem Missverständniss der LXX entstand die Syrisch-palästinensische Uebersetzung: saget der Tochter etc., und in treuer Abhängigkeit von ihr das *εἴπατε* bei Matthäus. Dass nun Matthäus statt „Tochter Jerusalem“ dennoch „Tochter Zion“ — die Anrede aus dem ersten Satz — wählt, ist eine locutio a parte potiore, zu der seine Syrische Vorlage keinen Anlass

*) Die überwiegende Anzahl von Zeugen ist hier für die Einschaltung des *σοῦ*, unter ihnen Syr. Hexapl., alle latein. Versionen u. Clemens, Paedagogus I, C. 5.

gab. Denn diese las nach Joh. 12, 15 im Anfang des Citats Sach. 9, 9: μὴ φοβοῦ, θύγατερ Σιών· oder Worte im Landesdialekt, die diesen griechischen entsprachen. Dann fuhr sie ähnlich wie Matthäus fort, nur dass sie Tochter Jerusalem las. Matthäus zieht nun beide Glieder zusammen und sagt „Tochter Zion“. Bat Zijon ist übrigens auch der weit gewöhnlichere und zugleich hoheitsvollste Name der Stadt Jerusalem bei den Propheten.

Im weiteren Verlauf schmiegt Matthäus sich den LXX an, so zwar, dass er von den Prädikaten des Königs als zur Sache gehörig nur πραΰς erwähnt. In diesem Fall hindert Nichts, zuzugeben, dass Matthäus seine Syr. Vorlage verkürzt wiedergab. Für das ὑποζύγιον der LXX fand er wohl חמר (Esel), und für das πῶλον νέον der LXX, das freilich elegantes Griechisch ist, eine genauer dem Urtext entsprechende Fassung in der Syrischen Volksbibel, die nothwendig πῶλον νέον bei der Retroversion in's Syrische mehr nach der Weise des Originals umschreiben musste (vgl. Targ. Jon.). Matthäus aber folgte treulich den Fusstapfen dieser seiner syrischen Vorlage. Ueber den Sinn dieses Reitens auf dem Esel und dem Eselsfüllen sagt Delitzsch*) treffend: es habe die Erfüllung (wie in Ps. 22, 18) scheinbar Identisches nach beiden Seiten des synonymen Ausdrucks hin verwirklicht. Johannes in C. 12, 15 pflückt nur etliche Worte des Citates aus Sacharja heraus und lässt uns einen neuen Einblick thun in die Freiheit, womit die Evangelisten gelegentlich selbst ihre Syrische Volksbibel nur verkürzt citirten.

Wir würden zu weit ausholen müssen, wollten wir alle Citate des Matthäus in dieser Weise durchnehmen. Soviel scheint aber als Resultat aus dem Bisherigen festzustehen, dass Matthäus, wo er abweicht von den LXX, auf einen besonderen Text sich bezieht und sein Citat nicht in die Luft baut. Diesen Text haben wir in der Syrischen Volksbibel, welche bei der Retrovertirung der Septuaginta dieselbe hie und da modificirte. Etwas Festes, das sieht ein Jeder, muss eine solche Anfangs kleine Genossenschaft, wie die christliche Urgemeinde war, gehabt haben. Und da ist nun das Nächstliegende, dass sie die in Palästina anerkannte synagogale

---

*) Commentar über den Psalter, zu Ps. 22, 18.

oder Syrische Bibel als ihr Textbuch adoptirte, und so weit diese mit der Septuaginta stimmte, auch freudig der griechischen Kirchenübersetzung die Autorität zuerkannte, die sie seit lange für die Hellenisten hatte. Es galt, Jedermann in seinen heiligsten Gewohnheiten zu schonen; aber zuerst den Juden, dann den Hellenisten gerecht zu werden. Die Bibel, welche Jesus gebraucht, aus der er am Kreuze gebetet, war und blieb die Quelle für alle in griechischer Sprache auszudrückenden Citate. Dabei war es nun ein hoher Akt göttlicher Providenz, dass, bei dem Uebergang aus der einen Sprache in die andere, den zum Theil ungelehrten Jüngern Jesu die Septuaginta zur Hand war, in der sie meist das Original ihrer Syrischen Bibel wiederfanden. Zur Verdeutlichung wollen wir hier an eine Analogie erinnern. Die Lutherische Uebersetzung ist auch in's Holländische übersetzt und im Gebrauch der Lutheraner holländischer Zunge. Will nun ein solcher Lutheraner ein religiöses Werk in deutscher Sprache zu schreiben unternehmen, so wird er gewiss die deutsche Lutherbibel neben der holländischen vor sich legen, um sich den Uebergang aus der einen Sprache in die andere zu erleichtern. Aehnlich war es hier bei den Aposteln. Die Ungleichheit beider Fälle besteht höchstens darin, dass die LXX unter den Händen der Palästinenser in einem Zeitraum von mehreren Jahrhunderten hie und da doch etwas modificirt worden, und also den neutestamentlichen Autoren an etlichen Punkten Differenzen zwischen ihrer Syrischen Bibel und der griechischen entgegentreten mussten. Sie aber hielten sich natürlich an die Bibel ihres Volkes.

Fragt man uns nun: welches also war die Gestalt der Syrischen Bibel, so ist die Antwort folgende: Wir haben von dieser Syrischen Bibel nichts als Bruchstücke. Diese können wir uns aus dem gesammten Citatenschatz der neutestamentlichen Autoren zusammensetzen. Ein Beispiel solcher Zusammensetzung hatten wir soeben in den Citaten Matth. 21, 5 u. Joh. 12, 15, welche uns Beiträge liefern zur Herstellung der Lesarten der Syrischen Volksbibel. Es wird zwar nur ein dürftiges Mosaik werden; aber immer hinreichend genug, um die relativ reine Wiedergabe des Originals als ein hervorragendes Kennzeichen d i e s e r alten palästinensischen Kirchenübersetzung nach Gebür an's Licht zu stellen. Es war nun wiederum providentiell, dass eine solche Volksbibel in Palästina sich fand, und nicht die Petrefacten der Targumim des Onkelos oder Jonathan. Aus dieser Bibel liess sich der Hunger der Seele noch stillen; aus den heutigen Targumim der Juden nun und nimmermehr. Jene Syrische Volksbibel durchwehte noch etwas von dem Hauch des geistlichen Lebens, das den Autoren des Originals eignete; diese Targumim sind scholastisch, pedantisch, engherzig — geistlich todt.

Wir gehen noch einen Schritt weiter, um die Syrische Bibel als Vorlage der Evangelisten zu erweisen. Wir können diese Sache auf zweier oder dreier Zeugen Mund gründen. Die Frage ist: wo zwei oder alle drei Synoptiker in ihrem alttestamentlichen Citat gegen den Wortlaut der LXX übereinstimmen, was sollen wir da als Grund dieser Uebereinstimmung aufstellen? Schon Gieseler*) sagt: „Insbesondere merkwürdig ist die wörtliche Uebereinstimmung der Evangelisten unter sich in manchen Citaten des A. T., wobei sie weder dem hebr. Texte noch den LXX genau folgten.“ Der hiebei den Ton angebende soll nach Anger Matthäus sein**). Damit ist nicht viel geholfen; denn die Frage ist eben, wie gelangten Markus und Lukas dazu, den, wie Anger sagt, tonangebenden Matthäus auszuschreiben?

Durch die Annahme, dass ein Evangelist von dem anderen abschrieb, löst sich anerkannter Massen die synoptische Frage keineswegs. Geben wir einige Beispiele dieser Einförmigkeit der synoptischen Citationsweise.

Die Synoptiker stimmen in der Vorankündigung des Täufers, entnommen aus Jes. 40, 3, genau überein***), aber differiren vom hebr. Text und dem griech. der LXX, indem sie von dem letzteren nur die zwei Schlussworte ändern, sonst aber sogar in der Auslassung des בָּעֲרָבָה mit den LXX einhellig sind. Wo soll nun dieser Consensus sich herschreiben, wenn nicht daher, dass man eine und

*) Histor. kritischer Versuch über die Entstehung der schriftlichen Evangelien, S. 4.

**) Anger a. a. O. partic. II, S. 31 ff.

***) Matth. 3, 3; Marc. 1, 2; Luc. 3, 4.

dieselbe Syrische Volksbibel zur Vorlage hatte, nach der man citirte? So stimmen die drei Synoptiker wesentlich auch in dem Citate aus Mal. 3, 1. Was zunächst in die Augen fällt, die richtigere Wiedergabe des hebr. פִּנָּה mit κατασκευάσει nämlich, wogegen die LXX ganz unpassend ἐπιβλέψεται übersetzen, wird auf die Syrische Bibel zurückgehen, und nicht direct auf's hebr. Original, wie man stets annahm. Aber auch die Umsetzung der Anfangsworte des Urtextes: „Siehe ich sende meinen Engel, und er wird den Weg vor mir bereiten" in die Worte: „Siehe ich sende meinen Engel vor dir her, der deinen Weg vor dir her bereiten wird", fanden die Evangelisten und zunächst Jesus selber (Matth. 11, 10; Luc. 7, 27) aller Wahrscheinlichkeit nach schon in der Syrischen Bibel vor. Diese fasste den ganzen Vers als eine Anrede an das Volk, gerade wie weiter unten Mal. 3, 23 (C. 4, 4) eine solche wirklich stattfindet. Vielleicht hat auch eine Rücksicht auf Exod. 23, 20, welche Stelle ähnlich lautet, auf den Targumisten eingewirkt **). Genug, er half sich so gut er konnte und brachte immerhin einen erträglicheren Sinn heraus als die LXX, welche diese Stelle sprachwidrig und im Grunde auch sinnlos wiedergaben. Anstatt über den Targumisten die Nase zu rümpfen, sollte man ihm vielmehr Dank wissen. Jesu und den Aposteln hat er eine schöne Beziehung dieser Schriftstelle auf Johannes den Täufer wenigstens ermöglicht. In Anknüpfung an diese Uebersetzung, aber zugleich in schönster Harmonie mit dem Grundtext, bezog man in Jesu Kreise die Worte bei Maleachi 3, 1 auf Johannes den Täufer. Das waren Auslegungen, welche wohl nicht von den Schriftgelehrten erlernt wurden, sondern die Jesus selbst fand und den Seinen erläuterte. Eine wesentliche Uebereinstimmung zwischen den 3 Synoptikern gegenüber den LXX findet sich auch in der dem evangel. Texte nur eingeflochtenen Schriftstelle bei Matth. 22, 24; Marcus 12, 19; Lucas 20, 28; nur dass die zwei Letzteren das ungewöhnliche ἐπιγαμβρεύειν des Matthäus in das verständlichere γυναῖκα λαμβάνειν

*) Matth. 11, 10; Marc. 1, 2; Luc. 7, 27.

**) Dies ist die Ansicht Hilgenfeld's, Zeitschrift für wissensch. Theologie, 1861. II. S. 196, Not. 3.

umänderten. Zwei Synoptiker*) stimmen gegen die LXX im Wesentlichen zusammen bei dem Citate aus Sach. 13, 7; ferner stimmen nahezu völlig Matth. 15, 8 f.; Marc. 7, 6 f. weiter Matth. 22, 32; Marc. 12, 26 (*θεὸς τοῦ πατρός σου* ausgelassen); vergl. Luc. 20, 37; desgleichen stimmen in der wörtlichen Anführung der Psalmworte am Kreuze überein Matth. 27, 46; Marc. 15, 34; und selbst in ganz beiläufigen Reminiscenzen geschieht dies: Matth. 24, 15; Marc. 13, 14 (*βδέλυγμα τῆς ἐρημώσεως*); vergl. Luc. 21, 20, wo eine Anspielung auf diese Lesart sich findet. — Die aus Jes. 42, 1 entlehnten Worte der himmlischen Stimme bei der Taufe Jesu sind bei den Synoptikern fast gleichförmig und weichen ab von den LXX, s. Matth. 3, 17 (17, 5); Marc. 1, 11; Luc. 3, 22.

Es geschieht nun andererseits auch, dass die Synoptiker in der Citation der gleichen Schriftcitate abweichen s. Matth. 4, 6; vgl. Luc. 4, 10 f.; ferner Matth. 13, 14 f.; vgl. Marc. 4, 12; Luc. 8, 10. In solchen selteneren Fällen ist dann jedem seine Freiheit zu wahren, gemäss welcher er bald mehr, bald weniger genau citirte. Der Gründe für die Differenzen im Citiren gibt es viele; aber für die wörtliche Uebereinstimmung der Evangelisten unter sich in manchen Citaten des A. T., wobei sie weder dem hebr. Texte noch den LXX genau folgten, gibt es nur einen möglichen Grund: die Abhängigkeit Aller von der palästinensischen Volksbibel.

Diese Volksbibel bietet uns eine willkommene Lösung auch für andere Fragen der neutestamentlichen Hermeneutik, welche die Gelehrten aller Jahrhunderte wahrhaft gepeinigt haben.

Da gibt es Stellen, die jedes Versuches, sie im A. T. oder bei den LXX nachzuweisen, spotten. Wir nennen als die vornehmste ein Wort unseres Herrn. Derselbe sagt Joh. 7, 38: *ὁ πιστεύων εἰς ἐμέ, καθὼς εἶπεν ἡ γραφή, ποταμοὶ ἐκ τῆς κοιλίας αὐτοῦ ῥεύσουσιν ὕδατος ζῶντος.* Dass hier auf Jes. 58, 11 oder Sach. 14, 8 gesehen worden wäre, ist doch nur eine Auskunft der Verlegenheit. Wie man aber auch gesucht, eine geeignete Parallele findet sich nicht. Also hätte Jesus auf's Gerathewohl citirt? Wir glauben nun hier den einzig noch übrigen Weg einschlagen zu sollen, dass unser

*) Matth. 26, 31 und Marc. 14, 27.

Herr nach der Volksbibel citirte. Von dieser steht uns fest, dass sie eine Familienähnlichkeit mit der Septuaginta hatte, indem sie ursprünglich aus ihr in die Volkssprache Palästina's übersetzt worden ist. Nun finden wir bei den LXX zu Proverb. Sal. 18, 4 folgende Stelle: Ὕδωρ βαθὺ λόγος ἐν καρδίᾳ ἀνδρὸς, ποταμὸς δὲ ἀναπηδύει*) καὶ πηγὴ ζωῆς. Dies denke man sich nun in die Volkssprache übersetzt, so ist für καρδία (das Innere) leicht בְּמְנָא oder בְּמֶן hergestellt (vgl. LXX zu Prov. 22, 18), was im Hebräischen den Bauch aber auch bloss das Innere eines Dinges bedeutet**).

Bei der Retroversion der palästinensischen Worte in's Griechische durch Johannes ergab sich nun leicht κοιλία, indem ihm καρδία nicht so zur Hand sein mochte. Die zweite Vershälfte nahm die Volksbibel etwa so: ein Fluss quillt hervor und eine Quelle des Lebens, was dann bei Johannes zusammengezogen ergibt: (aus dem Innern) fliessen hervor Ströme lebendigen (Quell-) Wassers. Zum Verständniss der ersten Vershälfte bemerken wir nur noch, dass der אִישׁ des hebr. Urtextes und auch der ἀνήρ der LXX den Mann, wie er sein soll, den vorbildlichen Weisen bedeutet (vergl. Prov. 18, 20; 19, 22; 20, 5).

Wenn also die Syrische Bibel das eigentliche Textbuch Jesu und seiner Apostel war, so kann es uns nicht ferner Wunder nehmen, dass die Citate in Jesu Munde vielfach aus dem Stoff der Septuaginta zusammengewebt erscheinen, ohne sich doch immer völlig mit ihr zu decken. Wir vergleichen aus dem Johannesevangelium die Citate Cap. 6, 31 und 45; Cap. 13, 18; Cap. 15, 25.

Bei der von uns festgestellten Sachlage ist es nicht länger unnatürlich, dass Maria's Magnificat, in welchem sie ihre Erfahrungen in den Dingen Gottes so wundervoll reproducirt, zum guten Theil aus Septuagintaworten***) zusammengestellt ist, wie solches besonders Grotius in den Annot. in libros Evv. nachweist. Das ist nicht

*) Schreibfehler für ἀναπιδύει (nach Lagarde, Anmerk. zur griech. Uebers. der Prov.) hervorquellen (hebr. נבע); s. Steph. Thes. I, 2. 497.

**) S. auch Vita Timuri III, 602.

***) Selbst eine Reminiscenz aus Sir. 10. 14 bietet der 52. Vers des Magnificat; dann eine solche aus 1. Sam. 2; Hiob. 22, 9; Ps. 13, 6 etc.

etwa ein Fabrikat des Evangelisten nach Art des Thucydides; es herrscht hier keine mythisirende Willkür, um etwa die Leser mit bekannten Formeln abzuspeisen*), sondern Lukas retrovertirt, was Maria, die in der Schule des Heil. Geistes gebildete Jungfrau, aus dem Schatze ihres memorirten, septuagintisch gearteten Bibelstoffes mit wahrster Begeisterung in dem sogen. Magnificat zu Tage fördert. Welch' ein Abstand in der Form, wenn wir der Maria Lied mit dem der Hanna vergleichen, ein Abstand wie zwischen dem ehernen und goldenen Zeitalter, aber zugleich ein Abstand, der dadurch begründet ward, dass Maria aus einer Uebersetzung im Vulgärdialekt ihre geistliche Nahrung gesogen, welche Uebersetzung den Urtext planer und dürftiger machte, aber eben damit verständlicher. Bei dieser Anschauung von einer Volksbibel im Vulgärdialekt, die eine grosse Familienähnlichkeit mit den LXX besass, kann es uns weiter nicht in Erstaunen setzen, wenn wir den Protomartyr Stephanus vor dem Hohen Rathe zu Jerusalem 28 Citate aus der Septuaginta produciren hören, ohne dass man ihm Seitens des geistlichen Gerichtshofes z. B. einen Vorwurf daraus machte, dass er mit den LXX (Act. 7, 14) von 75 Personen redete, die mit Jacob nach Aegypten gezogen, und dass er (V. 44) das Zelt der Zusammenkunft mit den LXX (zu Num. 16, 18) *ἡ σκηνὴ τοῦ μαρτυρίου* nannte. — Das Zeugniss, welches Gott über David abgelegt haben soll nach Act. 13, 22, findet sich so nirgend, obwohl es lauter Schriftworte enthält. Es scheint uns nun die Syrische Bibel in Ps. 89, 21 die Rede Gottes über David in dieser bei Paulus ersichtlichen Weise aus verschiedenen Stellen vervollständigt zu haben, um alles bei einander zu besitzen, was von dieser Berufung sich sagen liess. Der Targumist holte also aus 1. Sam. 13, 14 und selbst aus Jes. 44, 28 den Stoff zusammen und liess diese Reminiscenzen an Ps. 89, 21 sich ansetzen. Damit macht er mehr den Exegeten, als den Uebersetzer; aber dass dies targumische Manier war, haben wir früher gesehen.

Dass der Jakobusbrief, der sich an die zwölf Geschlechter Israël's richtet, seine Citate aus den LXX entlehnt, hat in diesem

---

*) Gegen Strauss, Leben Jesu 2. Aufl. I, 237.

Umstande, dass die LXX mit der palästinensischen Volksbibel in gewissem Sinne identisch, seinen allein zureichenden Grund. Das Gleiche gilt auch von dem Briefe an die Hebräer; dieser ist eine Art Mosaik, aus den LXX zusammengeholt, und dennoch richtet er sich an Bewohner Palästina's.

Aber, so möchte Einer fragen, leidet bei dieser Sachlage nicht die strenge Inspirationslehre? War die Volksbibel, waren die LXX ein geeigneter Ankergrund für die gläubigen Seelen jenes Zeitalters? — Allen aprioristischen Raisonnements über die Inspirationslehre gebieten wir hier Schweigen! Wir befinden uns auf dem heiligen Boden der Pflanzung und Begründung der christlichen Kirche, wo derselbe Geist wehte, unter dessen Einfluss einst das Gesetz und die prophetischen Schriften in's Leben traten. Auch der Gebrauch, den Jesus und seine Jünger von der Volksbibel machten, stand unter der Leitung dieses Heiligen Geistes. Sie lasen also in der Volksbibel — und der Geist der Wahrheit, der zuerst in Jesu mächtig gewesen und dann den Seinigen verheissen war, gab ihnen das rechte Verständniss, so dass sie einerseits nur auf guten Grund und Boden ihren Anker auswarfen, andererseits stets die richtigen Schlüsse aus dem Gelesenen zogen. Die Kraft kommt aus dem Worte Gottes, bei dem uns der Geist Gottes Anker fassen lässt; aber *in welcher Form* dieses Wort Gottes sich den einzelnen Generationen präsentiren soll, das hängt von allerlei Nebenumständen ab. Ob es eine Uebersetzung ist, oder das Original selbst, welches wir lesen, — Hauptsache ist und bleibt, dass der Geist der Wahrheit den Muth verlieh, auf dieses Wort sich im Leben und Sterben zu gründen. Ein noch so wohl überliefertes Original kann den Glauben in dem Individuum nicht wecken, wo nicht Gottes Geist dabei ist. Ist dieser dabei, dann wirkt oft auch die schlechte Uebersetzung Wunder. Wie vielen Seelen hat die Lutherische Uebersetzung diese drei Jahrhunderte lang nicht zum Heil verholfen? Und dennoch: wie abweichend ist sie an so vielen Stellen, ja in ganzen Büchern*) vom Grundtext!

---

*) Z. B. in Exod. 25—40; im Leviticus; in Ezech. 40—48; im B. Hiob.

Unterdrücken wir also unsere Befürchtungen zumal für eine Zeit, wo Jesus selbst als Prophet wirkte und nach ihm sein Geist die Seinigen in die ganze Wahrheit leitete (Joh. 16, 13). Wollen wir nicht weiser sein als Gott, der es liebt, mit den geringsten Mitteln das Grösste zu schaffen.

Aber freilich gebieten wir auch fortan Jenen Schweigen, die wie Rothe selbst Jesus und den Aposteln gegenüber sich ihrer vermeintlichen Höhe rühmen. Mit grosser moralischer Entrüstung wendet sich Rothe *) von den Auslegungen, welche unsere neutestamentlichen Schriftsteller vom Alten Testament geben, ab und verwirft ihre hermeneutischen Grundsätze. Der gerade Wahrheitssinn, der ihm heiliger sei, als die dogmatische Autorität der Kirche und ihr Gebot, verbiete ihm, der apostolischen Exegese zu folgen. Besonderen Anstoss erregt ihm, dass die Citate aus der Septuaginta genommen werden, auch da, wo das dem Citat Entlehnte dem hebräischen Original fremd oder ein Uebersetzungsfehler ist (S. 186). Er ruft zu seiner Unterstützung einen Mann wie Scherer an, welcher das vorliegende Problem in die Worte zusammenfasst: En effet le saint-esprit aurait littéralement inspiré le texte de l'ancien testament, et quand il s'agit de citer ce texte dans le nouveau testament, non seulement il aurait négligé d'en donner une version littérale (quelque chose, par exemple, comme la version dite de Lausanne!), mais encore il aurait adopté de confiance un travail, qui lui fait dire des choses différentes de ce qu'il a réellement dit. Nest-ce pas là l'inspiration refutée par l'inspiration elle-même?

Mit solchen Phrasen stürmen diese und andere Männer, die sich par excellence der historischen Kritik rühmen, gegen die Historie an. Was verlangen diese Leute? Dass der Heil. Geist eine literale Version besorgt haben sollte, die etwa den neueren Unternehmungen dieser Art (z. B. der version de Lausanne) geglichen? Ein schönes Verlangen! Wo wäre da die Autorität des Grundtextes geblieben? Eine dem Grundtexte adäquate Uebersetzung müsste den Grundtext unnöthig machen, wie solches die Vulgata in der römisch-

*) Zur Dogmatik, S. 184 f.

katholischen Kirche in der Praxis wenigstens wirklich gethan hat *). Gottes Weisheit war eine höhere! Der Grundtext blieb als göttliches Erzeugniss wohlverwahrt im Hintergrunde, und providentielle Anordnung war es, dass die Menschen an Uebersetzungen sich zunächst genügen lassen mussten. So blieb die Appellation an den für gewöhnlich über der Debatte stehenden Urtext immerdar gewahrt, und menschlicher Witz übte sich an der materia vilis einer Uebersetzung. Was nun die menschliche Heilsbegierde anlangt, so litt diese nicht darunter, dass sie an eine Uebersetzung gewiesen war. Was der Verstand der Meister in Israel nicht sah, das fand vor Allen das erleuchtete Auge des Einen Meisters, Christus (Matth. 23, 8), dem gegenüber alle Andern Brüder, Alle gleicherweise lernend und empfangend waren.

Ist nun etwa diese oder jene Uebersetzung, weil sie minder getreu den Urtext wiedergibt, zu verwerfen, selbst da, wo sie so zu sagen das Indorsat Christi und seines Geistes trägt; wo Christus und durch seinen Geist die Apostel sich zu ihr bekannt haben? Wir müssen lächeln über solche Anmassung, gemäss welcher man lieber mit seinen Ideen von grammatischer Akribie Jesu und den Aposteln in's Angesicht schlägt, als dass man sich dem Tadel aussetzte, cum spiritu sancto insanire. Um der Ehre vor den Menschen willen gibt man preis die Ehre Gottes. Man verkennt sein liebendes Eingehen, seine Accommodation an die Schwächen auch einer Uebersetzung, um mit dem schwachen Organ das Grösseste, die Verbreitung seiner Kirche auf Erden, zu wirken. Man verkennt insbesondere die Autonomie des Heiligen Geistes. Weshalb sollte es demselben nicht freistehen, dieses oder jenes alttestam. Schriftwort selbst in einer durch die Uebersetzung modificirten Gestalt den Aposteln und Evangelisten in den Mund zu legen? Musste denn der Geist Gottes in dieser schöpferischen Zeit des N. T. nothwendig die einmal schon betretenen Geleise einhalten, bloss damit den Buchstabenknechten kein Anstoss gegeben werde und diese sein

*) S. Hody, a. a. O. S. 543 ff. über die dennoch versuchten Einschränkungen der Autorität der Vulgata selbst bei den Katholiken, vgl. S. 547 dagegen das Urtheil der Jesuiten.

Thun nur ja gehörig zu controliren vermöchten? Dass nun freilich eine vom Geist geleitete Auswahl der alttestamentlichen Stellen stattfand, ist gewiss. Wir finden eigentlich eher zu wenig, als zu viel Citate aus dem A. Testament, wenn wir in Betracht ziehen, dass zur Zeit Jesu das A. T. den Inbegriff der Heiligen Schriften ausmachte. Demnach wird nur der sichere Boden, der dazu dem Volke geläufig war, von Jesu und seinen Aposteln bei ihrer alttestamentlichen Beweisführung betreten. Es fand eine weise Beschränkung statt. Bei den Messianischen Weissagungen handelte es sich besonders auch darum, die Continuität mit dem bisher üblichen Unterricht in der Synagoge zu wahren. Die jüdischen Schulen hatten sich aber schon längst eine feste Auslegung der für messianisch zu haltenden Stellen gebildet, wie aus den Targumim zu ersehen ist. Auf das, was das Volk in den Schulen gelernt hatte, wird wiederholt in den Evangelien verwiesen *). Wo dann wieder die exegetische Tradition zu eng oder falsch war, da galt es, das enge Gefäss zu zerbrechen und durch eine rechte, vom Heil. Geist gewirkte Auslegung die prophetische Stelle alles Dasjenige sagen zu lassen, was sie enthielt. Als sicherer Leitstern stand hiebei die evangelische Geschichte selbst den Aposteln zu Gebote. Die alttestamentlichen Weissagungen wurden mit Hülfe des Lichts, welches von der evangelischen Geschichte auf sie fiel, ausgelegt. Kurz, es war eine höchst lebendige Interpretation, welche das prophetische Wort des Alten Testaments hier erfuhr. Man errieth Nichts, machte keine Conjekturen, sondern von dem festen Boden der Thatsache aus fanden die Jünger in dem prophetischen Wort, und zwar im Grossen wie im Kleinen, die vor ihren Augen sich ereignenden Begebenheiten wieder.

Und da war nun die damalige Volksbibel, bei allen ihren Schwächen im Einzelnen, doch von solcher Güte, dass alle wichtigeren Momente der prophetischen Verkündigung Jesu in ihr deutlich zu Tage lagen. Als Jesus Christus in sein Eigenthum kam, fand er die grossen Anhaltspunkte seines Lebens, Leidens und Sterbens in der Bibel seines Volkes genau vorgezeichnet, und an ihnen ent-

*) Joh. 6, 14; V. 31 ff. C. 7, 27. 31. 40. 42; C. 10, 34 f.; C. 12, 13.

zündete sich sein Entschluss immer und immer wieder auf's Neue, dem Vater gehorsam zu werden bis zum Tode am Kreuze. So viel Vertrauen dürfen wir in die Providenz Gottes doch offenbar setzen, dass er seinen Sohn nicht unvorbereitet in diese Welt eintreten liess. Die Welt, wie sie nun einmal war, die palästinensische zunächst, bedurfte aber einer Volksübersetzung; auch Jesus, als ein Ungelehrter, bedurfte ihrer! — Nun sie war da, wir haben ihre Ueberreste in den Evangelien und Briefen des Neuen Testamentes an etwa 275 Stellen*), welche directe Citate aus dem A. T. enthalten und weiterhin in zahllosen Anspielungen. Ihren Werth dürfen wir, wie oben erwiesen worden, zum mindesten weit über die Targumim des Onkelos und Jonathan stellen. Dass sie nicht fehlerfrei war, wissen wir; war sie doch eine in's Palästinensische umgesetzte Septuaginta. Aber wir sind überzeugt, dass Jesus und die Apostel diese Fehler mit feinem Takt zu umgehen oder doch unschädlich zu machen wussten. Der Meister wirkte hier und gestaltete den oft ungefügigen Stoff der Volksbibel, der seiner Hand sich gleichwohl willig fügte.

Welche Prämissen fanden aber Jesus und die Apostel im Volke vor? Die Inspiration der heil. Schriften, wobei man im Volke keinen Unterschied machte zwischen Grundtext und Uebersetzung, fanden Jesus und die Apostel als feststehendes Dogma vor. Mit diesem Dogma musste man rechnen. Gelehrte, schulmässige Erörterungen über den Unterschied zwischen Grundtext und Uebersetzung wären hier nicht am Platze gewesen. Wo in jener Zeit Israël, sei es in Palästina oder in der ganzen damals bekannten Welt, in der Bibel las, hielt es dafür: dass Gott hier zu dem Volke rede; die Stimmen der Propheten hielten Alle für Gottes Stimme. „Die Schrift kann nicht gebrochen werden", ist ein ganz beiläufig von Jesu angezogener Glaubenssatz, der in seiner Disputation mit den Juden auf allgemeine Zustimmung rechnen konnte (Joh. 10, 35). Und Petrus sagt in Act. 3, 18 nichts Ausserordentliches, wenn er den Juden vorhält: Gott hat erfüllt, was er durch den Mund aller seiner Propheten zuvor verkündigt hat. Also Gott hat verkündigt; die Propheten

*) S. The Old Testament in the New, by Dav. Turpie, S. 267.

sind der Mund Gottes. Auch Act. 4, 24 f. lesen wir, dass die Apostel den zweiten Psalm anwenden, und zwar mit der Einführung „der du (Gott) durch den Mund David's deines Knechtes gesagt hast: warum empören sich die Heiden?“ Die Gläubigen hielten, wenn sie diesen Psalm lasen, sich überzeugt, dass der Herr hier spreche.

Aber auch für den grossen Gegenstand ihrer Predigt: Vergebung der Sünden in dem Namen Christi (des Messias), fanden sie bei den Juden schon ein bald grösseres, bald geringeres Verständniss vor. Petrus beruft sich auf ganz bekannte Zeugen vor Cornelius, wenn er sagt (Act. 10, 42): Von diesem (Christus) zeugen alle Propheten, dass durch seinen Namen Alle, die an ihn glauben, Vergebung der Sünden empfangen sollten. Ganz ebenso verfahren Philippus (Act. 8, 35) und Paulus in Damaskus und Antiochien (Act. 9, 20. 22, vergl. V. 28; dann C. 13, 15 ff.).

Die heil. Schrift (das sogen. Alte Testament) war Jedermann bekannt und allenthalben verbreitet. Es war ein Anliegen nicht nur der jüd. Gemeinden, sondern auch der Einzelnen, dass sie Abschriften der Bibel bekamen. Wie hoch diese Handschriften galten, wissen wir aus Josephus *). Ein römischer Soldat hatte in einem Dorfe Palästina's einen Pentateuch gefunden, ihn zerrissen und darauf verbrannt. Der römische Statthalter Cumanius liess ihn deswegen in Gegenwart der entrüsteten Juden hinrichten. Es war überhaupt eine furchtbar bewegte Zeit, in der die Sünde übermächtig geworden, auch im nationalen Leben. Mit den Observanzen des Gesetzes Mose's, wie es die Lehrer des Volks auslegten, liess das Gewissen sich nicht zufrieden stellen. Eifrig wurden die heil. Schriften erforscht; aber man fand die Sündenvergebung nicht, die man suchte; denn in den Schulen herrschte eine verkehrte Auslegung; es wurde statt des Brotes des Glaubens der Stein der Werke dem Volke dargereicht; man baute an einem Reiche Gottes nach eigener Wahl (s. Matth. 23, 13. 15. 23). Da endlich traten Johannes und Jesus auf mit der Predigt von dem rechten Reiche Gottes, und Jesus forderte den Glauben an das Evangelium. Weiterhin griffen die Apostel ein mit der Predigt von

---

*) Bellum Jud. l. 2. Cap. 20.

der Vergebung der Sünden in diesem Jesu, von dem alle Propheten geredet. Das Alles schlug gewaltig ein. Man forschte aber bei alledem in den Schriften, ob sich's also verhielte (z. B. Act. 17, 11). Und fanden nun die Heilsbegierigen hier das von den Aposteln Gesagte bestätigt, dann glaubten sie aus vollem Herzen. Wir verstehen, dass bei solchem regen Schriftstudium von einer freien Art, in der die Apostel das A. Testament angeführt hätten, nicht weiter die Rede sein kann; selbige ist die Ausnahme, gewiss aber nicht die Regel. Wo dieselbe wirklich stattfindet, ist sie meist auf Rechnung der Retroversion, d. h. der vom Evangelisten unternommenen Umsetzung des westaramäischen Textes in's Griechische zu stellen. Wir sagen also: Die Substanz der neutestamentlichen Schriftcitate muss in der Bibel jener Zeit zu finden gewesen sein. Man kann mit heilsverlegenen Seelen nicht wohl über den Grund ihres Heils erst noch raisonniren. Sie würden Einen befremdet anblicken, etwa wie der Mathematiker den ein Axiom discutirenden Fachgenossen. Ueber ein Apostolat, das die lectio recepta nicht anerkannt oder nicht berücksichtigt hätte, wäre man zur Tagesordnung übergegangen. Die heilsbedürftigen Seelen sind in diesem Punkte ebenso souverain, wie die Genie's auf ihrem Gebiet! — Sie tragen den rechten Compass in sich — und wissen um das Richtige, lange bevor ein Grammaticus ihnen dazu den Weg ebnet. Ihr habt die Salbung von dem Heiligen und wisset Alles, ruft Johannes den Gläubigen zu (1. Joh. 2, 20).

Bei unserer Annahme von einem textus receptus, der wenigstens für das jüdische Volk Palästina's in der Syrischen Bibel, für die Hellenisten aber in der Septuaginta vorlag, werden die Künsteleien eines Surenhus und seiner Nachtreter unnöthig. Surenhus*) suchte von den die Citate einleitenden Formeln aus a priore den Grad der Genauigkeit zu bestimmen, mit der der Autor zu citiren gewillt sei. Ueberdies stellt er verschiedene rabbinische Regeln auf, denen sich die neutestam. Autoren bei ihrer Schriftbehandlung gebeugt hätten. Von solchen theilweise lebensgefährlichen Experimenten, um dem vermeintlichen Kranken zu helfen, sind wir erledigt und athmen

*) Im *Βίβλος καταλλαγῆς* L. I.

frei auf in der reinen Atmosphäre, die uns aus der Volksbibel jener Zeiten entgegenweht.

Es ist nun der Behandlung der alttestamentlichen Citate im N. Test. vorbehalten, den Nachweis im Einzelnen zu geben, dass bei unserer Thesis die Hermeneutik des Neuen Testaments von einem schweren Uebel endlich befreit worden ist. Aber schon die oben gegebenen Proben erwecken eine gute Hoffnung, dass die Befreiung von dem mehrfach genannten Uebelstande auf dem von uns gewiesenen Wege sicher und glücklich zu erreichen sein wird.

CAPITEL VI.

DAS SCHLIESSLICHE SCHICKSAL DER SYRISCHEN BIBEL.

Die Reste, welche wir von der Syrischen oder palästinensischen Volksbibel aus der Zeit Jesu haben, sind nicht ganz unbeträchtlich. Es gibt etwa 275 directe Citate aus dem Alten Testament in den Schriften des N. T. und ausserdem zahlreiche Anspielungen und Reminiscenzen an das Alte Testament. Ein Theil dieser Citate, welcher Abweichungen von den LXX darbietet, lehnt sich dabei an die Syrische Bibel an; der grössere Theil dieser Citate findet sich aber noch wörtlich so in der Septuaginta wieder. Bei dieser wörtlichen Uebereinstimmung mit den LXX wird dann aber anzunehmen sein, dass in solchen Fällen die LXX eben den genauen Text der in Palästina recipirten Volksbibel repräsentiren. Wir dürfen also sagen: der Abhub der alttestamentlichen Citate im Neuen Testament, zu welchem noch die zahllosen Anspielungen und Reminiscenzen hinzukommen, gibt uns ein getreues Bild von der damaligen kirchlichen oder für das Volk bestimmten Uebersetzung.

Alle Willkür hat ein Ende; ein bald mehr, bald weniger zur Anwendung kommendes Citiren, sei es der LXX, sei es des Originals, fällt nunmehr fort. Wir haben nur mit der Volksübersetzung und deren alter ego, der Septuaginta, fortan zu thun.

Die Spuren einer targumischen Uebersetzung in der Landessprache sind also keineswegs verschwunden, wie Dr. Roberts*) behauptet. Das ganze Neue Testament ist von solchen Spuren durchzogen.

Ein anderer Einwand, den man gegen unsere These machen könnte, ist dieser, dass unsere syrische Volksübersetzung sonst keinen weiteren Einfluss auf die Literatur des Alterthums ausgeübt. Aber solches ist eben an dieser Stelle zu untersuchen. Nur im Vorbeigehen weisen wir auf Josephus, der nach Gesenius**) und Thenius***) die LXX bei seiner Archäologie verhältnissmässig am meisten zum Grunde legt. Das thut er ganz naiv, ohne dieses sein Verfahren zu rechtfertigen, offenbar weil für ihn Septuaginta und Volksübersetzung in Eins zusammenfielen. An vielen Stellen weicht er aber von den LXX ab. Ob er alsdann den hebräischen Text befragt, den er, wie Thenius zeigt, doch wieder in einer aparten Gestalt citirte, ist eben eine offene Frage. Pfannkuche†) und Berthold††) vermuthen die Benutzung eines oder mehrerer Targum's Seitens des Josephus. Dem geben auch wir Beifall und glauben, dass sich so allein der Schwierigkeit ausweichen lässt, dass Josephus bei seiner äusserst geringen Kenntniss des Hebräischen†††) gar noch einer aparten, neben unserem masorethischen Text herlaufenden Recension des Grundtextes gefolgt sein sollte.

Wenn derselbe Josephus erzählt, dass der Jude Eleazar den König von Adiabene, Izates, beim Lesen des Pentateuches antraf, so ist das Nächstliegende, dass der König die Syrische Bibel las, da er ein Liebhaber des jüdischen Wesens war*†).

*) Discussions on the gospels S. 118.

**) Gesch. der Hebr. Sprache S. 80 f.

***) Die Bb. Samuels, Einl. S. XXXI: Josephus habe grösstentheils nach den LXX gearbeitet.

†) In Eichhorn's Allgemeiner Bibl. der bibl. Literatur Th. 8. S. 427.

††) Einleit. in das A. und N. T. §. 219.

†††) Diese haben Salmasius und Capellus behauptet; und was Hody De bibl. text. orig. S. 222 für diese Kenntniss beibringt, ist äusserst futil.

*†) S. Josephus, Antiq. XX, C. 4, §. 3 und Bereschith Rabba C. 46, 51d u. oben S. 26.

Den grössten Einfluss aber übte die Syrische Volksbibel auf die Citate der Kirchenväter. Dieser Einfluss vermittelte sich folgendermassen. Die Syrische Volksbibel erlebte nämlich das gleiche Schicksal wie die chaldäo-samaritanische Uebersetzung des Samaritan. Pentateuches. Als die griechische Sprache in Palästina sich (nach Jerusalem's Zerstörung) die einst schon besessene Herrschaft zurückeroberte, da sahen, wie Kohn*) sagt, die Samaritaner sich gezwungen, ihre Volksübersetzung in's Griechische zu übersetzen. Diese griechische Uebersetzung ist das Samareitikon der Kirchenväter**). τὸ Σαμαρειτικόν igitur aut in Palaestina aut in finitima quadam provincia, ubi Samaritani vivebant, confectum est eo consilio, ut illis usui sit ad meliorem versionis Sam. intellectum, bemerkt Kohn. Origenes kannte dieses Samareitikon, und in den auf uns gekommenen Resten der Hexapla wird es an etwa 45 Stellen angeführt***). Es folgt meist der versio chald.-samaritana auf's Genaueste und hat öfter ganz dieselbe fehlerhafte Auffassung, wie jene; m. vergl. die Hexapla Origenis ed. Field zu Gen. 49, 23. 24; zu Exod. 8, 21; Cap. 32, 18; zu Num. 7, 3; Cap. 29, 1 (mit der Note). Zu diesen Beispielen kommen die von Kohn beigebrachten aus Exod. 14, 20; Num. 31, 16 hinzu. Field im Appendix zu dem 1. Bande, fasc. I der Hexapla Origenis, gibt eine vergleichende Zusammenstellung der gleichlautenden Lesarten der samaritanischen Uebersetzung und des Samareitikon. Wo dann das Samareitikon selbständige Lesarten bietet, da sind dieselben wahrscheinlich Einschiebsel aus einer anderen griechischen Version, deren die Hexapla des Origenes Erwähnung thun.

Dasselbe Bedürfniss nun, welches die Samaritaner leitete, auf Grund ihrer Volksübersetzung eine griechische Version zu unternehmen, wird auch die übrigen Palästinenser bewogen haben, ihre heimische Uebersetzung in's Griechische zu übertragen, also in diesem Fall sie zu retrovertiren. Mit der Zerstörung des zweiten Tempels und dem damit besiegelten Untergang der jüdischen Nation war auch über das Schicksal der Syrischen oder Palästinensischen

*) De Pentateucho Samaritano S. 68.

**) S. darüber Montfaucon, Origenis Hexapla, S. 19.

***) S. Eichhorn, Einleitung in das A. Test. §. 208.

Volksbibel das Urtheil gesprochen. Sie musste untergehen, oder ihr Leben fortan in griechischem Gewande fristen. Und in diesem Gewande finden wir sie zuerst bei Melito von Sardes.

Wir hören Melito im 2. Jahrhundert nach Chr. den Syrer schlechtweg citiren in der auch von Origenes uns bewahrten Stelle zu Gen. 22, 13. Sollte das nicht die Syrische Bibel Palästina's sein? Freilich schon die griechisch umgesetzte Syrische Bibel, die aber auch im neuen Gewande immer noch den Namen syrisch behielt. Die Stelle lautet*): τὸ „κατεχόμενος τῶν κεράτων" ὁ Σῦρος καὶ ὁ Ἑβραῖος „κρεμάμενός" φησιν. Sollte ein Melito, der nach der Mitte des zweiten christlichen Jahrhunderts schrieb, wohl sich mit unsrer Peschito zum A. T. schon getragen haben, um sie sich selbst griechisch zu übersetzen und diese so erlangte Lesart den LXX zu coordiniren? Von welcher Auctorität war denn eine damals von der syrischen Christengemeinde gebrauchte Uebersetzung — und warum lässt er sie griechisch reden? Dazu kommt, dass, wie Montfaucon vermuthet, Origenes selbst uns ein ganzes Heer von Lesarten aus dem „Syrer" in den Haxapla bewahrt hat, und aus ihnen oder auch auf anderweitigem Wege flossen diese Lesarten in die Commentare der Kirchenväter, besonders der Antiochener über**). Wollte man sagen, es sei unsere Peschito zum A. T. gemeint, so stösst man gleich bei der von Melito und Origenes angeführten Stelle auf die Schwierigkeit, dass die Peschito gerade hier nicht für κρεμάμενος sondern eher für κατεχόμενος (Syr. achid) spricht. Es muss also Melito einen anderen Syrer als unsere Peschito im Auge gehabt haben. Ueberhaupt aber zeigen die von Montfaucon in den Präliminarien p. 20 gegebenen Beispiele, wie der Syrer von den Kirchenvätern citirt wurde, dass letztere eine griechische Uebersetzung im Auge hatten, und nicht etwa die syrische Peschito. Und so vermuthet Montfaucon ganz richtig, es sei eine griechische Version, die aus dem Syrischen gemacht worden, hier gemeint, und schwerlich hätten die Väter unsere Peschito citirt und auf eigene Faust übersetzt. Er fühlt sich bei dieser Behauptung noch etwas unsicher; — von unserem Standpunkt

*) S. Corpus Apologetar., ed. J. C. T. de Otto, vol. IX, S. 418.

**) S. Montfaucon, Praelim. in Hex. Orig. p. 19.

aus wird aber Alles deutlich. Die Väter benutzten die in's Griechische retrovertirte Syrische Volksbibel. Der Zutritt zum A. T. war dazumal verriegelt; man behalf sich mit Uebersetzungen, unter denen die Syrische Volksbibel, weil durch ein höheres Alter geheiligt, einen sehr guten Klang hatte. Im Verbande mit dem Syrer tritt nun einmal bei Melito schon und dann bei Origenes in den Hexapla häufiger auch ein Hebräer auf, dessen Lesarten bes. zahlreich im Buche Hiob gefunden werden. Auch sie treten in einer Fassung auf, dass man nicht umhin kann, auch in diesem Ἑβραῖος eine griechische Version zu sehen*). Wir sind nun der Meinung, dass dieser Ἑβραῖος eine neben der Syrischen Bibel herlaufende gleichfalls hebraisirende Uebersetzung ist, die aber schon mehr den ostaramäischen, gelehrt-jüdischen Charakter repräsentirt und eine Vorstufe des Onkelos und Jonathan zu nennen wäre, in einem weit strikteren Sinne noch als jene Syrische Volksbibel**). Sie mag ähnlichen Bestrebungen ihr Dasein verdanken wie die literale Uebersetzung des Aquila, nur dass sie eben traditioneller war. Dieser ihr traditioneller Charakter leuchtet bei Ephrem Syrus hervor. Derselbe kennt sie nämlich auch, und Perles, Meletemata Peschitthoniana S. 51 f. hat die betreffenden Stellen aus Ephrem gesammelt. Diese Uebersetzung war natürlich in ostaramäischem Gewande und nicht in griechischer Uebersetzung zu Ephrem gekommen; und wenn er sonst auch Griechisch und Althebräisch nicht verstand, den ostaramäischen Dialekt kannte er sicherlich. Ja er mag auch die Syrische Volksbibel gekannt haben. Wenigstens citirt er zu Gen. 1, 2 (s. S. Ephraemi Opp. I. pag. 116) ein anderes Exemplar, welches wie die LXX ἀόρατος καὶ ἀκατασκεύαστος las, also wohl unsere palästinensische Volksbibel oder ὁ Σύρος Melito's und der späteren Kirchenväter war. Die gleiche Uebereinstimmung mit einer den LXX analogen Uebersetzung, die Ephrem aber ausdrücklich (und vielleicht

*) Diesem Eindruck kann sich selbst Montfaucon, Prael. p. 21 nicht entziehen, obgleich er Nichts damit anzufangen weiss.

**) Besässen wir mehr von ihr, als die dürftigen Citate bei den Kirchenvätern, so würden wir ihr einen Platz in der targumischen Entwicklung zuweisen müssen — u. z. vor Onkelos.

irrthümlich) dem Hebräer zuweist, findet sich zu Ezech. 7, 17*). Für gewöhnlich citirt er aber den Hebräer. Wenn wir nun die von Perles zusammengestellten Beispiele vergleichen, so erhellt, dass was Ephrem als des Hebräers Meinung angibt, meist den targumischen Charakter an sich trägt, und Alles sehr wohl aus einem Targum, das demjenigen des Onkelos und Jonathan noch vorausging, geflossen sein dürfte**).

Nunmehr stellt sich die Sache also: Während der Syrer die westaramäische (palästinensische) Branche der targumischen Entwicklung in diesem zweiten christlichen Jahrhundert repräsentirt, so repräsentirt dagegen der Hebräer den ostaramäischen (babylonischen) Zweig. Sehr interessant ist noch der Nachweis von Perles***), dass der Syrer und die Peschito an vielen Stellen zusammentreffen, während sie an anderen von einander abweichen †). Daraus ergibt sich, dass die Peschito grossen Nutzen aus der syrisch-palästinensischen Volksbibel gezogen. Der Uebersetzer der Peschito hatte sie vor sich und benutzte sie bis in's Einzelne hinein Freilich können wir dem Verwandtschaftsverhältniss leider nur wenig nachspüren, da die Hexapla des Origenes und einige Stellen der Kirchenväter die einzigen Quellen für diese Consonanzen beider sind. Die Hexapla aber erwähnen den Σύρος nur da, wo er nicht mit den LXX stimmt. Der Natur der Sache nach können diese Dissonanzen zwischen den zwei in engster Beziehung zu einander stehenden Versionen nur verhältnissmässig wenige sein. Wenn andererseits die Peschito mit den LXX wiederholt übereinstimmt, wie bes. R. Simon, Hist. crit. du N. T. p. 272, dann Hirzel de Pentat. vers. Syr. p. 100, endlich Kohn a. o. O. p. 60—62 an Beispielen nachweisen, so folgt das gleichfalls aus der Benutzung der Syrischen Volksbibel. 30 Stellen zählt Kohn (S. 60) aus der Gen., dann auszugsweise 23 Stellen aus dem Exod., 10 aus dem Lev., 9 aus dem B. Numeri und eine aus Deut., wo

*) S. Opp. I, pag. 172. P. Benedetti, der Herausgeber Ephrem's nimmt hier einen Irrthum des Kirchenvaters an.

**) Perles a. a. O. S. 51—53 z. vergl. S. 9, Not. a.

***) a. o. O. S. 49 ff.

†) z. B. Gen. 2, 8, wo nach Montfaucon dem Syrer das „im Osten“ fehlt, was die Peschito hat. Ferner z. Gen. 22, 13.

überall die Peschito den LXX folgt. In der Genes. folgt ihnen die Peschito in jenen ökumenisch gewordenen Abweichungen vom Urtext, denen wir Seite 118 f. schon in etlichen Beispielen begegneten. Im Uebrigen hat die Peschito auch vielerlei Uebersetzungen sowie halachische und haggadische Elemente, die auf Onkelos und Jonathan zurückweisen. Perles hat S. 28 ff. S. 35 ff. S. 16 ff. Beispiele gesammelt, welche die Abhängigkeit der Peschito bes. von Onkelos*), dann auch von Jonathan**) z. d. Propheten, also von der ostaramäischen targumischen Entwicklung an's Licht stellen. Die Peschito hatte also ausser der Syrischen Volksbibel auch das von den Kirchenvätern Ἑβραῖος genannte Targum zur Benutzung herangezogen, welches sich dann später zu jenem Targum Onkelos und Jonathan consolidirte.

Also es enthüllt sich uns eine grosse Nachwirkung der Syrischen Volksbibel auch im patristischen Zeitalter; sie war eine Autorität geworden, aber sie trat jetzt neben den LXX ebenbürtig auf und ihre Abweichungen von den LXX waren es gerade, die ihr die Berücksichtigung Seitens der Kirchenväter verschafften.

Nun verstehen wir auch, wie es geschehen konnte, dass man, wie wir oben S. 171 sahen, aus der Syrischen Bibel den Septuagintatext bereicherte und nachbesserte. Man fand die Syrische Bibel in's Griechische retrovertirt vor; man verkannte ihre Identität mit der Septuaginta, und verbesserte nunmehr die letztere nach dem als neu erscheinenden palästinensisch-griechischen Exemplar. Einen festgestellten Text der LXX gab es nicht, ein Autograph der LXX war selbst in Alexandrien nicht mehr zu finden. So bezeugt denn Origenes mit dürren Worten, dass die Codices der LXX verderbt waren und versucht eine Wiederherstellung des Textes, ohne doch weiter zu kommen, als die vor ihm cursirende, verderbte Septuaginta, die sogen. κοινή, zu verbessern. Die Herstellung der Urgestalt

---

*) Dass die Peschito ein Targum zu Rathe zog, erweist auch Credner, Beiträge II, S. 64; vergl. desselben Dissertat. de proph. minorum versionis, quam Peschito vocant, indole, p. 107 f.

**) Gesenius hat zum Jesaia die Uebereinstimmung mit Jonathan constatirt, s. der Prophet Jesaia I, S. 83, u. oben S. 186.

unserer LXX gelang ihm nicht; vieles Eingeschobene nahm auch er mit in den Kauf, wenn ihn das Uebergewicht der Zeugen drängte; und somit nahm er auch viele von den Lesarten der Syrischen Volksbibel auf, die nach Jerusalem's Zerstörung gleichsam herrenloses Gut geworden und in die Masse geworfen war und nunmehr die Buntscheckigkeit der Septuagintavarianten mächtig erhöhte. Wir haben schon oben (S. 131 ff.) darauf hingewiesen, dass die Bücher Samuelis auf dem Durchgang durch Palästina eine stellenweise treffliche, die der Könige dagegen eine rohere Diaskeuase erduldet haben. Die Proverbia sind stellenweise ganz aus dem Gefüge gerathen; an zahlreichen Stellen werden sie erst durch den Vertenten auf eigene Faust zum rechten Verstand gebracht. Auch das Buch Hiob ist sehr verderbt; bei ihm fand schon Origenes *) so viele Lücken, dass er es (natürlich ungeschickt) aus Theodotion ergänzen musste. Es scheint, dass man diese beiden Bücher wenig las und daher der Erhaltung ihres Textes keine grosse Aufmerksamkeit schenkte **). Am besten überliefert ist dagegen der Pentateuch, in welchem die LXX bis auf sehr wenige zweifelhafte Stellen (Exod. 17, 16; Num. 24, 22) mit unserer gegenwärtigen masorethischen Wortabtheilung übereinstimmen.

Bei dieser Lage der Dinge ist es begreiflich, dass wir auch bei den Kirchenvätern die grösste Mannichfaltigkeit in den alttestamentlichen Citaten finden. Man hat sich hier nur allzuleicht mit der Behauptung geholfen, die Väter hätten aus dem Gedächtniss citirt und mehr den Sinn, als die Worte der heiligen Autoren wiedergegeben ***). Diese Behauptung ist jetzt mit grosser Zurückhaltung aufzunehmen. Es wird in Folge unserer Darstellung weit wahrscheinlicher, dass die Citate der Kirchenväter, besonders die vollständigeren, von einem ungemein fluktuirenden schriftlichen Texte abzuleiten sind. Das Gedächtniss ist kein Kaleidoskop, dass es immer neue Lesarten hervorzaubern sollte. Jene Mannichfaltigkeit der Lesarten, die

*) Ep. ad Africanum, Opp. Tom. II, p. 12.

**) S. Frankel, Vorstudien, S. 80—89.

***) So urtheilt z. B. Griesbach von Clemens Alexandrinus in den Symb. crit. Tom. II, S. 235

uns bei den Kirchenvätern entgegentritt, ist zu gross, um auf ein noch so flüchtiges Gedächtniss geschoben werden zu können. Die Schuld liegt an der Zerfahrenheit des Textes der Uebersetzungen; es gab eben keinen textus receptus. Und war nicht etwa in Folge dessen das Gedächtniss der Kirchenväter voll der verschiedensten Lesarten? Dürfen wir nicht annehmen, dass der Palästinenser Justin bei seiner Belesenheit, neben der einen Haupthandschrift, der er für gewöhnlich folgte, vielerlei Texteslesarten sich eingeprägt und dieselben nun je nach Gutfinden in Anwendung brachte? Sein Gedächtniss irrte alsdann nicht, wohl aber waren die Recensionen, die seinem Gedächtniss sich darboten, verschieden. Einen textus receptus der LXX gab es nicht. Was da so im griech. Gewande cursirte, hiess meist Septuaginta (J u s t i n k e n n t k e i n e a n d e r e V e r s i o n); — aber es war eine wild wuchernde Septuaginta, zu der bereits auch der Syrer und vielleicht der Hebräer, die als griech. Versionen von den Vätern citirt, endlich das Samareitikon ihren Beitrag geliefert haben (s. o. S. 101).

Es war eine Septuaginta, über die sich keine Masorethen erbarmten. Credner hat das grosse Verdienst, in den Beiträgen *) nachgewiesen zu haben, dass Justin sich besonders bei den Psalmen, Jesaia, Jeremia und Ezechiel an den über die verschiedensten Manuscripte verzweigten herkömmlichen Text der LXX hält, ausgenommen da, wo die Anführung frei, oder nach Matthäus sich richtet (Jer. 31, 15). Wenn aber daneben Credner Berichtigungen aus dem Hebr. Urtext für zulässig hält, und Semisch **) Beispiele anführt, wo die hebr. Texteslesart vorgezogen worden durch Justin, wenn endlich auch Hilgenfeld ***) von einer Vergleichung mit dem Urtext redet: so ruht das, ebenso wie die obige Meinung Credner's, Justin richte sich nach Matthäus, auf dem von uns aufgezeigten landläufigen Irrthum. Alle solche Lesarten fanden sich in der Septuaginta-Masse, zu welcher der Syrer und das Samareitikon beisteuerten, vor, und wir dürfen uns die Fabrikation neuer Lesarten

*) Beiträge II, S. 99 ff. 157 ff.

**) Justin der Märtyrer I. S. 214—216.

***) Die alttest, Citate Justin's S. 416.

bei den ernsteren Kirchenvätern doch nicht als Etwas vorstellen, was ihnen leicht von der Hand ging.

Ob speciell Justin, dieser geborne Samaritaner, nicht auch das Idiom, in dem die Syr. Bibel geschrieben war, verstanden und also ähnlich wie die Apostel berücksichtigt haben mochte, ist eine sehr naheliegende Frage. Das Samareitikon erstreckte sich nur über den Pentateuch. Als er daher seine Kenntniss der H. Schrift ausdehnen wollte, musste er die LXX benutzen, und bei der Verwandtschaft der LXX mit der Syr. Bibel mochte es ihm naheliegen, hie und da einen Blick zu werfen in die Bibel des Landes, welches alle Samaritaner mit Eifersucht betrachteten. Seine Etymologien, die er vom Worte Satan und Israel gibt*), sind Kinder seiner Zeit, aber ruhen immerhin auf Sprachkenntniss. Er sagt Dial. c. Tryph. C. 103: *σατα τῇ Ἰουδαίων καὶ Σύρων φωνῇ ἀποστάτης ἐστιν*; also citirt er auch den syrischen Dialekt. Wenn man nun die von Semisch **) ausgezogenen Citate, die sich an den hebr. Text enger anschliessen, überblickt, so sollte wohl Einiges davon auf Rechnung der selbständigen Verdolmetschung Justin's zu setzen sein; Dial. c. Tryph. C. 109 übersetzt er Micha 4, 1 a. E. *ποταμὸν θήσονται ἐπ' αὐτῷ λαοί* — eine Version, die so erbärmlich ist, dass nur ein sehr schlechter Kenner dazu gehört.

Die Kirchenväter hatten, wie wir wohl im Auge behalten müssen, einen hohen Begriff von der Inspiration***) der heiligen Schriften, daher sie neue Lesarten zu bilden nicht gerade geneigt waren. Wir dürfen die Ernsteren unter den Kirchenschriftstellern nicht mit Diaskeuasten verwechseln. Sie nahmen nur den status quo des biblischen Textes hin, wie er war; denn ihn zu ändern war nicht in ihrer Macht. Dass sie dabei eklektisch verfuhren, das sie bald dieser, bald jener Recension den Vorzug gaben; dass bald

*) S. Semisch, Justin der Märtyrer, I. Theil, S. 214.

**) A. a. O. 215—16.

***) Kein Dogma stand ihnen so fest, wie dieses Inspirationsdogma wie solches Rudelbach nachgewiesen in der mit Guericke herausgegebenen Zeitschrift für die ges. Luth. Theol. u. Kirche 1840, 1. Heft.

dieses, bald jenes Register an dem grossen Orgelwerk, welches Gedächtniss heisst, aufgezogen ward: — dies sollte Alles von selbst sich verstehen. Es war eine Zeit des literarischen Faustrechts; ein Jeder half sich, so gut er konnte, besonders so lange, als noch kein Origenes oder Hieronymus gekommen, um dieser Regellosigkeit abzuhelfen. Ein Justin mochte, wie Credner II, 119 sagt, sogar von christlicher Hand hie und da überarbeitete LXX-Exemplare, aber nicht gerade zu den kleinen Propheten, kennen. Es gab demnach Diaskeuasten, die es für erlaubt hielten auf Christum Bezügliches einzuschmuggeln, und was der Psalmist oder Jesaia in die Zukunft verlegt, in's Präteritum zu versetzen, um nur ja die Beziehung auf Christum Allen recht deutlich zu machen*). Eine derartige Naivität findet sich besonders in dem Zusatz zu Ps. 96, 10, wo Justin nach ἐβασίλευσεν die Worte: ἀπὸ τοῦ ξύλου fand**); ebenso in einer Stelle aus Jeremia, die nirgendwo unterzubringen ist, und in Esra 6, 21***), die aus einem Apokryphon an den Rand einer LXX-Handschrift, und von da in den Text des dem Justin gerade vorliegenden Codex gekommen sein mag.

Wenn Credner aber meint†), aus den Stellen Hos. 10, 6; Micha 5, 2; Sach. 9, 9 und besonders C. 12, 10 (die allesammt von den LXX abweichen) folgern zu sollen, hier habe eine christliche Hand die Berichtigung vorgenommen, so irrt er. Alle diese Stellen konnte er in der aus der Syrischen Volksbibel berichtigten Septuaginta finden. Die aus Micha und Sacharja 12, 10 angeführten Citate haben schon Matthäus und die Apokalypse (1, 7) ebenso aus der Syr. Volksbibel citirt. Sach. 9, 9 ist im Dial. c. Tryphone 53 mehr im Anschluss an die LXX (mit irrelevanten Abänderungen und Ueberbürdung des Textes) wiedergegeben; dagegen in der Apol. I. 36 zum Theil aus den LXX, zum Theil im Anschluss an die

*) S. Hilgenfeld, a. a. O. S. 428 und Credner, Beiträge II, S. 129. 250. 303. 309.

**) Dial. c. Tryph. C. 73, S. 298.

***) Credner a. a. O. S. 250. 303; Hilgenfeld, a. a. O. S. 391 f.

†) Beiträge II, 299.

syrische Vorlage des Matthäus angeführt: offenbar je nach dem Exemplar, das er gerade vor sich hatte. Endlich Hos. 10, 6 lässt er sich durch eine richtigere Uebersetzung leiten, indem er das δήσαντες der LXX auslässt; aber andererseits nimmt er einen Schreibfehler seines Exemplars (Ἀσσυρίου statt Ἀσσυρίους) in den Kauf und bezieht nunmehr diesen Ausdruck auf Herodes, vor den Jesus geführt wurde.

Nach Abzug dieser Stellen ist also eine Bearbeitung des LXX-textes von christlicher Hand immerhin mit grosser Zurückhaltung zu statuiren und auf ein Minimum von Stellen zu reduciren. Die Fluktuation der Lesarten des Justin ist lediglich aus dem fluktuirenden Text der damaligen LXX, von denen kaum ein Exemplar dem anderen gleich war, abzuleiten.

Doch hierüber liessen sich neue Bücher schreiben; — wir brechen hier ab, da wir den Kreis dieser Untersuchungen nicht zu sehr ausdehnen dürfen, so verführerisch solches auch ist.

Wir sehen also: die Septuaginta war, nachdem sie lange genug der Auferbauung der Kirche gedient, und Legionen unberufener Hände vom Urtext fern gehalten, durch den Lauf der Dinge endlich zur Abdankung gezwungen. Sie ward verschlechtert durch den langen Gebrauch, die unordentliche Vervielfältigung der Exemplare und dadurch, dass es in Alexandrien keine Masorah gab. Sie ward alterirt durch den Zufluss der Lesarten der Syrischen Bibel, vielleicht auch des Hebräers, endlich durch Lesarten des Samareitikon. Sie ward auch durch Christenhände, die in majorem Dei gloriam zum Mindesten unnütze Aenderungen hie und da vornahmen, stellenweise angetastet*). In dieser Corruption trat sie den Kirchenvätern vor Origenes entgegen; man bediente sich ihrer, so wie sie eben war. Der Recurs an den Urtext war nur Wenigen, und zwar mit Hülfe der feindlichen Juden, verstattet. Endlich kam Origenes**). Dieser

*) Hilgenfeld a. a. O. S. 428 kann aber nur 2 Stellen, die solche Abänderung bieten, namhaft machen (Ps. 3, 6; Jes. 62, 11.)

**) S. über seine Mühwaltung Hody a. a. O. S. 288—300.

brach das Eis. Er war es überdrüssig, dass man den Juden gute Worte geben müsse, um sie zu bewegen, der christlichen Unwissenheit abzuhelfen. Er wollte selbst die Hand anlegen, um zu helfen. An der Septuaginta sollte das grosse Werk der Reconstruction eines möglichst zuverlässigen Textes vorgenommen werden. Er hielt, wie Hieronymus uns überliefert, den Hebräischen Text für den authentischen und bediente sich, wie überliefert wird, der Beihülfe des Juden Huillius. Nirgendwo redet er von der Theopneustie der LXX. So kam das dankenswerthe Werk der Hexapla zu Stande, wodurch man anfänglich wenigstens von der zu grossen Verehrung der LXX befreit ward. Was Origenes begonnen, das setzte Hieronymus fort. Er gab zunächst eine berichtigte Uebersetzung nach dem Griechischen der LXX, aber warf sodann alle Fesseln ab, lernte tüchtig Hebräisch und Chaldäisch und begann eine Uebersetzung der Bibel aus dem Grundtext*).

So entstand die berühmte Version des Hieronymus, welche nun die allgemein anerkannte Uebersetzung der lateinisch redenden Kirche des Abendlandes wurde. Auch diese Uebersetzung trübte sich und wurde allmählich zu einer Mixtur, die zusammenfloss aus der vetus versio latina und der des Hieronymus, wenn gleich so, dass die letztere überwiegt. Das Tridentinum stellte dann diese Vulgata als authentischen Text auf**). Was einst unter dem Wehen jener ersten schöpferischen Periode des Christenthums ohne Gefahr geschehen, die rücksichtslose Hingabe an eine Uebersetzung, das ward jetzt verderblich. Das Studium des Grundtextes litt. Vergebens behaupteten Katholiken, wie Cajetan, Santes Pagninus, Forerius u. A. die Vorzüglichkeit des hebräischen Textes in ihren Uebersetzungen und respectiven Commentaren. Die Vulgata lähmte den Drang, zum Grundtext hinzugehen. Die tridentinische Vulgata ist ein Riegel für den Grundtext; das war die Syrische Bibel nicht, und das sind auch die Lutherische Uebersetzung und die übrigen berühmten Schwesterversionen nie geworden. Die Protestanten handelten klüger.

*) S. über Hieronymus Hody a. a. O. S. 330 ff.
**) S. Hody a. a. O. S. 540 ff.

Man liess dem Volk den ihm allein verständlichen Text; aber — eingedenk der menschlichen Beschränktheit, die auch in den Uebersetzungen sich zeigt, — hielt man sich die Appellation an den Grundtext selbst auf den Kanzeln immerdar offen. So genoss man das Gute, was einst die Syrische Bibel dem Volke vermittelte; aber man vermied die Fehler Rom's, und dieses Verfahren hat noch grosse Siege in der Zukunft zu erwarten, denn:

Das Wort sie sollen lassen stah'n
Und kein Dank dazu haben.

ANHANG UND BERICHTIGUNGEN.

Anhang zu S. 58.

In der Epistola ad Sunniam et Fretelam *) sind 41 Psalmstellen von Hieronymus durchgenommen, aus denen der Unterschied zwischen der damaligen κοινή und den LXX des textus hexaplaris erhellt. Von unseren heutigen Codices gilt der Cod. Vaticanus als der beste; 22 mal stimmt derselbe aber mit den κοινή und nur 19 mal mit dem textus hexaplaris, der correcteren Edition des Origenes. Der Cod. Alexandrinus stimmt sogar nur 12 mal in denselben Stellen mit diesem textus hexaplaris, dagegen 26 mal mit der κοινή. Im Jesaia sind unter 46 von Hody **) verglichenen Stellen im Cod. Vaticanus 30 mit dem textus hexaplaris gleich, und 14 mit der κοινή. Dagegen stimmt hier der Codex Alex. 42 mal mit dem textus hexaplaris, und bloss 2 mal mit der κοινή ***).

Daraus ersehen wir, dass beide Codices, der Vat. wie der Alex., eklektisch compilirt sein müssen; — ein annähernd sicheres Bild von einer der Hauptrecensionen (sei es der hexaplarischen, oder der κοινή) gibt uns weder der eine, noch der andere Codex.

Auf Seiten des hexaplarischen Textes steht der Cod. Vatic. in Ps. 2, 13; Ps. 3, 8; 10, 8; Ps. 69, 3; Gen. 6, 16†); 1 Kön. 14 war gleichfalls in den Hexapla schon mit Asterisken eingeschaltet; Ezech. 7, 27 fehlt der Satz: „Der König wird trauern" dem Cod. Vat., was auch Origenes schon vermisst †*). Letztere zwei Auslassungen hat der Cod. Alex. nicht. In 1. Sam. 14, 42, steht der Cod. Vat. wieder auf Seiten der κοινή, und ein Scholion bemerkt zu diesem Zusatze, denselben habe Origenes nicht, er sei

---

*) Hieronymus Opp. omn. I, p. 635 ff.

**) A. a. O. S. 616.

***) Der textus hexaplaris ist bei Jesaia aus dem Codex Marchalianus, der geflossen ist aus dem Cod. hexaplaris des Apollinarius, welch letzterer mit Origenes verglichen worden war.

†) S. Hody a. a. O. S. 297.

†*) S. Montfaucon, Origenes Hex. II, S. 279.

aus Theodotion geflossen. In 1. Kön. 6, 6, hat ein Schol. *) die Bemerkung: in den Hexapla und den accurateren Editionen stehe 60, während der Cod. Vat. fälschlich 40 hat. Ps. 4, 9 will Hieronymus den Zusatz *καὶ ἐλαίου* in den Hexapla nicht gefunden haben, zu denen der Zugang ihm offen stand. Ps. 65 steht in der Ueberschrift *ἀναστάσεως*, was weder die Hexapla noch auch die besseren LXX-Editionen hätten nach einem Scholion **) ; in den Hexapla fehle in Ps. 136 der Zusatz *Ἱερεμίου*; in Ps. 138, 1 fand Origenes das *Ζαχαρίου* nicht.

Auf S. 634 sagt Hody, dass der uns überkommene LXX-Text quoad partem longe majorem eandem esse cum illa, quae patrum antiquorum temporibus pro LXXvirali habebatur. Alle unsere Exemplare flossen aus den Codd. des Origenes, Lucian und Hesychius. Aber kein Exemplar stellt uns eine dieser Recensionen rein dar, sondern alle gemischt, theils aus jenen dreien, theils aus der *κοινή*, etliche dazu noch aus Aquila, Theodotion, Symmachus. Im Verlauf eines Jahrhunderts wurden die Codd. des Origenes, Lucian und Hesychius so durcheinandergemischt, dass jegliche Ausscheidung fortan unmöglich ward.

Berichtigungen und Zusätze.

S. 35 und 36 kommt dreimal der Name Grimm vor, als Ausleger des B. Sirach; es soll aber Fritzsche heissen.

S. 28, Note, ist aus Versehen Bernardy geschrieben, u. z. mehrere Seiten hindurch, was in Bernhardy zu verbessern gebeten wird.

S. 64, Zl. 22 hat das letzte Wort einen Accent zu viel, wie denn hie und da von solchen Fehlern, die bes. im Hebr. stehen blieben, gilt, was die Alten beifügten: cetera corrigat lector benevolus.

Ebendaselbst Zl. 33 muss es heissen *ἀρχεῖα τοῦ πνεύματος*.

S. 80, Zl. 6 v. u. muss es nach heissen.

Zu S. 74, Absatz 1 wäre noch hinzuzufügen, dass Diodor in der ägyptischen Urgeschichte zu erzählen weiss, dass die ersten Menschen 12 Saecula gelebt; — diese Weisheit hat er sicher aus dem Pentateuch, wenn auch mittelbar: durch die ägypt. Priester.

*) S. Hody a. a. O. S. 611.

**) S. Hody S. 612.